本书得到以下基金项目资助：
广州市"121人才梯队工程"
公安部技术研究项目（2015JSYJA03）
广东省科技计划项目（2015A020217001）
法医病理学公安部重点实验室科技强警基础工作专项（2017GABJC07）

溺死法医诊断学

Diagnosis of Drowning

主　审　丛　斌
主　编　刘　超
副主编　赵　建　　胡孙林　　温锦锋　　石　河

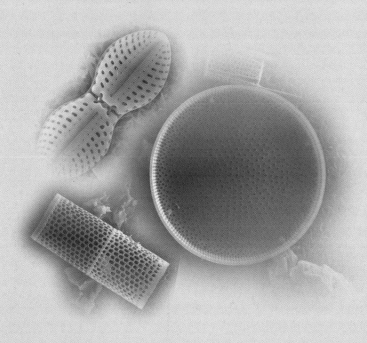

中山大学出版社
SUN YAT-SEN UNIVERSITY PRESS
·广州·

版权所有　翻印必究

图书在版编目（CIP）数据

溺死法医诊断学/刘超主编. —广州：中山大学出版社，2018.9
ISBN 978 - 7 - 306 - 06358 - 8

Ⅰ. ①溺… Ⅱ. ①刘… Ⅲ. ①淹溺—死亡—法医学鉴定 Ⅳ. ①D919.4

中国版本图书馆 CIP 数据核字（2018）第 107767 号

出 版 人：王天琪
策划编辑：鲁佳慧
责任编辑：鲁佳慧
封面设计：曾　斌
责任校对：邓子华
责任技编：何雅涛
出版发行：中山大学出版社
电　　话：编辑部 020 - 84110771，84113349，84111997，84110779
　　　　　发行部 020 - 84111998，84111981，84111160
地　　址：广州市新港西路 135 号
邮　　编：510275　传　真：020 - 84036565
网　　址：http://www.zsup.com.cn　E-mail：zdcbs@mail.sysu.edu.cn
印　刷　者：佛山市浩文彩色印刷有限公司
规　　格：787mm×1092mm　1/16　23.75 印张　565 千字
版次印次：2018 年 9 月第 1 版　2018 年 12 月第 2 次印刷
定　　价：150.00 元

如发现本书因印装质量影响阅读，请与出版社发行部联系调换

本书编委会

主　审 丛　斌

主　编 刘　超

副主编 赵　建　胡孙林　温锦锋　石　河

编　者（以姓氏笔画排序）

马雁兵　牛　勇　王　欣　王会品

王玉仲　石　河　成建定　李志刚

刘向东　刘　超　何树文　胡丙杰

余彦耿　余政梁　赵　建　胡孙林

徐曲毅　温锦锋　康晓东　彭　帆

主 编 简 介

刘超，医学博士、主任法医师、教授、博士研究生导师。现任广州市刑事科学技术研究所长、博士后科研工作站负责人、法医病理学公安部重点实验室学术委员会主任。任中国刑事技术标准化委员会法医遗传学工作组副组长，中国法医学会法医物证专业委员会副主任委员、专家组副组长，《中国法医学杂志》和《刑事技术》编委，中山大学、暨南大学、南方医科大学、中国人民公安大学、中国刑事警察学院等多所高校兼职教授或客座教授。2007 年入选广州市首批 "121 人才梯队工程" 两院院士后备人才，2011 年入选广东省首批 "百名南粤杰出人才培养工程"，2013 年入选国家人力资源和社会保障部 "百千万人才工程"，被授予 "有突出贡献的中青年专家"。

先后主持市级以上科研项目 50 余项，获授权发明专利 13 项，参加制定行业标准 7 项。作为主编或副主编编写专著 9 部；在 *International Journal of Legal Medicine*、*Forensic Science International*、*Journal of Forensic Sciences* 等国内外学术期刊发表论文 280 余篇。培养博士后、博士研究生、硕士研究生共 22 名。获省部级以上科技进步奖 19 项，其中作为第一完成人获国家科技进步二等奖 3 项；先后荣获 "全国先进工作者" "全国'五一'劳动奖章" "全国优秀人民警察" "全国公安系统二级英雄模范" "全国公安科技先进个人" "国务院政府特殊津贴和广州市杰出专家" 等荣誉。

序 一

水中腐败尸体死因鉴定是国际法医学领域的重大难题。百年来，国内外学者围绕硅藻检验等溺死诊断技术开展研究未获突破。其缺陷一是强酸煮沸消解时间长，所需检材量大、有毒有害；二是缺乏有效的富集方法及设备，检出率低；三是开放操作、步骤烦琐、易污染，假阳性率高；四是缺乏有效的观察方法，分类定性不准，容易漏检误判。

刘超带领的"法医硅藻检验关键技术及设备"课题组，历经10多年系列研究，在硅藻的富集方法、消解提取、定性定量等关键技术及设备方面取得了重大创新。发现了传统方法导致硅藻损失的原因，发明了膜富集硅藻方法，破解了溺死尸体硅藻检出率低的重大难题；研发了多联真空富集硅藻设备及耗材，并实现成果转化；建立了微波消解提取硅藻新方法和扫描电镜观察硅藻新方法，解决了传统硅藻检验有毒有害、定性定量不准的难题；发明了勒福特王水消解和滤膜透明化方法，可在基层推广；获得了我国主要水域溺死相关硅藻的种类及分布。该技术达到国际领先水平，解决了多年来水中高度腐败尸体死因鉴定的重大难题。

本书系统地介绍了水中尸体现场勘验、病理学检验、溺死的实验室诊断等方面内容，重点介绍了课题组在硅藻检验方面的成果。希望这些成果能更好地在法医学实践中推广应用，不断推动溺死诊断学的发展，提高我国法医病理检验能力，为案事件的定性、处置和维护社会稳定发挥作用。

中国工程院院士 刘耀
2017 年 12 月

序 二

在法医学实践中，水中尸体十分常见。水中尸体的死亡原因、死亡性质、死亡时间、生前伤与死后伤、死亡方式、入水地点、个体识别等都需要法医通过现场勘验、病理检验和物证鉴定解决。对于水中尸体，判断是生前入水还是死后抛尸入水，确定死因是法医学的首要任务，必须及时做出准确的鉴定。

水中尸体尤其高度腐败尸体的死因鉴定是法医学的难题。以法医病理学公安部重点实验室和博士后工作站为科研平台，刘超带领的技术团队经过多年系列研究，在硅藻的富集方法、消解提取、定性定量等关键技术研究及检验设备和耗材研发方面取得了重大创新。这些成果已推广应用，较好地解决了水中高度腐败尸体死因鉴定的难题。该书的作者多为该课题组的研究人员，来自公安一线，具有高级职称或硕士以上学历，在完成繁重的检案任务之余坚持应用研究，收集了大量的案例资料和典型图片，有丰富的实践经验。此书除重点介绍了作者的研究成果外，还介绍了水中尸体的现场勘查、尸体检验、物证发现提取及检验、现场分析及重建、溺死相关 DNA 检验等内容，有助于提高我国法医病理检验水平，推动溺死诊断学的发展。

本书可为法医病理学检验人员、法医学相关教研人员以及法医学专业的学生提供有益参考，也可为法律工作者查阅相关知识和技术提供帮助。

中国工程院院士　丛斌
2017 年 12 月

Preface 3

The forensic pathology of sudden and unexpected death is one of the most fascinating problems in medicine. In particular, understanding the mysteries behind sudden and unexpected death in water represents one of the most difficult challenges for the forensic pathologist.

For decades the forensic pathologist has struggled with how to correctly identify drowning as the cause of death. Furthermore, it is not only essential to identify drowning as the cause of death but also to make that determination based upon sound scientific principles. Of all the problems that have attracted attention in forensic pathology the quest for a laboratory test for drowning has been at the forefront of research.

Early efforts in this regard showed that the unicellular plant known as the diatom could provide the scientific basis for the diagnosis of drowning. For literally decades many researchers from many different countries have contributed to the body of knowledge on forensic aspects of diatoms. Many great forensic pathologists and researchers have contributed to our knowledge of this important topic in forensic medicine. Indeed, the original work began in Europe and then spread to North America. Although European centers continued to be involved in research on diatoms in forensic medicine, the influence of Chinese research in this area has been extensive.

In the last few years forensic medicine research in China on the diatom test has exploded. There has been a considerable increase in knowledge based upon the research that has emerged from the forensic laboratories in China. This includes the landmark contributions from the Guangzhou Forensic Science Institute. The research has further clarified our understanding of diatoms and their place in forensic medicine. In particular, research on the distribution of diatoms in major river systems, including the Yangtze River, have made important progress in this area. This harkens back to some of the earlier work done in Europe on cases of drowning that were recovered from the Danube River.

For many years I have had the privilege to both participate and observe the developments in the forensic diatom research literature. It is an honour to be able to share my perspective, in the preface to this important book on forensic diatom analysis. The scientific achievements that are described within this volume will further advance and grow our knowledge of this important laboratory discipline.

Michael S. Pollanen
BSc MD PhD FRCPath DMJ (Path) FRCPC Founder, forensic pathology
Professor and Vice-Chair (Innovation), Department of Laboratory Medicine and Pathobiology, University of Toronto
Chief Forensic Pathologist, Ontario Forensic Pathology Service
President, International Association of Forensic Sciences, 2014-2017

前　言

水中尸体是法医学尸体检验中常见的类型，溺死也是青少年非正常死亡的第一位死因。据统计，水中尸体约占非自然死亡人数的10%，在水网发达的地区，甚至高达30%。而且约80%的水中尸体被发现时已经高度腐败，难以通过常规尸体检验判断死因。传统的溺死诊断主要依据尸体检验与现场勘验等综合分析判断，死因鉴定缺乏有力的支持证据。当其他死因难以被排除，溺死难以成为符合逻辑的推论时，极易导致家属上访、媒体炒作和群体性事件的发生。水中尸体，尤其是腐败尸体的死因鉴定一直缺乏有效的检验方法，研发准确可靠的溺死诊断新技术十分迫切。

编者从2003年开始进行溺死诊断的系列研究，在硅藻的富集方法、消解提取、定性定量等关键技术及设备研发方面取得突破，相关成果在法医病理学实践中稳定应用多年。本书包括水中尸体的现场勘验、尸体检验和实验室诊断方法，并且详细阐述了编者建立的基于膜富集的法医学硅藻检验方法及研究成果。编写者均为从事现场勘查、法医病理学检验鉴定和研究的工作者，具有较丰富的实践和研究经验。

硅藻检验系列研究得到了公安部刑事侦查局和科技信息化局的高度重视，为研究的顺利开展、成果的推广给予了强力支持。全国公安部门的法医同行在课题研究和应用过程中提出了宝贵的意见。暨南大学胡韧博士、珠江水利委员会王旭涛高级工程师在硅藻种属鉴定方面予以大量技术支持。Sherry Ma博士在课题论文的修改方面做了大量工作。丛斌院士亲自审阅了该书。刘耀院士及第21届国际法庭科学学会主席Michael S. Pollanen教授为本书作序。特此致谢！

本书可作为为溺死诊断的参考用书，尤其是在法医硅藻检验方面，适用于法医病理学和法医物证学教学、科研及鉴识人员及刑事侦查人员等，在环境学方面也有参考价值。

本书虽然经过编者的精心撰写整理，但是肯定还存在不足之处，甚至学术争议、存疑或者谬误，敬请广大读者不吝赐教，以便在本书再版时得到修正和完善。

刘　超
2017年12月

目　　录

第一章　溺死的机制及过程 ·· 1
　　第一节　溺死的机制 ··· 1
　　　　一、缺氧的病理生理学 ··· 2
　　　　二、溺死的病理生理学 ··· 3
　　第二节　溺死的过程 ··· 4

第二章　水中尸体现场勘验 ·· 6
　　第一节　现场处置 ·· 6
　　　　一、现场保护 ·· 6
　　　　二、现场固定 ·· 7
　　　　三、尸体打捞 ·· 7
　　第二节　现场勘验与物证提取 ·· 7
　　　　一、发现尸体现场及物证 ·· 8
　　　　二、相关现场及物证 ··· 12
　　　　三、居住及生活地勘验 ··· 14

第三章　尸体检验 ·· 17
　　第一节　尸表检验 ·· 17
　　　　一、尸温与尸斑 ··· 17
　　　　二、口鼻部泡沫 ··· 18
　　　　三、眼结膜淤血出血 ·· 18
　　　　四、鸡皮样皮肤 ··· 19
　　　　五、手抓异物、甲内异物 ·· 20
　　　　六、尸表损伤检验 ·· 20
　　第二节　解剖检验 ·· 21
　　　　一、呼吸系统 ·· 21
　　　　二、其他脏器改变 ·· 23

第四章　特殊类型水中尸体的检验 ··· 28
　　第一节　干性溺死 ·· 28

一、概述 ··· 28
　　二、机制 ··· 28
　　三、检验及定性 ··· 28
　第二节　水中尸块检验 ··· 29
　　一、尸块形成原因 ··· 29
　　二、尸块形成时间 ··· 29
　　三、性质分析 ··· 29
　第三节　水中白骨化尸体 ··· 31
　　一、勘验重点 ··· 31
　　二、检验重点 ··· 31
　　三、定性分析 ··· 32
　　四、腐败过程及影响因素 ·· 32
　　五、尸蜡 ··· 32
　第四节　水中发生群体性死伤事件的处理 ························· 33
　　一、勘验重点 ··· 33
　　二、检验重点 ··· 34
　　三、检验物品准备 ·· 34
　　四、检验程序 ··· 35
　　五、定性分析 ··· 35
　　六、典型案例 ··· 36

第五章　溺死案件分析 ·· 42
　第一节　损伤成因分析 ··· 42
　　一、生前伤 ··· 42
　　二、濒死期损伤 ·· 45
　　三、死后伤 ··· 45
　第二节　死因分析 ·· 46
　第三节　案件性质分析 ··· 46
　　一、意外溺死 ··· 47
　　二、自杀溺死 ··· 47
　　三、他杀溺死 ··· 48
　第四节　漂流过程推断 ··· 50
　第五节　死者个人身份特征刻画 ···································· 51

第六章　溺死诊断的实验室方法 ······································· 52
　第一节　硅藻的形态特征 ··· 52
　第二节　硅藻检验原理 ··· 53
　第三节　硅藻检验历史回顾 ·· 54

第四节　硅藻检验方法	56
第五节　硅藻检验的价值	58
第六节　传统硅藻检验存在的问题	60
一、方法灵敏度低	60
二、假阳性率高	61
三、操作危险	62
第七节　其他溺死诊断方法	62
一、病理组织学检验	62
二、血液化学检验	65
三、异物颗粒检验	65
四、医学影像学方法	65
五、浮游细菌检测	66
六、浮游生物DNA检测	66

第七章　基于膜富集的硅藻检验方法 ... 67
第一节　基于膜富集的硅藻检验方法 ... 67
一、微波密闭消解组织方法 ... 67
二、膜富集设备及方法 ... 70
三、扫描电镜观察硅藻法 ... 75
四、勒福特王水消解法 ... 76
六、滤膜透明化法 ... 79
第二节　实验兔组织中的硅藻检出率及检出数量 ... 80
一、材料与方法 ... 80
二、结果与讨论 ... 81
第三节　实验兔肺组织内硅藻分布 ... 82
一、材料和方法 ... 82
二、结果 ... 83
三、讨论 ... 86
第四节　溺死猪肺及心室血硅藻分布观察 ... 89
一、材料与方法 ... 89
二、结果 ... 90
三、讨论 ... 93

第八章　硅藻检验在法医学实践中的应用 ... 95
第一节　与应用相关的问题 ... 95
一、脏器组织的选择 ... 95
二、尸体解剖过程中的检材提取 ... 96
三、微波消解对硅藻破坏程度 ... 97

四、硅藻损失 ··· 98
　　五、硅藻回收率 ·· 99
　　六、硅藻最低检出量 ·· 99
　　七、污染来源 ··· 100
　　八、阳性率 ·· 100
　　九、检出的硅藻含量及种类量 ··· 101
　　十、内脏器官硅藻与溺液硅藻的关系 ···································· 102
　第二节　硅藻检验诊断溺死 ·· 103
　　一、假阳性 ·· 103
　　二、溺死诊断标准 ··· 105
　第三节　案例应用 ··· 107
　　一、高度腐败尸体硅藻检验 ··· 107
　　二、白骨化尸体硅藻检验 ·· 108
　　三、尸块的硅藻检验 ··· 109
　　四、从水中移出尸体的硅藻检验 ··· 110
　　五、新生儿尸体硅藻检验 ·· 111
　　六、硅藻检验检材污染1例 ·· 112
　第四节　溺死地点推断 ··· 114
　　一、可用于溺死地点推断的标记物 ······································ 114
　　二、溺死地点推断的方法 ·· 115
　　三、影响溺死地点推断的因素 ·· 118

第九章　硅藻检验的实验室操作程序及方法 ································ 119
　第一节　实验室要求 ··· 119
　　一、硅藻检验实验室要求 ·· 119
　　二、实验设备、工具及试剂 ··· 119
　第二节　检材提取 ··· 120
　　一、检材提取原则 ··· 120
　　二、尸体检材的提取 ··· 120
　　三、对照水样的提取 ··· 121
　第三节　操作方法 ··· 121
　　一、取样及保存 ·· 121
　　二、微波消解-滤膜富集-扫描电镜联用法 ···························· 122
　　二、微波消解-滤膜富集-光学显微镜观察法 ························· 127
　　三、勒福特王水消解法 ··· 127

第十章　溺死相关浮游生物DNA检测 ······································· 129
　第一节　溺死相关藻类及靶基因 ·· 130

一、线粒体基因 ……………………………………………………………… 130
　　　二、叶绿体基因 ……………………………………………………………… 130
　　　三、核基因 …………………………………………………………………… 131
　第二节　溺死相关细菌及靶基因 ………………………………………………… 136
　　　一、溺死相关细菌形态学检测 ……………………………………………… 137
　　　二、溺死相关细菌基因检测 ………………………………………………… 139
　第三节　溺死相关浮游生物基因的检测技术 …………………………………… 145
　第四节　溺死相关浮游生物基因操作方法 ……………………………………… 148
　　　一、PCR-DGGC 法检测浮游生物 16S rDNA …………………………… 149
　　　二、PCR-CE 法检测藻类 16S rDNA 基因用于溺死诊断 ………………… 151
　　　三、PCR-DHPLC 法检测硅藻 SSU 基因用于溺死诊断 …………………… 155
　　　四、PCR-CE 法检测硅藻 rbcL 基因用于溺死诊断 ………………………… 159
　　　五、实时荧光定量 PCR（qPCR）检测硅藻 UPA 基因用于溺死诊断 …… 161
　　　六、PCR-CE 检测嗜水气生单胞菌 AH 基因用于溺死诊断 ……………… 164
　　　七、利用高通量 454 焦磷酸测序方法检测水生细菌宏基因组多样性的
　　　　　溺死诊断 ………………………………………………………………… 167

第十一章　水中尸体相关微量物证 …………………………………………………… 172
　第一节　水中尸体相关微量物证的种类和来源 ………………………………… 172
　第二节　水中尸体相关微量物证的作用 ………………………………………… 173
　　　一、水生生物物证 …………………………………………………………… 173
　　　二、泥土物证 ………………………………………………………………… 174
　　　三、DNA 物证 ……………………………………………………………… 174
　　　四、微量金属物证 …………………………………………………………… 175
　　　五、塑料物证 ………………………………………………………………… 175
　　　六、纤维物证 ………………………………………………………………… 177
　　　七、涂料（或油漆）物证 …………………………………………………… 178
　　　八、孢粉物证 ………………………………………………………………… 179
　　　九、其他微量物证 …………………………………………………………… 179
　第三节　水中尸体相关微量物证的发现、提取和检验 ………………………… 180
　　　一、水中尸体相关微量物证的发现 ………………………………………… 180
　　　二、水中尸体相关微量物证提取注意事项 ………………………………… 182
　　　三、水中尸体相关微量物证提取和检验的方法 …………………………… 182

第十二章　我国水域常见的硅藻类型 ………………………………………………… 188
　第一节　中心纲（Centriae） ……………………………………………………… 188
　　　一、冠盘藻属（*Stephanodiscus*） ………………………………………… 188
　　　二、海链藻属（*Thalassiosira*） …………………………………………… 194

三、小环藻属（*Cyclotella*） ············· 197
　　四、圆筛藻属（*Coscinodiscus*） ············· 202
　　五、直链藻属（*Melosira*） ············· 206
第二节　羽纹纲（Pennatae） ············· 209
　　一、波缘藻属（*Cymatopleura*） ············· 209
　　二、布纹藻属（*Gyrosigma*） ············· 211
　　三、窗纹藻属（*Epithemia*） ············· 214
　　四、脆杆藻属（*Fragilaria*） ············· 215
　　五、等片藻属（*Diatoma*） ············· 217
　　六、短缝藻属（*Eunotia*） ············· 220
　　七、辐节藻属（*Stauroneis*） ············· 222
　　八、菱板藻属（*Hantzschia*） ············· 223
　　九、菱形藻属（*Nitzschia*） ············· 226
　　十、卵形藻属（*Cocconeis*） ············· 230
　　十一、美壁藻属（*Caloneis*） ············· 235
　　十二、平板藻属（*Tabellaria*） ············· 236
　　十三、桥弯藻属（*Cymbella*） ············· 238
　　十四、曲壳藻属（*Achnanthes*） ············· 242
　　十五、双壁藻属（*Diploneis*） ············· 247
　　十六、双菱藻属（*Surirella*） ············· 250
　　十七、双眉藻属（*Amphora*） ············· 255
　　十八、弯楔藻属（*Rhoicosphenia*） ············· 256
　　十九、异极藻属（*Gomphonema*） ············· 258
　　二十、羽纹藻属（*Pinnularia*） ············· 262
　　二十一、针杆藻属（*Synedra*） ············· 265
　　二十二、舟形藻属（*Navicula*） ············· 269

附录　硅藻类型检索 ············· 275
　　一、中心对称硅藻（Centric） ············· 275
　　二、无壳缝硅藻（Araphid） ············· 285
　　三、短壳缝硅藻（Eunotioid） ············· 295
　　四、对称双壳缝硅藻（Symmetrical biraphid） ············· 297
　　五、不对称壳缝硅藻（Asymmetrical biraphid） ············· 320
　　六、单壳缝硅藻（Monoraphid） ············· 329
　　七、窗纹形硅藻（Epithemioid） ············· 332
　　八、菱形硅藻（Nitzschioid） ············· 333
　　九、双菱形硅藻（Surirelloid） ············· 337

参考文献 ············· 339

第一章 溺死的机制及过程

水中尸体是法医学实践中常见的检验对象，其死因大部分为溺死（drowning）。溺死是由于液体堵塞呼吸道及肺泡，阻碍气体交换，导致体内缺氧，二氧化碳潴留，发生窒息性死亡，俗称淹死。溺死多发生在江河、湖塘、水井或近海，少数可发生在水田、沟渠、水池或浴缸、化粪池等；溺液除淡水、海水外，油类、粪水、酒等液体均可使人溺死。溺死不仅可发生于全身浸入溺液的情形，也可见于头面部，甚至仅有口鼻孔同时淹没于溺液中的情形。

世界卫生组织（World Health Organization，WHO）在2014年11月发布的《全球溺死报告：预防一个主要杀手》（*Global Report on Drowning: Prevent a Leading Killer*）中指出，全世界每年有37.2万人溺死，平均每小时42人；2012年中国约6万人溺死，占西太平洋地区总数的80%。溺死是我国人群意外致死的第三位死因；其中0～14岁的儿童占56.6%，为这个年龄段非正常死因的第一位，以农村地区最为突出。

根据呼吸道有无溺液的存在，可将溺死分为两种类型，即典型溺死（typical drowning）和非典型溺死（atypical drowning）两类。典型溺死，即溺液吸入呼吸道和肺泡，引起窒息死亡，占溺死的85%～90%。非典型溺死，即呼吸道和肺泡内无溺液，也称干性溺死（dry drowning），占溺死的10%～15%。有学者认为，非典型溺死为水中猝死，不属于溺死，但由于这类死亡也是液体淹没口鼻，并且发生在溺液中，所以仍将此类死亡列入溺死的范畴。

在江河湖海等水中发现的尸体绝大多数属意外溺死或自杀溺死。但溺死也是他杀的手段之一，也有抛尸入水伪装溺死的案例。

第一节 溺死的机制

溺死是由于死者生前吸入大量的液体堵塞呼吸道，肺通气障碍引起细胞线粒体氧化磷酸化过程缺氧导致的急性缺氧性（rapid anoxia）死亡，属于窒息的一种。溺死在抑制机体对氧的摄入、运输、利用方面有几种独特的物理和生物化学模式。由于急性缺氧性死亡缺乏特异性的死后变化，常见的相关经典死后变化的灵敏性和特异性又被普遍误解，而且导致急性缺氧的方式有很多种，通过判断引起缺氧的始动因素进行死因诊断，是所有死亡中最难的一种。

一、缺氧的病理生理学

组织氧供减少或不能充分利用氧，最终都会导致有氧代谢系统的氧分子供应不足，然后引起组织代谢、功能和形态结构的变化。目前，已知有四个明确的机制可以引起这样的缺氧状态。

（1）低张性缺氧。空气中缺氧（高原、高空，或通风不良的坑道、矿井等）、外呼吸功能障碍（呼吸道不同部位的堵塞）、静脉血分流入动脉（房间隔或室间隔缺损伴肺动脉狭窄或肺动脉高压）等造成通过肺泡-毛细血管屏障的氧减少，进入血液的氧减少或动脉血被静脉血稀释。当氧分压（PaO_2）在60 mmHg以上时，氧饱和度的变化幅度很小；当氧分压（PaO_2）降至60 mmHg以下时，动脉血氧饱和度显著降低，引起组织、细胞缺氧。毛细血管中脱氧血红蛋白浓度达到5 g/dL时，皮肤和黏膜呈青紫色，称发绀（cyanosis）。

（2）血液性缺氧。红细胞内可携带氧的血红蛋白数量减少或者与氧亲和力增加不易释放氧气，如贫血、一氧化碳中毒、血红蛋白性质改变（高铁血红蛋白血症）、血红蛋白与氧的亲和力异常增高（库存血或输入大量碱性液体）。贫血者皮肤、黏膜呈苍白色；一氧化碳中毒者皮肤、黏膜皮肤呈樱桃红色；血红蛋白与氧的亲和力异常增高时，皮肤黏膜呈鲜红色；高铁血红蛋白血症者，皮肤、黏膜呈棕褐色（咖啡色）或类似发绀的颜色。

（3）循环性缺氧。心力衰竭、休克、颈动脉阻塞等导致动脉灌注减少，组织血流量减少，使组织、细胞的供氧量减少引起缺氧，尤其是氧合血红蛋白不能被输送至大脑而引起死亡。

（4）组织性缺氧。进入细胞内的氧绝大部分在线粒体内参与由呼吸链电子传递和磷酸化相互偶联的生物氧化反应。一些药物或毒物可阻止电子传递链把电子传递到氧分子，使氧化磷酸化过程受阻，阻断细胞对氧的利用，可导致机体迅速死亡。例如，氰离子（CN^-）跟细胞色素P450中的三价铁离子结合，使其失去在呼吸链中传递电子的能力，阻止其还原成二价铁离子，造成传递电子的氧化过程中断，组织细胞不能利用血液中的氧而造成内窒息。

氧气供应不足和血量不足主要为机械性暴力所致，在很多情况下（如勒颈时，气道和颈部血管均受压），两者还可以同时存在。血红蛋白不足和组织中毒需外源性毒素（一氧化碳、氰化物），属于化学性缺氧。

大脑对缺氧最为敏感，急性缺氧的最终结果都是大脑缺氧。大脑缺氧是否出现形态学改变与缺氧的持续时间和缺氧后的存活时间有关。因此，对于急性缺氧死亡，缺氧到死亡的持续时间短，在多数情况下，大脑未见形态学的改变。缺氧后有一定的存活时间（如复苏后住院治疗），大脑中可见细微的病理学改变。一般至少存活4～6小时以上，才能观察到细胞明确的缺氧性特征。

在容易受氧分压降低而损伤的大脑区域出现部分神经元坏死，这是大脑缺氧最早的表现。这些区域包括大脑皮层的锥体神经元与海马。早期神经元坏死的特征是细胞核深染、固缩，胞体收缩和嗜酸性改变。神经纤维水肿，且常伴有神经元细胞溶解的早期特征。小脑蒲肯野细胞可能出现神经细胞坏死的早期特征，但也可能无变化，即使海马神经细胞完全坏死。随着存活时间的延长，神经细胞坏死的现象更普遍，出现脑组织水肿引起的全大脑肿胀（generalized cerebral swelling）和脑疝（herniation mass effects）。即使是脑死亡状态下，所有神经元都出现坏死，基底部（basis pontis）的神经细胞和脑神经核（cranial nerve nuclei）仍然表现出对缺氧的耐受力而保持完整的形态。

急性缺氧性死亡（如勒死、溺死），通常与一系列重现度高、被人们了解很少的非特异性死后征象相关，包括死后血液呈流动性、濒死期大小便失禁、精液排出和腐败尸体中有争议的玫瑰齿征象等。

关于急性缺氧性死亡中死后血液呈流动性的机制，通常解释为死亡后血液先发生凝集，继之内皮细胞因缺氧性损害释放出纤溶酶原激活物，使纤维蛋白原及纤维蛋白降解，凝集的血液发生溶解而呈流动性。然而，加拿大学者 Pollanen 和 Boyle 利用蛋白质免疫印迹法（western blotting）检测溺死和勒死受害者血中的纤维蛋白原，发现其含量并未减少，这表明急性缺氧性死亡后血液具有流动性的原因应系血液凝固功能失效，而非凝集后再溶解。

玫瑰齿中的玫瑰色主要来源于碳氧血红蛋白，这一点已通过分光光度法、组织化学法和薄层纸色谱法对该色素进行直接的检测而得到证实。关于玫瑰齿的形成机制，有两种合理的、互不排斥的解释：①牙髓充血或出血。②腐败溶血，尤其是在潮湿或水中腐败。因此，玫瑰齿并非窒息死亡的特异性指征。

二、溺死的病理生理学

溺死的生理学变化可主要包括五个方面。

（1）血液中酸碱度（pH）、二氧化碳分压（$PaCO_2$）和氧分压（PaO_2）等。在呼吸道被水充满后，低氧血症是最迅速、最重要的生理学变化。高碳酸血症同时产生，刺激呼吸中枢导致换气过度，发生代谢性和呼吸性酸中毒。

（2）肺通气功能。溺水过程中，液体堵塞呼吸道使气体无法进入肺，而且液体充满肺泡阻碍了毛细血管与肺泡之间的气体交换，造成通气/血流比值（V/Q）减小，成为无效灌注，导致静-动脉分流效应，未经充分气体交换的血液直接从肺动脉中进入肺静脉。

（3）血容量。由于肺泡与毛细血管之间的屏障存在高通透性的特点，血容量会因吸入肺泡的溺液而迅速、大幅度地变化。淡水中溺死，吸入低渗溺液，全身血容量增加；同样的机制，海水中溺死，吸入高渗溺液，全身血容量会减少。

（4）电解质。有一些学者认为血清电解质的迅速改变也是导致死亡的重要因素，但是从医院抢救后的溺水幸存者情况来看，体内电解质失衡并非是溺死的重要特征。通常，海水溺死（致高钠血症和高氯血症）和淡水溺死（低钠血症、低氯血症）中的电解质浓度变化量不至于导致死亡。

（5）其他因素。身体突然进入冷水后所引起的多种神经反射可能也与溺死的发生相关，主要有以下一些反射：

1）Valsalva 氏反射。入水后胸腔压力急剧上升，肺动脉阻力增高，右心负担加重，回心血量减少，左心搏出量降低，心脏缩小（根据 X 射线片显示可比正常缩小 10%～30%），并可引起徐脉、意识丧失、虚脱。与此同时，腹部也受压、静脉压上升、脑脊液压也上升，刺激迷走神经，进一步使心跳变慢，意识丧失。

2）Ebbeck 反射。由于冷水刺激三叉神经第二支，引起心脏血管呼吸反射。此时可发生恶心、呕吐、窒息、不安、散瞳、心搏减慢等。上述反应除与三叉神经有关外，与面神经、迷走神经和舌下神经也有关。

3）Aschner 氏反射（眼心反射，oculocardiac reflex）。由于眼球受压可致徐脉。

4）Hering 氏反射。鼻黏膜受到化学或温度的刺激，也可引起迷走神经兴奋而使心跳变慢。

5）Goltz 氏反射。由于胃窝部受到剧烈打击所致，常为跳水时死亡的重要原因。

极少数溺水者被抢救复苏后经过一段时间后死亡，称迟发性溺死（delayed drowning），其死亡原因多为继发性肺水肿、支气管肺炎或肺脓肿等。

非典型溺死发生机制可能为落水后冷水刺激引起：①声门痉挛，发生窒息。②刺激咽喉部，引起反射性神经抑制，致心脏骤停和原发性休克死亡。

第二节　溺死的过程

典型的溺死是由呼吸道口（口鼻）及呼吸道被水阻塞引起。从病理生理学的角度来看，溺死是属于窒息的一种，但是溺死本身有特殊的表现。全身淹没水中的溺死者，其溺死经过及症状一般分为 6 期。

（1）前驱期（prodromal stage of drowning）。全身淹没于水中，因冷水刺激皮肤感觉神经末梢，引起反射性的吸气，将液体吸入气道引起呛咳，出现呼吸暂停，可引起体内缺氧和二氧化碳潴留。此期为 0.5～1.5 分钟。

（2）呼吸困难期（dyspnea stage of drowning）。由于前驱期引起体内缺氧和二氧化碳潴留，刺激呼吸中枢，又开始反射性呼吸，初为吸气性呼吸急促，此时吸入大量液体，引起剧烈呛咳。经 0.5～1 分钟后，即进入痉挛性呼气急促，可从口腔内溢出大量泡沫状液体，此期为 1～2.5 分钟。

（3）失神期（mental disturbance stage of drowning）。意识逐渐丧失，各种反射功能消失，较多的溺液吸入呼吸道深部，出现惊厥性呼吸运动，伴有大小便失禁，瞳孔散大。此期大约几十秒钟。

（4）呼吸暂停期（apnea stage of drowning）。呼吸活动暂停，意识完全丧失，瞳孔高度散大。此期约 1 分钟。

（5）终末呼吸期（terminal respiratory stage of drowning）。呼吸活动暂时恢复，不断吸入溺液。此期持续约 1 分钟。

（6）呼吸停止期（respiratory disturbance stage of drowning）。最终，呼吸活动完全停

止，但心脏尚能微弱地跳动数分钟，若在此期及时抢救，排出溺液，施行人工呼吸，尚有复苏的希望。如未能得到及时抢救，不久心跳停止，死亡。

溺死整个过程究竟需要多长时间？一般的说法是：淡水需要 4～5 分钟，而海水中溺死时间较长，需 8～12 分钟。但具体到每一个个体，由于死者生前身体状况、年龄、体质、精神状态、水性、水温、溺液的性质等因素的不同，溺死的过程长短不一。

（刘超　成建定　胡丙杰）

第二章 水中尸体现场勘验

在江、河、湖、海等水中发现的尸体绝大多数属意外溺死或自杀溺死，仅有少数案例是抛尸入水伪装溺死，也有将溺死作为他杀手段故意杀人的。对于水中尸体要解决死亡原因、死亡性质、死亡时间、生前伤与死后伤等基本问题，还涉及入水地点、无名尸体个人识别等，首先要弄清的问题就是属生前入水还是死后抛尸入水，因此，对于水中尸体必须认真细致地开展现场勘验和检验鉴定。其步骤与其他命案现场基本相同：①现场勘查与调查。②尸体检验。③物证发现提取及检验。④现场分析及重建。

第一节 现场处置

发现水中尸体的现场环境复杂多变，尸体变化大，影响因素众多，多为江、河、湖、海、水塘、水田、水井等野外现场，也有部分为室内现场，如浴缸、澡堂等。在江河湖海等流动的水体，尸体流动大，发现尸体位置可能与下水处相距较远，尸体多已腐败，导致大量有价值的证据丢失或毁坏，打捞尸体时也会造成不同程度的破坏，现场勘查及尸体检验工作难度增大。因此，全面、科学、细致地进行现场勘验与调查非常重要，现场处置必须尽最大可能保护并搜集有价值物证，避免造成二次破坏和证据丢失。现场访查可与现场勘查先后交替或反复进行。

一、现场保护

依据相关规定，维护现场秩序，划定现场保护及警戒范围由公安机关和治安保卫部门负责，除抢救人员、保护物证等紧急情况外，不允许任何人以任何理由进入现场保护区；在遇到气候变化等情况，可能使痕迹、物品和尸体遭到破坏时，应采取措施妥善保护。因此，在勘查人员到达之前，应视现场范围的大小，在现场周围使用绳索、警用现场带或明显的标志圈定禁入区，并派人值勤，对现场上的痕迹、物品和尸体等采取相应的保护措施，指定专人看管。如尸体仍在水中，可等待专业打捞人员或现场勘验人员到达后再打捞。但如尸体随着水流而流动时，应及时固定，防止尸体在继续的流动过程中随身物品丢失；或尸体与水中物体如桥墩、暗礁、过往船只等发生碰撞而受损。如已打捞上岸，可在尸体上用席子、塑料布等物遮盖，但在做上述工作时，不要使尸体和物品受到损害，不得随意触摸、搬动尸体。

负责现场保护的人员应当将现场及尸体原始情况、现场保护和变动情况及时报告给现场勘验人员和指挥人员。现场发现人、现场保护人员以及其他人员拍摄的照片和录像资料等应及时收集和保存。

二、现场固定

现场勘验、检查人员到达现场后，应当了解案件发生、发现和现场保护情况。用录像、照相方法固定发现尸体的现场情况；固定和提取现场痕迹、物证等；并记录现场保护情况、现场原始情况和现场勘验、检查的过程与所见，制作现场勘验、检查工作记录。

三、尸体打捞

接处警单位到达现场后，如尸体已被打捞上岸，要详细了解和记录打捞人员的打捞过程和打捞用具；如尸体还未被打捞上岸，应及时组织对尸体进行打捞，可用渔船、绳索、滤网、竹竿、长钩、网兜、专门打捞船等工具进行打捞。打捞过程应避免对衣着、尸体、包裹物、沉尸物的损坏，同时要尽量防止手套状或袜套状的手足表皮、指（趾）甲以及小件物品的丢失。

目前，各地情况不一。多数情况下，打捞尸体的人员并没有相应的专业知识和打捞技巧，也没有专门的打捞工具，仅靠人力及一些竹竿、绳索、长钩等简易工具打捞，容易造成尸体的损伤及物品丢失；部分城市的航运及水警部门成立有专门打捞队，配备专业的打捞人员、打捞船、打捞工具并有专门的打捞方法；部分水域有民间打捞队，也有相对专业的人员及装备。有条件的地区应尽量通知或聘请专业的打捞人员利用专业打捞工具打捞，可尽最大可能避免尸体损伤及相关物品丢失。

现场勘验人员到场后，要详细了解和记录打捞人员的打捞过程和打捞用具，分析有无造成尸体损伤或随身物品丢失的可能。

第二节 现场勘验与物证提取

水中尸体的现场勘验也应遵循刑事案件现场实地勘验、检查的步骤。巡视现场，划定勘验、检查范围；根据现场情况和现场条件确定勘验、检查顺序；初步勘验、检查，固定现场；详细勘验、检查，发现并提取痕迹、物品。但由于水中尸体发现现场往往并不是落水现场，需根据实际环境情况沿水域或河流勘验、检查；或分片段分主次勘验、检查。应以发现尸体现场为中心，收集发现尸体现场附近的可疑物品，如血迹、呕吐物、药品、凶器、衣物、鞋袜等备检；了解现场水文及情况，包括水温、水流方向、流速、水中动物、浮游生物、硅藻、污染情况以及水下情况，综合现场情况并结合尸体腐败情况推断死亡时间分析落水点，落水点位置通常可发现有价值的痕迹物证，如与死者相关的足迹、烟头、纤维、衣物、抓握、挣扎、被拖曳等痕迹，与嫌疑人相关的车胎印痕、足迹、烟头、凶器等。落水点附近有视频监控的，要及时提取，注意发现可疑车辆、人物等。除注意对落水点的查找外，还应注意对关联现场的勘验，已查明身份的尸体，应对其居住的房间及经常活动的场所进行勘验。居住的房间内可能发现死者遗留的衣服、背包、手机、电脑、遗书、病历、药物等，这些物证对揭示案件性质有重要的价值。经常活动场所注意对现场相关的视频图像要及时提取和甄别，发现死者生前活动轨迹。

一、发现尸体现场及物证

发现尸体现场应以尸体为中心，重点勘查检验与尸体有关的包尸物、沉尸物、衣物、配饰物品及尸体上附着物。

1. 包尸物

多数情况下，属意外溺死或自杀溺死的水中尸体发现时没有包尸物。杀人抛尸入水的案件，案犯为方便抛尸，多数都有包尸物，包尸物种类繁多，常见的有塑料袋、编织袋、箱包、布袋、被套、床单等，可用布条、尼龙绳、封口胶、铁丝、电线带等捆绑固定（图 2-1）；这些包尸物有的属就地取材，有的属事前预备，有的属事后准备。包尸物上承载了大量犯罪信息，是重要的物证，对查找尸源、查找嫌疑人、刻画嫌疑人、分析案件性质有重要价值，因此，要特别注重对包尸物的检验分析，尽可能利用包尸物上信息寻找破案线索。如包尸物属事前或事后准备的，可通过包尸物上文字、图案信息查找物品来源，进而给侦查提供突破方向。如某一案中通过包装袋上信息查找到包装物来源于某超市，通过超市购物系统信息结合视频信息迅速锁定嫌疑人。如包尸物是就地取

图 2-1　尸体被装于行李箱内

材的,多属激情杀人,可通过包尸物种类及附着物的检验分析第一现场属何种环境,包尸物上还可能有嫌疑人的生物、生活信息,对认定及分析刻画嫌疑人均有重要价值。例如,某一抛尸案中,通过查找到包尸被套上的编号及文字信息查找到死者生前所在学校进而迅速查明尸源。无论包尸物来源如何,嫌疑人在包装尸体及抛尸过程中都有可能在包尸物上遗留痕迹及生物物证,但由于经过水流冲刷或浸泡后,提取及检验的难度较大,需认真细致分析检验,才有可能获取到有价值的痕迹及生物物证,如在包装的封口胶内层黏面可能提取到嫌疑人指纹,杀人现场就地取材用于包装的床单或被套上可能提取到嫌疑人的生物物证。

2. 沉尸物

一些水中尸体被发现时,尸体上捆绑或者包尸物内放置有石块、砖头、金属块等重物作为沉尸物(图2-2和图2-3),沉尸物主要见于杀人抛尸或自杀溺水案件。杀人抛尸案件中使用沉尸物主要是防止尸体上浮,避免被发现而达到逃避打击目的。沉尸物可捆绑在尸体上,也可放置于包尸物内。部分案件中,由于受水流冲击作用,过往船只作用,或者因沉尸物捆绑固定不牢或者包尸物松散,沉尸物有可能掉落,是否有沉尸物要根据实际情况分析判断。对捆绑沉尸物的绳索、胶带等要细致检验,在绳结内或胶带内侧仍可能能提取到有价值的微量物证,甚至嫌疑人的指纹及DNA检材。自杀溺水案件中也有发现尸体上伴有沉尸物的,自杀者可能将石块、金属块等重物捆绑在自己身上后入水,往往能反映自杀者害怕自杀不成功的一种心理状态。主要通过仔细检查捆绑固定沉尸物的方式,看死者自己是否能完成固定沉尸物动作来分析判断,并结合落水点勘查情况及调查情况综合判断案件性质。根据沉尸物的来源也可以分析判断杀人场所或抛尸地点,一般情况下,沉尸物多系在杀人场所或附近就地取材,部分在抛尸地点附近获取,通过对沉尸物的来源分析及比对对判断杀人地点或抛尸地点有一定价值。

图2-2 水中尸体捆绑砖石,砖石来源提示入水地点

图2-3 水中尸体捆绑自行车

3. 衣物

对水中尸体身上衣物的检验非常重要,对死者衣着及鞋袜要详细检查,不要遗漏。注意衣着状态,穿着是否整齐,有无反穿、层次错穿,纽扣有无缺损;对衣服件数、式样、类型、颜色、质料、品牌、厂名、新旧程度、纽扣和裤带的形状及颜色要逐一详细记录,仔细检查衣物有无破损,注意记录破损的部位、范围、程度、数目及破损的大小、方向及特征(图2-4)。衣物口袋中的物品如手机、钱包、证件、照片、卡片、票

图2-4 某幼儿死者衣服左下角缝有名字

据、钥匙等，都必须逐一检查，微量物证要规范提取，对异常痕迹要逐一拍照。水中尸体衣着状态往往能反映死者被害前或入水前状态，对分析案情有帮助；衣着特征可作为辨认及查找尸源依据；衣袋内物品往往能提供死者身份信息或生活信息，有助于快速查明尸源（图2-5）。

图2-5　死者随身携带物品提示身份信息

4. 佩戴物

尸体上的佩戴物（图2-6），如耳环、项链、手镯、手表、戒指、脚镯、头饰、胸花、领带、围巾等要逐一检查记录其质地、颜色、式样、形状等特征，对于查找及认定尸源都有很大帮助。

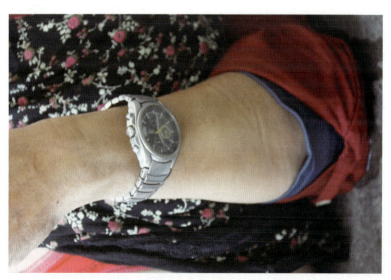

图2-6　死者的手表有助于尸源查找

5. 附着物

水中尸体如果发现尸体、衣物、包尸物上有附着物品或痕迹物证的，必须重点勘验，每一个物品及附着的痕迹物证都必须逐一拍照、细致检验、识别分析、及时提取送检。任何细微的物品及痕迹都有可能成为案件定性和侦破的关键（图2-7）。

图2-7　沉尸物油桶上附着的纸箱提示油桶来源

二、相关现场及物证

水中尸体除对发现尸体现场进行勘验及提取相关物证外，也要对可能相关的现场进行勘验并发现提取物证。

1. 可疑落水现场和发现尸体现场

可疑落水现场和发现尸体现场要进行全面、细致的现场勘查，注意对现场附近地面勘查，注意发现和提取异常痕迹及物证，遗留在地面的鞋印、足印、滑痕、血迹、药品、呕吐物、凶器、衣裤、鞋袜、箱包等，均应第一时间固定并提取备检。同时，要了解现场水文情况，包括水温、水流方向、流速、鱼蟹、硅藻、浮游生物、污染情况及水下情况。

对落水现场的勘查非常重要，落水现场的勘查对于判明案件性质有重要作用。对于落水点的查找可通过调查访问，视频研判等手段确定。对于落水点不明的案件还可以通过现场勘查，根据死者物品及衣物等在岸边遗落位置分析（图2-8）；还可以利用现场水文情况，结合尸体腐败情况，通过死亡时间推断和尸体漂浮情况分析落水位置。由于受客观条件所限，部分案件很难查明落水点。对于可疑落水现场痕迹表面附着的衣服纤维、脱落细胞、油迹等微量物证要重点提取，通过痕迹物证的检验比对可确定落水点。同时，通过全面细致的现场勘查要对现场痕迹的形成机制进行分析，特别注意对岸边的异常滑痕、擦痕、血迹方向等进行分析，条件保留好的现场，有经验的现场勘查人员可利用痕迹物证的分析重建现场，对落水过程进行重建进而确定案件性质、刻画嫌疑人等。

图 2-8　尸体发现处上游河滩的手机和眼镜提示落水位置

2. 视频资料

要注意对视频资料的提取和甄别。视频资料主要包括发现尸体位置附近、落水点附近死者生前最后活动场所的视频监控，发现尸体位置附近和落水点附近视频要及时提取，注意发现可疑人员、车辆等；如死者身份已查明，结合调查情况，注意提取死者最后活动场所的视频，注意有无可疑人员、同行人员、车辆、活动线路轨迹等。通过视频证据的查看及甄别有可能发现嫌疑人、抛尸人、可能抛落的重要物证，也可能发现死者自行落水的直接视频证据，对于判断案件性质及案件侦破有重要价值（图 2-9 和图 2-10）。

图2-9 视频可见死者在落水点附近徘徊

图2-10 视频可见死者入水后激起的波浪

三、居住及生活地勘验

对于已查明身份的尸体,应对其居住及生活地进行勘验。

1. 勘验重点

在死者居住及生活的房间内可能发现与死者生活息息相关的各种物品及痕迹，如死者的衣服、水杯、牙刷、背包、手机、电脑、日记本、遗书、病历、药物等。对死者居住及生活地的勘查可能反映死者生活状态、发现关系人、提取到案件相关的物证及犯罪信息，对揭示案件性质及案件侦破有重要的价值。对死者居住及生活地点的勘查，首先要确定该地点是否为杀人的第一现场。如是杀人第一现场，要按照命案现场的要求进行勘查，发现和提取手印、足迹、工具痕迹、血迹、杀人工具等（图2-11）。如不是杀人第一现场，重点要获取死者与共同生活者及来往人员的痕迹及生物物证，并进行比对，从中可能发现嫌疑人，同时要注意提取死者笔记本、电脑、纸片等文字信息载体，从中发现案件相关的信息和证据。

图2-11 死者居住地厕所内血迹提示第一现场

2. 重点物证

对居住及生活地勘验勘验重点物证包括生物物证、痕迹物证、书证、电子物证等。生物物证重点提取血迹、精斑、唾液斑、牙刷、水杯等；痕迹物证重点提取手印、足迹及工具痕迹；书证注意提取笔记本、有价值文字记录的纸片等；电子物证重点提取电脑、手机，从死者使用电脑记录、上网、聊天、通话等记录中发现有价值信息（图2-12）。

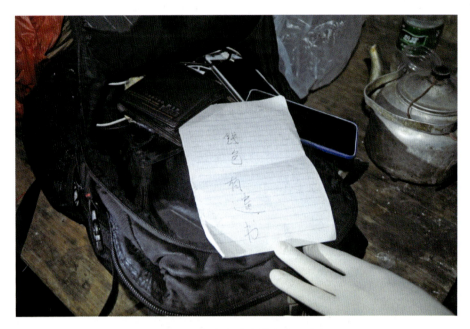

图2-12 死者居住地勘查发现遗书

（王欣 刘超）

第三章 尸体检验

溺死属机械性窒息死，故新鲜尸体一般都具有窒息死亡的征象，即睑球结膜点状出血、发绀、血液不凝固、内脏器官淤血等。

第一节 尸表检验

一、尸温与尸斑

（1）尸体温度较低。水中温度比陆地温度低，平均相差 4 ℃左右，从水中打捞出的尸体温度较陆地上死亡的尸体温度低。溺水死者的体温从 37 ℃很快下降至水温水平，而地面死者尸温则随着气温有规律地逐渐下降。

（2）尸斑浅淡，呈鲜红色。水中的尸体随水流漂浮翻滚，体位不断地改变，尸斑难以固定在身体某一低下部位；皮肤血管因冷水刺激而收缩，影响血液沉降；此外，水能直接压迫尸表血管，也影响尸斑的发生。因此，尸斑出现缓慢又不明显。另外，由于水温较低，血液中的氧合血红蛋白不易离解；水中氧气渗入血管，形成氧合血红蛋白（HbO_2），因此，溺死者的尸斑常呈淡红色甚至鲜红色，而尸斑部位以外的皮肤为苍白色（图 3-1）。

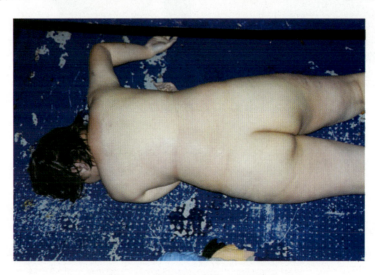

图 3-1 尸体皮肤苍白，尸斑浅淡

二、口鼻部泡沫

在溺水过程中,由于冷水刺激呼吸道黏膜,黏液分泌亢进,黏液与溺液和空气随剧烈的呼吸运动互相混合搅拌,形成细小均匀的白色泡沫。这些泡沫逐渐涌出附着在口鼻孔和其周围,如白色棉花团堵塞呼吸道孔,称蕈样泡沫或蟹样泡沫(图3-2)。若死者支气管黏膜或肺泡壁由于压力增加引起破裂出血时,泡沫可染成浅红色。这些泡沫富有黏液,不易破灭,抹去后亦可再溢出。压迫尸体胸腹部或翻动尸体,泡沫溢出更多。蕈样泡沫夏季可保持1~2天;春、秋季保持2~3天;冬季保持3~5天。泡沫干燥后,在口、鼻处或其周围皮肤形成痂皮样残留物。尸体腐败后泡沫消失。蕈样泡沫是生前形成的,是一种生活反应,对确认是否为生前溺死具有一定的意义。但亦偶可见于其他原因死亡的尸体,如有机磷农药中毒、勒死、癫痫、电击死、急性肺水肿等,应注意鉴别。

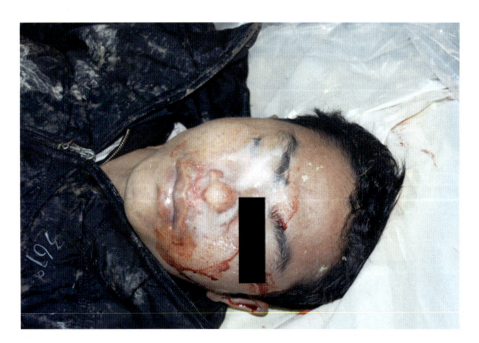

图3-2　口鼻部蕈样泡沫

三、眼结膜淤血出血

溺水死者的眼结膜显著淤血,少数眼结膜下可见点状出血。但不像缢死、勒死尸体那样在结膜出现多发的针尖样或融合片状的出血(图3-3)。

图 3-3 睑球结膜淤血出血

四、鸡皮样皮肤

溺水死者由于皮肤受冷水刺激或精神激动，立毛肌收缩，毛囊上举，故皮肤呈鸡皮状（图 3-4），或称鹅皮样改变（goose skin）。以两臂和两腿外侧处较为明显，死后移行于尸僵，与尸僵同时缓解。这种征象并非溺死所特有，死后不久抛入水中的尸体也可见到此种征象，冻死者或死后不久置于寒冷处，或经雨水淋过，也可出现。曾有 1 例刎颈、服硫酸自杀身亡近 5 小时的女尸，放在水泥解剖台上，脱去衣服片刻，两大腿出现明显的鹅皮样改变。

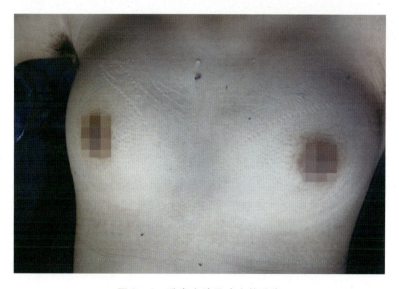

图 3-4 乳房皮肤呈鸡皮状改变

五、手抓异物、甲内异物

有些溺水死者的手中抓有水草、树枝、泥沙或其他物品，指甲内嵌有泥沙（图3-5），一般认为系落水后拼命挣扎及尸体痉挛所形成，是一种生活反应，是生前溺水死亡的证据之一。值得注意的是，如果紧抓的是水中特有的物体，对判断生前溺水有重要价值。如果不是紧抓或紧抓的是陆地上也可抓到的东西，却不是溺死的特殊征象。此外，尸体在水中漂流或捞尸过程中，指甲内也有可能刮进泥沙，而且嵌入指甲的泥沙也不一定就是水中的泥沙，因此，指甲内泥沙对判断生前溺水的价值要在确认泥沙种类后具体分析。

图3-5 死者右手掌内抓有泥沙（左手干净）

六、尸表损伤检验

溺水时因受冷水刺激，可使皮肤和肌肉收缩，如男性阴囊和阴茎皱缩；女性阴唇和乳房因肌肉收缩而形成褶皱或僵硬。此外，溺水者在落水或漂流时，常可与水中的各种硬物相互碰撞（如桥墩或水底石块或船底等），以及被船桨或螺旋桨击中而形成生前、濒死或死后的各种损伤（图3-6），水中生物亦可致伤尸体，凡此种损伤均应注意鉴别。

图 3-6 螺旋桨损伤

第二节 解剖检验

诊断溺死，不能仅靠体表检查，需进行全面的尸体解剖，其中呼吸系统的改变及实验室的检验尤为重要。

一、呼吸系统

1. 呼吸道溺液及异物

气管和支气管腔内充满与口鼻孔相同的白色或血性泡沫液，可发现吸入的异物，如泥沙与水草等（图3-7）。检查异物的形状，可作为判断入水场所的依据。如在一具溺水尸体肺内发现有银的沉淀物，可据此推断该溺死者是在上游银矿附近落水的。

2. 水性肺气肿

由于溺水者剧烈呼吸时使溺液、黏液、空气三者互相混合而成泡沫，又因在呼吸困难期和终末呼吸期由于吸气力量大于呼气力量，溺液吸入肺泡不易呼出，故形成肺水肿。吸入呼吸道内的溺液，将原在气道内的空气向终末的呼吸性细支气管乃至肺泡内压迫，同时气道内细小的泡沫形成活瓣性栓塞；又因小支气管在吸气时管腔扩张，呼气时不扩张，加上活瓣性栓塞，就导致吸入的气体多，呼出的气体少；在吸气性呼吸困难期，吸气运动强，力量大，呼气运动弱，力量小；在剧烈咳嗽时，泡沫被突然关闭的声门所抵住，这种过程反复多次，能使肺内含气量逐渐增多。因此，肺脏兼有气肿和水肿两种特征，称为水性肺气肿（aqueous emphsema），又称溺死肺（图3-8）。水性肺气肿是一种生活反应，是生前溺水死的主要征象之一。在尸体检验中，约80%的溺死尸体

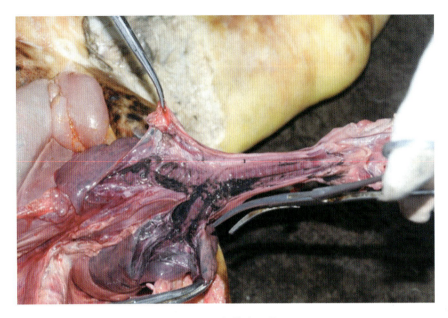

图 3-7　气管内异物

中可见水性肺气肿，青壮年溺死者更为显著，胸膜广泛粘连者不发生此种改变。肉眼可见两肺体积增大，重量增加，约为正常肺的2倍，充满胸腔，前缘覆盖心脏，表面有肋骨压痕，边缘钝圆，触之有揉面感，指压凹陷。切面血量少，颜色较淡，压迫肺后可从切面压出多数细小均等大的泡沫状液体，压出的泡沫多而液体相对较少。而单纯肺水肿者其切面有少量泡沫液体自然流出。这是溺死肺和单纯肺水肿的不同之处。

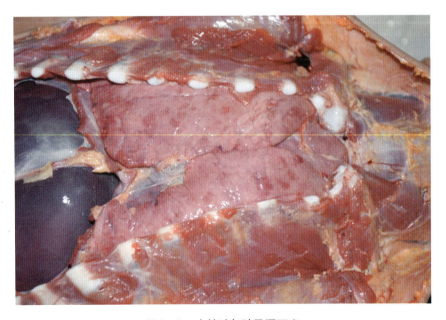

图 3-8　水性肺气肿及溺死斑

3. 溺死斑

肺表面湿润，光泽感强，颜色较淡，呈浅灰色，其中夹杂淡红色的出血斑块，这种出血斑即肺泡壁破裂出血并溶血所形成的溺死斑（Paltauf's spots），由 Paltauf 首先描述（图 3-8），多见于肺叶之间及肺下叶，但在肺实质内亦可见到斑状出血。因血液内混入溺液，故出血斑颜色稍淡，境界不清楚。溺死斑仅见于新鲜的溺死尸体，死后经过时日，由于血红蛋白浸润，就变得不明显了。

二、其他脏器改变

1. 消化道系统

落水者在吸入溺液同时也吞咽溺液，由胃进入小肠，这也是一种生活反应（图 3-9 和图 3-10）。胃肠内溺液一般在新鲜溺死尸体解剖时发现，腐败尸体，溺液外渗至腹腔，胃肠内不易发现溺液，但溺液中的异物留于胃内。死后抛入水中的尸体，水压可将溺液压入胃或直肠，但小肠并无溺液或泥沙、水草等异物，如小肠没有溺液，可说明不是溺死，以此可区别溺死与死后抛尸入水，若溺死发生非常迅速时，小肠亦可无溺液。胃肠溺液应与现场液体分别进行化验，以便确定是否相同。尸体胃肠中发现尸体所在水域的一定量液体，也可能是生前饮水，不能据此轻率认定为溺死。如一怀孕女青年死者，胃、十二指肠内均有尸体所在水域的水，但呼吸道却无溺液，经检验认定胃肠有磷化锌，颈部有扼痕，似死后入水，破案证实是凶手骗死者外出，以打胎为名让其服磷化锌，企图以毒物杀害，药性发作后被害人口干，就地喝了大量河水，躺在河边，过一会儿仍未死，凶手就扼压其颈，直至断气，然后抛入河水中。所以，对水中发现的尸体，无论胃里有无溺液均要具体分析。

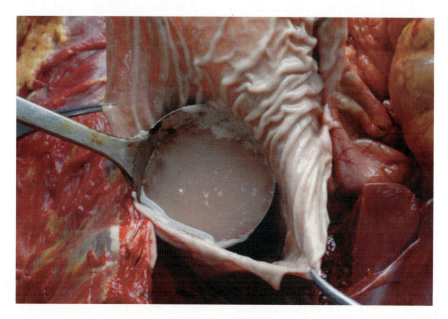

图 3-9　胃内溺液

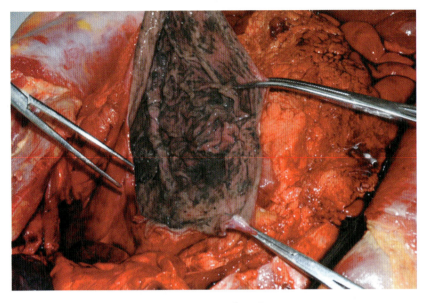

图 3-10　胃内泥沙

2. 心血管系统

静脉淤血怒张，右心淤血，血液呈暗红色流动状。水性肺气肿引起肺循环障碍，右心淤血尤为严重。左、右心的血液成分并不相同，因溺液进入肺泡后渗入肺泡壁血管到达左心后再进入体循环，引起血液成分稀释；左心腔的血液成分稀释比右心为明显（图3-11）。若测定左右心血冰点下降度、黏度、比重、血红蛋白、红细胞数等方面改变，发现淡水和海水中溺死者之间均有明显差异，淡水溺死者，左心血红蛋白比右心低；左心血比重比右心低；在海水中溺死者则相反。淡水溺死造成的溶血，可使心内膜和主动脉内膜红染。

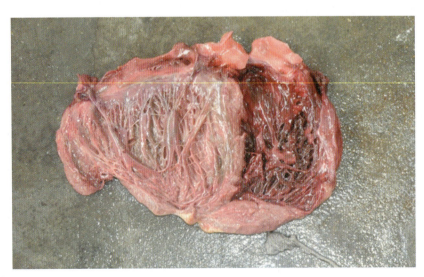

图 3-11　左右心腔颜色差异

3. 颞骨岩部内出血

在溺水死亡者中约 2/3 尸体可检到颞骨岩部出血，乳突小房内充满红细胞，出血原因主要是溺液从外耳道或咽鼓管进入，使锥体受压发生淤血或出血（图 3-12）。也可能是由于溺死过程中窒息缺氧而引起。过去认为颞骨锥体出血是诊断溺死的标准之一，但又发现各种类型的窒息、损伤、猝死、中毒等也可看到此种改变，所以，目前认为这一征象对于诊断溺死仅有相对意义。

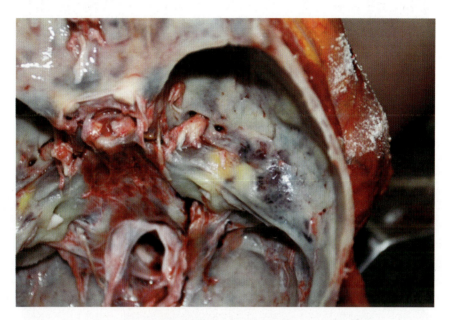

图 3-12 颞骨岩部出血

4. 肌肉出血

溺水时由于拼命挣扎和发生痉挛，肌肉剧烈运动，约 10% 的溺死者可导致呼吸辅助肌发生点状、条状和片状出血，如胸锁乳头肌、斜角肌、胸大肌、背阔肌等，出血常为双侧性。有时口腔底部也可发生出血，应与扼颈所造成的损伤相区别。

5. 颅脑、颜面部淤血

水中溺死的尸体，由于头颅较重而下沉，体内血液下流入颅脑，引起面部肿胀、发绀。脑膜及脑组织淤血明显（图 3-13），神经细胞出现缺氧性改变。

6. 脾缺血

约 50% 的溺死者脾脏呈缺血状态（图 3-14），为交感神经的刺激，脾皱缩，挤出血液的结果。

7. 器官内溺液外渗

当溺死的尸体发生腐败时，进入体内的溺液水分外渗。肺内的液体可进胸腔（图 3-15），胃肠内的液体可进腹腔，液体也可渗到体外，但器官内的硅藻等浮游生物及各种异物仍残留在体内而不会渗出。

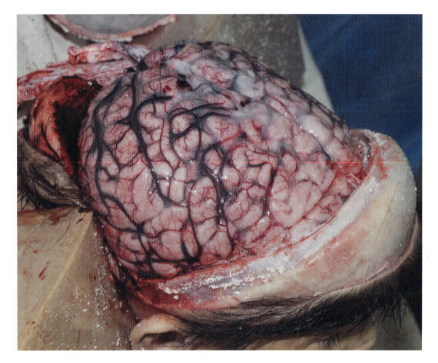

图 3-13 大脑淤血

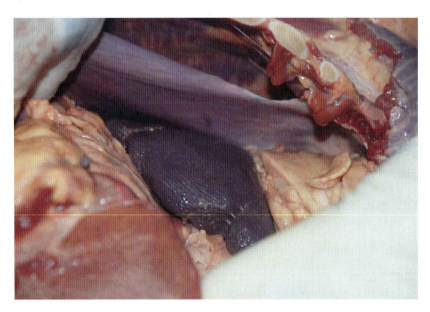

图 3-14 脾缺血皱缩

8. 玫瑰齿

窒息死者的牙齿，在牙齿颈部表面出现玫瑰色（或淡棕色），经酒精浸泡后其色泽更为明显，这一特点称为玫瑰齿（图 3-16）。这一表现是因为窒息时缺氧致毛细血管脆性增加，牙髓血管破裂出血，在各种类型的窒息中皆可出现。也有学者研究发现，非

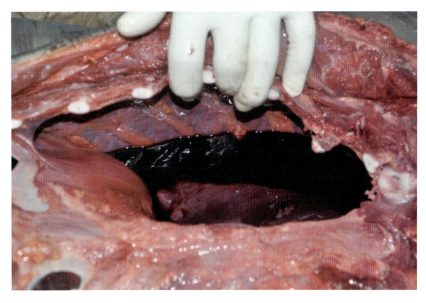

图3-15 肺内液体渗出

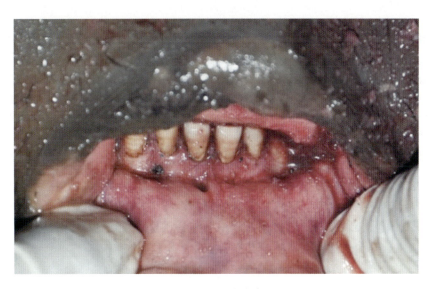

图3-16 玫瑰齿

窒息死亡的牙齿在新鲜取材时均未见玫瑰齿现象,但酒精浸泡后均逐渐出现玫瑰齿现象,并在浸泡4小时后颜色显著。非窒息死亡的牙齿在腐败尸体中均观察到玫瑰齿现象,酒精浸泡后颜色不变,因此,玫瑰齿在诊断溺死中仅有相对意义。

(李志刚 石河 胡丙杰)

第四章 特殊类型水中尸体的检验

本章所指的特殊类型水中尸体，主要是指一些非常见的水中尸体类型，如干性溺死、尸块、白骨化等。这类尸体由于大量的信息丢失，检验难度高，需要特别的关注。

第一节 干 性 溺 死

一、概述

根据呼吸道有无溺液的存在，可将溺死分为两种类型，即典型溺死和非典型溺死两类。非典型溺死虽属水中死亡，但呼吸道和肺泡内无溺液，也称干性溺死，约占溺死的10%～15%。

二、机制

非典型溺死的发生机理可能为：①有些神经敏感体质的人，在落水后的刹那间，因冷水刺激了皮肤感觉神经末梢或喉头黏膜，使迷走神经兴奋，反射性引起心脏骤停和原发性休克，迅速发生死亡。②有些生前似乎健康的人，由于患有潜在疾病，当这些人入水后，因冷水刺激、胸腹部受压或在游泳中剧烈运动而增加心脏负荷，导致心肌受损，突然死于水中，其溺死征象也不明显，称为水中猝死。

三、检验及定性

干性溺死由于溺死征象不明显，法医检验时需进行全面细致的尸体剖验，提取脏器做病理检验确定有无致死性疾病，并取材做毒物分析以确定有无中毒、麻醉等。对死者的损伤，必须鉴别是生前伤还是死后伤，并正确评价损伤与溺死或者其他致死原因之间的关系，要结合尸检、案情和现场勘查、调查等，综合分析做出科学的结论。

第二节 水中尸块检验

一、尸块形成原因

水中尸块形成原因可能有：①水中尸体由于腐败而肢解。②由于过往船只的螺旋桨削刮造成的肢体离断。③杀人碎尸后将尸块抛入水中。④水中交通事故、海难事故等形成的尸块。

二、尸块形成时间

根据尸块的腐败程度、尸块上昆虫发育情况，结合季节水温等推断损伤时间相对可行，从胃内容食物的消化状态推测末次进食后入水的大致时间。

杀人致死后很快分尸时，尸块的组织还有较强的生活反应。虽然分尸的损伤是死后伤，但皮肤、肌肉、血管等组织还未死亡，可表现为一定程度的生活反应能力，分尸局部断端的皮肤、肌肉、血管收缩较明显。如果死后较长时间才被分尸，有的尸块可检见尸斑、死后皮肤压痕。

三、性质分析

螺旋桨削刮形成的损伤有一定的特征，通常反映出巨大暴力作用的特征，以及多条平行的连续损伤，断面往往较整齐，一般非常严重，常形成巨大的创口、粉碎性骨折，人力难以一次形成，创面常粘有机油而污秽不堪（图4-1）。抛入水中的尸块，其断面有砍、切、锯的痕迹，创缘可见多数皮瓣（图4-2和图4-3）。其他方式形成的损伤，有的容易识别，有的识别困难，但死后形成的损伤创口苍白，无生活反应。

图4-1 螺旋桨损伤

图4-2 河道内发现的碎尸块,为人体左足

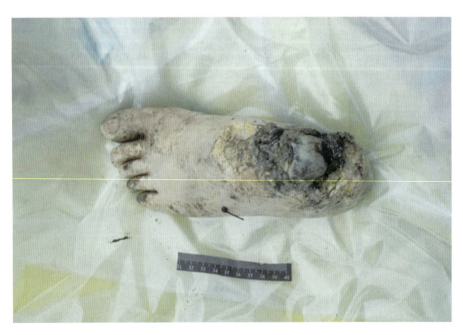

图4-3 左足断面有骨质砍痕,皮肤边缘整齐伴有皮瓣,趾甲完全脱落

第三节 水中白骨化尸体

一、勘验重点

到达现场后,首先要了解案件发生,发现和保护现场的情况,然后对现场周围进行观察,收集发现尸骨现场及附近的可疑物品,要了解水温、水流方向、流速、鱼蟹、浮游生物、硅藻、污染情况以及水下情况;认真观察尸骨的位置、状态及相互关系;尸骨与周围物品的关系(包括头饰,发饰,衣着,纽扣,随身携带的其他物品);如果尸体被包裹或与其他物品捆绑在一起(图4-4),特别要重点勘验,尤其是尸体包裹物,如铁桶、麻袋、箱子、被褥及附着物,沉尸物如砖石、水泥块、铁块等。每一个物品及附着的痕迹物证都必须逐一拍照、细致检验、识别分析、及时提取、尽快送检。任何疏忽,都有可能给案件的定性和侦破带来损失。

图4-4 水中尸体白骨化

二、检验重点

(1)白骨化虽可破坏尸体软组织和器官的损伤和病变,但尸骨上的损伤可长期保存,要仔细检查尸骨上是否有损伤,是否生前损伤。

(2)某些毒物在骨髓或骨质内可长久保存,应提取骨骼送毒物化验。

（3）因为长骨很完整且木乃伊化的软组织对部分长骨具有保护作用，可提取长骨用于硅藻检验。

（4）根据骨骼的结构特征，可推测死者的性别、年龄和身高等，颅骨可用于面貌复原。

三、定性分析

如尸骨有包裹物或沉尸物，案件性质容易判断。尸骨上的损伤对判断案件性质有重要作用，若是生前损伤，提示被抛尸入水的可能性很大。白骨化尸体定性十分困难，需根据勘查、调查，结合毒物分析，硅藻检验等结果综合分析。

四、腐败过程及影响因素

与陆地上的腐败相似，水中腐败也包括明确的系列阶段。然而，由于各阶段的腐败速度变化太大，不可将腐败的阶段用作判断死亡/入水至尸体被发现期间时长的明确性指标。影响腐败过程的参数包括（但不仅限于）水温、尸体成分、尸体状态（漂浮或完全浸没）、自然力（如潮汐）。一般而言，新鲜尸体被分解至白骨化需数月甚至数年时间。

统计均值显示，尸体腐败过程为：0~2天，新鲜尸体开始腐败，出现尸僵、尸斑、皮肤脱色等症状。2~7天，尸体呈早期性腐败，其症状为：皮肤广泛脱色、气胀、器官早期性腐败。1周至2个月，尸体呈高度腐败，其症状为：尸蜡开始形成，尸体被分解，腐败广泛发生。数月至数年，尸体白骨化，其症状为：骨骼被尸蜡包覆并暴露于外。

五、尸蜡

尸蜡是一种白色蜡状物质，为尸体脂肪组织内脂肪酸（如油酸）水解和氢化的产物。尸蜡形成于含水或潮湿环境下的尸体腐败过程。尸蜡一旦形成，则十分稳定。早期阶段，水解后的皮下脂肪组织可产生贯通皮肤内附属器孔的疝气（herniate），随着形成尸蜡的化学过程的继续，水解后的皮下脂肪组织变硬。其结果是，皮肤被硬化后可成为长骨、器官结实保护层的蜡状物包覆（图4-5）。在水中，尸蜡可将尸体保存数年之久。对于水中腐败尸体，由于腿部含有尸蜡保护层，长骨骨髓可作为提取硅藻的较佳检材。

尸蜡形成的机制与时序已被广泛研究。尸蜡形成的时间变化很大（尽管通常为2个月），不能被用作可靠的入水时间指标。水温似乎是尸蜡形成的一种重要因素，对于浸于冷水中的尸体，尸蜡（图4-5）形成的时间可能延长1年甚至更久。由脂质变为尸蜡的生化机制非常复杂，但似乎包括厌氧微生物或好氧微生物（如藤黄微球菌）的细菌催化作用。

图4-5 水中尸体尸蜡形成

第四节 水中发生群体性死伤事件的处理

近年来,水中重大灾害性事故时有发生,造成多人死亡,这是摆在法医学工作者面前的新课题,例如:1999年11月24日,烟台海难事故致282人遇难;2002年5月7日,大连飞机坠海事故致112人死亡。影响最大的事件为:2015年6月1日,"东方之星"客船在长江监利段因恶劣天气翻沉,造成船上442人死亡,这是我国一次死亡人数最多的沉船事故,在国内外造成广泛影响。重大灾害事故与一般命案相比,社会影响面更大,涉及的群众更多,往往会形成社会热点问题,直接影响社会稳定。对尸体的检验、鉴定等若处置不当,则会造成不良影响。

一、勘验重点

(1) 制订现场工作预案。设立现场处置、尸体检验、失踪人员及其亲属信息样本采集、物证检验比对、身份确认、材料综合等工作组,及时确定参与身份认定工作的DNA、指纹等专业实验室。

根据现场范围和工作量合理设立若干现场处置工作小组,每小组配备法医、痕检、影像、记录人员各1名,辅助人员2名,有一个固定组号,设1名负责人。

明确工作职责和纪律,对法医、照相、痕迹等各专业人员在现场工作中的任务、操作规程及注意事项作出明确规定,应对接到指挥命令后到达现场的时间、携带的勘查器材及防护用品作出具体要求，同时制定现场工作其他纪律。

制作尸体及相关物品编号牌及尸体检验记录表格。

（2）及时勘查，全面收集尸块、人体组织、死难者随身物品。水中重大灾害事故往往造成尸体破碎、面部全非、难以辨认尸源。法医勘验的主要任务是尽快、准确认定尸源。应将法医分成若干个小组并将现场划段分片，逐块逐步地提取。对于现场发现的尸体（尸块）及与身份识别相关物品应当进行编号，并详细记录、拍照。编号规则应当根据事件名称、性质、尸体（尸块）及相关物品数量等属性统一确定，保证编号具有唯一性和可溯源性。现场处置技术人员应当指导辅助人员对现场发现的尸体（尸块）及与身份识别相关物品进行包装。包装应当先整后零、单独封装、避免污染。为便于识别，应当制作编号标签、标牌粘或悬挂在包装物上。现场收集的尸体（尸块）及与身份识别相关物品、文字材料应当及时分别移交尸体检验、物证检验比对、材料综合等工作组。尸体（尸块）必要时转移至临时存放场所。

二、检验重点

尸体检验工作组负责对现场尸体（尸块）进行检验，查明遇难者死亡原因，获取可供身份识别的个体特征，提取可供比对认定的检材。尸体检验工作组根据检验数量设立若干尸检小组，每组配备3名法医、1名影像人员，3名法医中1名负责记录、2名负责检验尸体。每个尸检小组工作强度以一次性连续检验5具作安排，最高不宜超过10具。重大灾难事件中重点部位、重点人员尸体应当按照法医学尸体检验规范进行全面系统检验，以便查明事件发生原因、确定责任人。

对于非重点人员尸体可进行一般检验。一般检验包括衣着及随身物品检验、尸表检验、生理特征检验和局部解剖检验等。尸体检验应当对尸体和具有个体识别价值的生理、病理特征进行照相记录，填写《尸体检验记录表》。同时，应当提取死者随身物品和进行指纹、DNA等检验所必需的检材。尸体编号应当具有唯一性，并与现场处置中的编号相关联，在尸检照相中加以体现。提取的随身物品应当编号，并妥善保管。物品的编号应当与尸体编号相关联。尸体检验结束，应当及时将尸检过程中提取的检材、随身物品、文字材料、尸体（尸块）分别移交给物证检验比对组、材料综合组和尸体处置部门，并填写《尸体/尸块移交书》和《随身物品移交清单》。相关物品和材料在移交过程中应当签字记录。

三、检验物品准备

为了快速高效地进行工作，将检验物品进行组装成套，每套用塑料袋盛装。清单如下：

（1）封口有拉链和提手的塑料编织袋1个，用以盛装死者遗物。因出水遗物较重，编织袋要牢固结实，透水性好，易于搬运。

（2）一次性塑料针筒和15 cm长针头各1支、手术刀若干，用于提取死者心血和肌肉组织，进行 DNA 检验。

（3）尸体编号可按"前缀+数字序号"编排，前缀为地市区名称拼音首字母缩写，如广州越秀 GZYX-1、GZYX-2、GZYX-3、……，一式两份，均用相同规格的拉链式塑料袋套封，防水；一份编号放于装尸袋内，随尸体搬运，一份放于盛装死者遗物的编织袋内。

（4）塑料物证袋 2 个，分别盛装贵重物品和身份证件。

（5）胶布条 32 条，分别粘贴死者左手腕及左脚踝部。

（6）法医尸检原始记录一份，编号与尸体编号一致；遇难者情况登记表，每个检验小组一份，登记内容包括编号、姓名、性别、籍贯、特征、随身贵重物品等。

（7）装尸袋 1 个。

以上编织袋、针管、塑料袋、胶布条、装尸袋均用油性彩笔标记醒目的一致编号。在进行检验时，各检验小组根据尸体数量，统一登记后按编号顺序领取。

四、检验程序

（1）将标记编号的胶布条分别固定于尸体左手、左脚腕部，编号向上，以便于根据尸体编号辨认尸体。

（2）将第一份塑料袋套封的尸体编号放于死者上半身，对尸体原貌进行全身和半身拍照。面部一定要清晰，便于家属辨认，冲洗后按编号顺序放于相册。

（3）衣着及尸表按以下顺序进行：①记录衣着特征。②寻找证件并登记详细信息（特别要注意发现身份证、驾驶证等证件后，其照片要与死者面部对照，是否相符）。③详细记录死者随身携带物品的种类、数量等。④脱去衣服，记录身高、瘢痕、胎记等特征及机械暴力性损伤。⑤衣服、随身物品随编号放入编织袋内。⑥编织袋封口，随尸体搬运。

（4）根据尸表检验判断死亡原因，无特殊原因不需解剖。

（5）提取死者心血、肌肉组织，捺印指纹。

检验完毕，在尸检记录上签字，当场填写死者情况登记表，包括编号、姓名、性别、籍贯、特征、随身贵重物品等，照片立即冲洗或打印，按死者编号放入相册。每次完成尸检任务后，将尸检记录、死者情况登记表、尸体照片交法医检验领导小组汇总、统计、复印等。

五、定性分析

法医通过对尸体、尸块、衣物，以及随身物品的观察和分析，判断其死亡原因、损伤性质及有无他人所为的征象，从而为判明案件性质提供重要依据。其中特别要注意对交通工具的驾驶人员以及其他可疑肇事者的尸体（尤其是损伤）及随身物品的检验。对这类尸体，要系统地进行解剖，进行病理检验和毒物分析，以了解其生前的疾病，是否有酒精、麻醉剂、药物等，综合分析事故原因。其中对可疑肇事者的个体特征检验也极为重要。对幸存者检验损伤的部位、性质和程度，以分析其形成机制和过程，并与伤者陈述的受伤过程对照分析。

六、典型案例

[案例1]

某女，19岁，广东人。尸体于某年4月21日在河边被发现（图4-6）。尸检情况：尸长170 cm，发长28 cm，尸体呈"巨人观"。死者上身穿一件黄色短袖衫，内着灰白色有紫红花纹图案胸罩，下穿蓝色牛仔裙，内穿浅红色内裤，阴部见白色卫生巾；足穿粉红色透明丝袜，褐色系带布鞋。下唇被上下牙齿咬住2.1 cm×0.7 cm（图4-7）。下颌缘正中偏右有1.5 cm×0.8 cm皮下出血。左耳后发际内有3.5 cm×1.8 cm的陈旧性瘢痕。左前臂前段桡侧有1.5 cm×0.8 cm皮下出血。双手呈半握拳状，十指无骨折，皮肤套样脱落。左小腿中段前侧有7.2 cm×3.5 cm皮革样化。左膝下胫骨前侧有5.0 cm×4.5 cm皮革样化。左足背面内侧见1.5 cm×1.5 cm皮革样化。头皮未见出血，颅骨无骨折，左右颞骨岩部有出血，大小分别为3.3 cm×0.8 cm、3.8 cm×4.5 cm，脑组织液化。颈部肌肉无出血，舌骨完整无骨折。喉腔声门检查未见水肿，气管内未见异物，用白色纱布擦拭气管内壁后未见出血点。食管内壁光滑无异物。左右肺柔软暗红色，左肺上下叶粘连，未见出血点。心脏重为250 g，右心房、右心室内见少量暗红色血凝块及大量暗红色血液。右心室壁厚0.3 cm，左心室壁厚1:1 cm，室间隔厚1.5 cm，冠状动脉切面及开口未见异常。胰腺无出血，包膜未见增厚。胃内容半充盈、呈食糜状。子宫大小正常，重120 g，腔内壁光滑。常规毒物检验为阴性。

图4-6　河中的尸体

现场位于河北岸，河面宽21.7 m，河内水深2.4 m，河底最深处距地面6.9 m。在距尸体发现位置12 m处是河的闸口，周围有护栏，西侧护栏的底部有点片状灰尘擦痕，其距水面的高度为5.4 m。2名目击证人证实：某年4月19日晚，该女子与其男友在闸口处发生争吵，该女子翻越护栏，双手悬于护栏底部，威胁其男友欲跳河自尽，落水前曾求其男友将其拉起，未果。

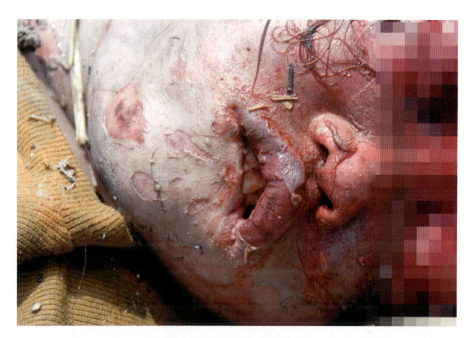

图4-7 死者牙齿紧咬下唇

此案有如下几点特征：①入水前，该女子情绪变化较大，从激愤到惊惶求救。②气管、食管及胃内未见溺液。③气管内壁、心肺表面无出血点。④牙齿紧咬下唇，尸体局部形成痉挛。⑤心肌、冠状动脉切面及开口未见异常。⑥体表损伤轻微，全身无明显致命性机械性损伤特征。⑦常规毒物检验为阴性。

综合以上特征，结合现场勘查及调查情况，某女符合干性溺水死亡。分析其机制应为：死者入水前神经系统处于高度紧张状态，紧咬下唇，阻止河水直接刺激咽喉部，同时抑制呼吸，坠落后冷水剧烈刺激鼻腔或咽部黏膜内，引起意识严重障碍，进而引起迷走神经抑制导致死亡，呼吸心跳骤停。检查未见声门痉挛、水肿，而且没有吸入溺液，说明其呼吸迅速停止。

[案例2]

某年8月，群众在铁路涵洞内发现有一辆小汽车被水淹没（图4-8），将车拉出涵洞后在车内发现7具尸体（图4-9）。经勘查，涵洞宽5 m，高4 m，水淹车辆为长城小汽车，车高1.7 m，车内发现7名死者：5名大人，2名婴儿。经检验，7人体表无损伤，四肢长骨无骨折，身上财物无丢失，均符合溺亡特征。车辆状态正常，车窗无损坏，车门可正常开合，车辆被发现位置于涵洞外，车上乘客均未系安全带，手刹于放开状态。经调查，死者一家7口人于8月19日自驾车从外地来，因路况不熟，将车开入积水的涵洞，造成全家7人意外溺死。

图4-8 小汽车被淹没

图4-9 车内尸体状态

[案例3]

某年2月，群众在某水库内发现一废旧铁制油桶（图4-10），以水泥灌封，经开洞发现内有人尸骨。

油桶直径为60 cm，高90 cm。铁桶外表生锈，底完好，桶顶部以水泥封闭，无铁盖（图4-11）。中部铁皮有一生锈的破损口，撬开铁皮，见水泥封闭尸骨，底部外围水泥见一印有"来利"牌及厂址为"××工业区"的矿泉水包装箱附着。

图4-10　现场概貌

图4-11　水库中的油桶

砸开水泥，暴露尸骨（图4-12），见尸骨头朝铁桶顶部，臀部位于桶底，身子呈半抱卷缩位。其中尸体上身穿一"HUBAO"牌灰色长袖衬衣，大小为175/100B/42。上衣左上口袋有一印有"××大酒店"字样的打火机。上衣右前侧及腰背侧见可疑血迹。下身臀部处可见几条带缠绕，取出可隐约见为一中短裤形状。取出尸骨后测量其塑性空腔，顶臀高80 cm，腹背径28 cm，右臀径23 cm，右大腿中段横径16 cm。尸体大部分已经白骨化，仅头面部及背部残存已皂化软组织。右耳后可见3颗疣，其中1颗直径为0.25 cm，高出皮面0.2 cm，其余2颗稍高出皮面。颅骨完整，未见骨折；脑组织完全液化。牙齿共29颗，排列较整齐，牙垢较多（俗称"烟屎牙"）：左上颌8颗，其中第一双尖牙、第一磨牙为龋齿；右上颌7颗牙齿，其中第一双尖牙缺失；左下颌8颗牙齿，其中第一、第二磨牙为龋齿并作过修补；右下颌6颗牙齿，第二、第三磨牙缺失。磨牙牙冠磨耗度为4度。颈部残留皂化软组织，舌骨仅残留舌骨大角，未见骨折，颈椎7块，未见骨折。甲状软骨仅残留两块软骨片，未见骨折；胸廓背部见残存的皂化组织，右肩胛冈下窝可见星芒状骨折线，对应的第四肋骨后肋可见骨折线，后面骨皮质连续，左侧第9、第10前肋可见骨折。胸骨体中段横断骨折。胸椎12块，腰椎5块，骶骨1块，尾骨1块，肩胛骨、锁骨齐全，手脚的指骨、趾骨不完全；四肢长骨齐全，未见骨折。耻骨角小于90°，耻骨联合面破损，但是腹侧斜面已经形成。

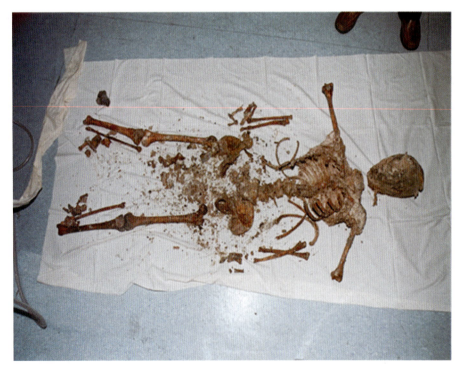

图4-12 油桶中的尸体

死亡原因：右肩胛骨、右第4肋骨及左侧第9、第10肋骨骨折，胸骨体横断骨折，为钝性外力作用形成，仅以上几处的单纯骨折不足以致死；因尸体大部分白骨化，仅头面部及背部残存已皂化软组织，体表损伤不能检见、内脏损伤情况不清楚，毒化检验没有出来结果，分析死因条件不充分。

死亡时间：因尸体大部分白骨化，仅头面部及背部残存已皂化软组织，结合尸体处于一个相对封闭的空间内，推断死亡时间为2～5年。

个人识别：根据耻骨角呈锐角，胸骨体与胸骨柄之比大于2，确认死者为男性；根据牙齿磨耗度、耻骨联合面发育情况，初步推断死者年龄约43岁；根据长骨的长度推断身高172～175 cm。死者有5颗龋齿，而且程度较重，其中左侧的第一、第二磨牙做过修补。死者牙齿牙垢较重，即俗称的"烟屎牙"，分析死者生前可能吸烟或喝茶较多。右耳后可见3颗疣。根据油桶内塑性空腔的测量值推断死者中等身材。

案件性质：他杀。

作案工具：现场较为偏远，应为抛尸现场，结合装尸体的铁桶及水泥较重、体积较大的特点，分析有机动车作为运输工具（货车类）。

作案人数：根据装尸体的铁桶及水泥较重、体积较大的特点，一人难以搬动，应为多人作案。

嫌疑人刻画：根据所使用的铁桶、水泥作为处理尸体的工具，说明嫌疑人熟悉并有接触这些材料的条件；有运输工具，说明嫌疑人掌握驾驶技术；

死者刻画：男性，年龄约43岁，身高172～175 cm，死者牙齿牙垢较重，即俗称的"烟屎牙"，可能平时吸烟较多；右耳后可见3颗疣；死亡时间2～5年；根据死者穿的"虎豹"牌衬衣和内裤残余部分分析死者经济情况较好；并在死者衬衣口袋里发现的印有"××大酒店"字样的打火机。

案件分析意见出来后，反黑大队的侦察员反映前年在"××大酒店"发生一起绑架勒索案件，事主江某至今没有找到，其特征与我们刻画的死者个人特征相似，但卷宗反映死者特征的地方较少，法医建议马上传唤江某的妻子，并亲自询问江某的个人特征，通过交谈，江某的妻子反映失踪者当年为43岁，身高175 cm左右，包工头，平时嗜烟，牙齿和其余个人特征全部吻合，确认死者就是江某。

案发经过：曹某、刘某等4人开面包车尾随江某座驾进入停车场，将车停在江的车旁。在江某下车后，3人强行把他拽上面包车。将江某带进水库边一间砖房内，打电话勒索其家属100万元，击打其头部和身体，发现其毫无动静。买来水泥，用沙子将水泥搅拌，将江某屁股向下，头部和双腿弯成90°放进空油桶内，将水泥铲进桶内，将桶填满。等水泥凝固后，第二天将装有尸体的铁油桶运到水库边，沉入水中。

（石河　何树文）

第五章 溺死案件分析

溺死案件的现场分析是运用现场采集的痕迹、物品和物质,现场中的其他物体的变动情况,及现场调查收集的基本案情,进行三维的、动态的、真实的分析和描述,重现案件过程。只有通过现场分析得到的客观的、符合实际的认识,才能正确指导和把握案件侦办工作。所以,现场分析是现场勘查中一项不可忽略的工作。

现场分析是在主要案件现场勘查基本结束后,组织参加勘查的人员,根据现场访问和现场勘查所获得的材料,对发生案件现场事实和获取的有关案件信息和资料进行现场讨论和分析推理,对案件过程进行重建,为制订侦查方案提供依据。现场分析是现场勘查过程中一个关键性的步骤,对于是否立案、确定案件性质、侦破案件有着极其重要的意义。

现场分析是一个认知的过程,它贯穿于现场勘查全过程。现场勘查初期要观察、巡视现场,初步了解现场情况,认识现场发生了什么,谁报案、谁了解现场情况、现场环境,为下一步勘查现场做好准备。勘查过程也是观察和巡视的深化,对有关痕迹及其他物证、对尸体现象、现场状态认识也是一个认识和分析的过程。判断现场调查、走访内容的真伪同样是分析过程;现场实验、现场重建从开始到结束也是一个证实、分析过程。

现场分析是现场勘查指挥组织现场勘查有关人员对现场构成要素的本质属性及其结构进行分析、讨论、总结的过程,是一个归纳总结性的分析,目的是为侦查工作提供线索、范围、方向和证据。

溺死案件现场分析的内容有损伤成因、死亡原因、死亡时间推断、死者身份刻画、尸体来源、死亡性质、重建案件过程、确定侦查方向及范围。

第一节 损伤成因分析

水中尸体上常有各种类型的损伤,如表皮剥脱、皮下出血、内脏器官破裂、骨折等,损伤程度不一。根据形成时期的先后顺序,分为生前伤、濒死伤和死后伤。现场分析时需明确损伤程度、性质、致伤工具等,以利于死因和死亡性质推断。

一、生前伤

生前伤即在溺死前就有的损伤,特点是具有明显的生活反应,可为意外伤、自伤和他伤。需根据损伤的部位、程度、大小、数量、创口特征,结合现场勘验等情况综合分析。

(1) 意外伤。即意外落水导致的损伤。如游泳、涉水、失足、酒醉,或癫痫发作以及水灾、沉船等事故导致。一般意外伤有一定的季节性,损伤形态及严重程度有很大不同。从高处落水者因受水面冲击引起内脏破裂、休克死亡(图 5-1)。

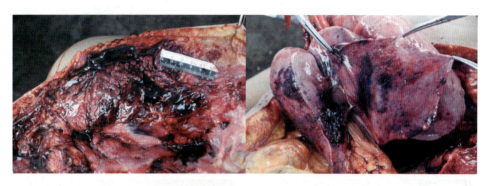

图 5-1　坠桥,水面拍击造成胸壁肌肉出血及肺脏挫伤

(2) 自伤。损伤程度较轻,多为自己手能触及的部位。自伤者常用刀切割手腕、颈部,后因自杀未遂而溺亡(图 5-2 和图 5-3)。

图 5-2　右手腕两道平行的试切创口

图5-3　腹部试切、试刺创,对应衣服无创口,说明死者撩起衣服刺切,为自伤行为表现

(3) 他伤。损伤程度较重,而且没有特定的部位,少数损伤可反映工具形态,往往伴发抵抗、防护伤。通常采用暴力将受害人致昏、致晕乃至致死后才抛入水中(图5-4至图5-7)。

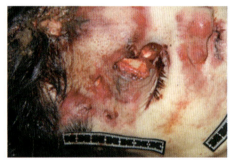

图5-4　顶部钝器打击造成的挫裂创　　　图5-5　右额部钝器打击造成的挫裂创

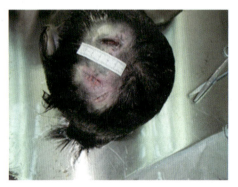

图5-6　左前臂的防护伤　　　图5-7　头顶部多处锐器刺切创

以上各种损伤,如因水体污染或尸体腐败肉眼无法确认有无生活反应时,需进行组织学检查或切开损伤周边组织进行对比检查。

二、濒死期损伤

濒死期损伤周围组织多无生活反应或不明显,以表皮剥脱、挫伤、挫裂创、骨折常见,亦有内脏破裂。在落水溺死过程中,机体常可撞击水中硬物,如木桩、桥墩、石头、河床等,在身体头部、前额、肢体等突出部位出现。

三、死后伤

死亡后形成的损伤,特点是无生活反应(图5-8)。常见死后伤有以下四种。

(1)尸体在随水漂流的过程中与水中的岩石、桥墩、树桩、船只等其撞击和摩擦发生的各类型和程度不一的损伤,多见于尸体突出部位。

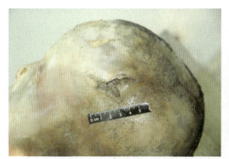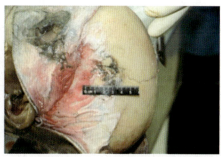

图5-8 左颞部头皮死后伤,头皮、皮下组织及颅骨无出血等生活反应

(2)鱼虾、螃蟹等水中生物撕咬尸体形成的损伤,呈圆形、类圆形的皮肤组织缺损。

(3)螺旋桨打击形成的损伤,通常反映出一次性巨大暴力作用特征及多条平行的连续损伤,螺旋桨打击形成的肢体离断需与碎尸块鉴别,螺旋桨削刮形成的肢体离断断面往往较整齐,多为一次性形成;抛入水中的尸块断面有砍、切、锯的痕迹,创缘多皮瓣出现(图5-9)。

图5-9 螺旋桨打击造成左枕部头皮弧形皮瓣掀开,对应部位头皮无出血反应

（4）在打捞尸体过程中形成的损伤。

第二节 死因分析

新鲜尸体根据尸表征象和内部器官改变以及实验室检查结果，不难作出判断。高度腐败尸体，则要依据硅藻检验结果明确死因。

此外，溺死还须与下列五种情况引起的水中死亡相鉴别。

（1）10%～15%的溺水者落水后的刹那间，由于冷水刺激上呼吸道黏膜，使迷走神经兴奋，引起声门痉挛导致急性反射性心跳停止或神经源性休克，迅速发生死亡，尸表检验及尸体解剖无溺死和窒息征象，呼吸道和肺泡内也无溺液，称为干性溺死。有时可见冷水刺激、强力闭口导致唇内留下明显牙印。

（2）少数溺水者由于恐惧、水温及水压刺激引起剧烈挣扎，可触发潜在性疾病（心脏病、脑血管病等）突然发作而死亡，实属水中猝死。

（3）少数溺水者生前有饮酒、服用安眠镇静类药物、毒品或其他毒物，在昏睡或昏迷时入水引起死亡，此种情况必须注意对消化道进行细致检验，如有胃肠壁血管怒张、黏膜出血，则提示有经消化道中毒可能，应提取心血、胃内容、尿、肝、肾等相关毒化检材检验以确定生前有无中毒。

（4）部分溺死者入水前已受伤，入水后死亡，应分析两种死因的关系。如死者入水前因全身多处创口造成失血性休克，后入水死亡，此种情况下，死者即使不入水，亦会因失血死亡，故应将死因定为联合死因，既失血性休克合并溺死。如死者入水前被他人掐颈致窒息昏迷，后被抛入水中溺死，此种情况下，不应将窒息和溺死做联合死因，应将溺死作为单独死因，可表述为窒息后溺水死亡。

（5）水中发现的尸体如不是溺死，死因鉴定方法与陆上尸体相同，但要注意尸体入水后的一些特殊改变。客观上，此种情况的死因鉴定要比陆上尸体困难，腐败、入水后损伤等带来的干扰和影响需认真甄别分析。

第三节 案件性质分析

溺水案件的性质必须通过现场勘查材料和各方面信息分析、研究，并结合调查访问，才能做出判断。一般从以下三方面入手分析。

（1）根据现场勘验检查情况分析判断。应根据现场的基本状况、环境、后果、遗留痕迹物品等，分析判断是否有犯罪行为。分析时要特别注意有无伪装和反常情况。一旦发现有矛盾和反常现象，应追溯根源，甄别真伪，做出符合实际的解释。案件性质难以确定时可进行现场实验来分析确证。

（2）根据现场走访反映情况，如死者亲友的陈述、目击者的证言、现场附近群众的议论等。分析过程中要注意证词间的矛盾，结合勘查的结果，注意相互印证与补充。

（3）根据犯罪的动机和目的分析。犯罪动机和案件性质有内在联系，在有些案件中，若能判明犯罪动机和目的，即可确定案件性质。犯罪动机是引发犯罪人实施犯罪行为的内心起因，往往比较隐蔽，情况也千差万别，错综复杂，要真正准确分析和判断并不容易。但是，作案人的心理活动往往反映在犯罪行为及现场状态之中，因此，认真研究现场状况，细致地对待勘查中所获得的各项材料，系统全面地分析作案人的活动，可以对作案人的犯罪动机做出判断。如杀人案件，损伤出现的部位不同，则反映作案人的心理也不同；颜面、颈部等部位的多发、浅表创口，反映作案人一开始不想置死者于死地，多属于侵财心理支配下的行为方式。所以，研究犯罪动机首先应结合现场勘查分析重建犯罪活动过程，被害人遇害时的状态，其次应当结合当事人和证人的陈述，犯罪嫌疑人口供等进行分析研究。

溺死案件的案件性质不外乎三种情况：意外溺死、自杀溺死、他杀溺死或他杀后抛尸入水。

一、意外溺死

死者衣着完好，体表无致命伤，死因为溺死，则极有可能属意外溺死案件。意外溺死有一定的季节性，夏季河流、湖边、码头、水库等经常发生游泳意外溺死。失足落水或癫痫、心脏病发作造成落水的情况也不少见，根据案情和现场勘验可找到线索。现场地理环境特点和水流对分析意外溺死也有价值，如水流复杂多变，河床凸凹不平，水下暗流多，边缘坚硬的河床突变沙沼等很难自救，容易导致溺水死亡。

此外，死者被他人追打，为躲避追击，跳入河中或湖中逃跑过程中溺水死亡，此类案件是否属于意外溺死？笔者认为，无论死者体表有无他人追击造成的损伤，其死亡本身应属意外溺死，案件性质而言应根据其体表有无暴力损伤而决定。

二、自杀溺死

自溺者一般有自杀的原因与动机，多因家庭矛盾、家庭暴力、肿瘤等绝症、患精神病长期使用药物、失恋、事业受挫、投资失败或畏罪等，一般在落水点、尸体衣着口袋，或居住房间有相关遗书、病历、药物等。有些自溺者尸体上虽然有些损伤，但均为非致命伤，或为生前自伤，或因投水时形成，且并不少见。溺水者常是一人，也有夫妻或恋人双双同时溺水自杀；自杀者有时捆绑手足、甚至与石块、铁链等重物捆绑在一起再投水自尽（图 5-10 至图 5-12）。由于是自己捆绑，故其捆绑方式简单，多捆住两手腕、足踝或膝部等双手可及部位，捆绑及打结方式符合自身习惯或职业特点。有的在溺水前刎颈、服毒未遂而后投水。溺水自杀要谨慎鉴别，需要经过系统的尸体检验，毒品、毒物及药物分析，现场勘验及调查，以排除他伤、中毒、疾病死亡或其他谋害的证据。

图5-10　死者背书包、包内装两块砖石投湖自杀

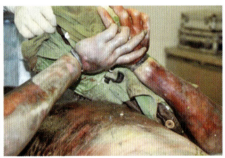

图5-11　用绳索及自己衣服捆绑双手投河自杀

图5-12　铁丝捆绑堤石投河自杀，铁丝缠绕、扭结方式烦琐、复杂，为自身行为方式表现

三、他杀溺死

他杀溺死比例虽小，但其属于犯罪，故是法医学检验的重点。要结合尸检、案情和现场勘查、调查等情况相互印证，综合分析作出科学的判断。常见于以下四种情况：

（1）乘其不备，推入水中。在特定条件发生，如知晓被害人不会游泳，或患有某种疾病，在酗酒、服用安眠药物之后，或处于惊恐状态，乘其不备，突然推入水中。这类他杀性溺死与意外溺死的死后征象无法区分，应结合现场勘验、调查走访、物证检验结果，发现可疑线索，综合分析。

(2) 致其昏迷、抛入水中。扼颈、打击头部等暴力作用或用毒物、药物致被害人昏迷后,再将其投入水中溺死。该类型的特点是有溺死依据,尸体检验可见他伤、抵抗防护伤,毒化化验可检出药毒物。

(3) 陆上死亡,抛尸入水。多见于以溺死之外的方式杀人后,抛尸于水中。尸体可能被用重物沉下,以防被人发现(图5-13)。该类型案件特点是死因为非溺死,尸体有生前致命性的损伤或无(图5-14),多有包装物包裹尸体,通过对其损伤成因、死因及捆绑绳索及包装物的分析进行甄别。一些因毒品(如海洛因)中毒而死亡的案件中,目击者(其本人也可能吸毒)会将死者的尸体藏匿于水中,通过尸检和毒物分析可确定死因及案件性质。房东发现租户死于出租屋内,多数会报警,亦有少数会将尸体抛入水中处理。

图5-13 死者被人掐死后捆绑石块、固定于推车上抛尸湖内

图5-14 死者被人掐颈窒息后抛尸入水,颜面有明确的窒息征象,且有转移性尸斑出现

(4) 溺死之后,移尸出水。与水相关的死亡案例,少数尸体被发现的位置远离水源,因而,现场并不指向溺死。这类案件虽然罕见,但需慎重对待,因为他杀性溺死的尸体有可能被抛至陆地(图5-15)。嫌疑人或将尸体置于偏僻位置使其腐烂分解,或进行焚尸以掩饰尸体。在某些浴缸内意外溺死的案件中,尸体可能被搬到床上以造成自然死亡的假象。对尸体不在水中,怀疑为他杀溺死案件,尸表检验、解剖及病理学检验,通常可以发现溺死征象,此外,硅藻检验的作用非常重要。即使尸检时溺死征象不明显,对提取检材做硅藻检验也可提供关键证据。

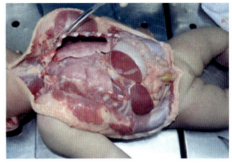

图 5-15　2 岁小孩被人发现死于菜地，解剖发现死因为溺死，系被投入菜地蓄水池内溺死后丢于菜地内伪装现场

第四节　漂流过程推断

目前，对水中尸体落水点推断的研究相对较少，亦无精确的推断方法。根据水体环境，可分为固定水域、流动水域，流动水域可分为单向流动水域和双向流动水域。

1. 固定水域

池塘、湖泊等不流动水域中，水体活动不大，尸体位置相对固定，发现位置与落水点偏移不大；但水体流动性会受人为或气象因素影响，如池塘内的水泵，水泵开启状态下，尸体会向塘边漂移；大风天气时尸体亦会受风向影响而发生位移。故不流动水域中死者落水点分析不应古板，应结合现场可能影响水体活动的因素（水泵、风向等）综合分析确定。

2. 单向流动水域

单向流动水域即水流由上游向下游流动，非入海口附近的河流即为单向流动水域。单向流动水域中，落水点多位于尸体发现位置上游。尸体未浮出前，因沉于水体底部，受水流影响较水体表面轻，相对位移不大。尸体漂浮于水面时，可根据水流速度、尸体上浮时间来粗略推算落水点与尸体发现位置的距离，必要时可做现场实验，参考现场实验结果科学推断落水点。

3. 双向流动水域

双向流动水域即水流可由上游至下游流动，亦可由下游至上游逆向流动。入海口附近的江河多属双向流动水域，此种水域中尸体落水点位置推断相对较难，应调取水文资料细致研究、谨慎分析。亦可运用尸体沾附的植被或捆绑的尸块进行溯源搜寻，与江河两岸植被、石块比对分析推断落水点。必要时对尸体脏器中的硅藻种类、数量关系与水体中的硅藻种类及数量关系进行比对，辅助推断尸体落水点。

第五节　死者个人身份特征刻画

水中尸体除死者随身有身份证件外，每个死者均为无名尸体，均应进行个人身份特征刻画，其中新鲜尸体较腐败尸体容易进行身份特征刻画。个人身份特征刻画包括性别、年龄、身高、体型、发型、衣着、特征性标志（文身、痣、体内假体等）、生活习惯、职业范围。

1. **性别**

对一般的完整尸体，性别判断不难。对残缺的腐败尸块，则存在一定的难度，需运用法医人类学的知识进行仔细判断，如根据头面颅骨骨性特征、耻骨联合下角角度来判别男女，儿童残缺尸块用人类学方法进行性别判定有一定难度，需要运用 DNA 技术来判别。

2. **年龄**

用于年龄推断的方法有牙齿磨耗度、肋软骨骨化程度、颅缝愈合情况、骨骺愈合情况、耻骨联合面骨性特征分析。

3. **身高**

完整尸体可直接测量尸体长度获取。残缺尸体可以用躯干高度、四肢长骨长度、颅围、双臂臂展等来测算身高。

4. **体型、发型、衣着**

体型、发型、衣着较为直观，可直接观察获取。

5. **特征性标志**

特征性标志是指尸体上有对身份识别有价值的标识，包括文身、痣、畸形、牙齿情况、体内假体、体表瘢痕、手术情况等，应对上述标识进行细致检验并详细记录。

6. **生活习惯及职业特征**

根据死者牙齿健康状况可推断其有无吸烟、是否喝茶、有无嗑瓜子、经济状况；根据死者胃肠内容物可推断其饮食习惯——是否吃辣、湖南辣、四川辣等；根据其肝脏情况推断其生前有无饮酒、酗酒习惯；根据手足皮肤角化情况可以推断其职业特征、是否穿高跟鞋。

（马雁兵　余彦耿）

第六章 溺死诊断的实验室方法

对于新鲜的水中尸体，可通过水性肺气肿、口鼻部蕈样泡沫等溺死的典型征象进行溺死诊断。然而对于水中高度腐败尸体的死因诊断，由于各种溺死征象已不复存在而成为世界公认的法医学难题。国内外学者研究了大量可能用于溺死诊断的实验室检验方法，包括硅藻、花粉、叶绿素、蓝藻、绿藻、异物颗粒、血液化学成分等检验。其中，大部分方法缺乏实际应用价值，只有硅藻检验被认为是诊断溺死的最可靠方法。本章主要介绍传统硅藻检验方法。

第一节 硅藻的形态特征

硅藻，亦称矽藻（diatom），是一种水生单细胞植物，由上下两个半壳套合而成，细胞壁主要成分为硅质和果胶质，大小一般为 1～500 μm。最新的估计表明，硅藻种类繁多，超过 15 000 种。淡水和海水硅藻各占一半。其外形多种多样，如圆形、椭圆形、线形、四方形、三角形、六边形及八面体等。硅藻广泛分布于各种自然水体，如江、河、湖、海、沟渠、水坑等，具有复杂的种群动态与生态学特性，种群随月份发生周期性的改变，相对于夏季和冬季，春季和秋季时硅藻生长更为旺盛。而且，硅藻与水质密切相关，任何水体只要水质发生变化，硅藻种类和数量也会相应发生改变，因此，硅藻是水质监测中的一种重要指示物。另外，土壤和空气中也有硅藻。

硅藻具有一般植物细胞的基本结构，由细胞壁、细胞质和细胞核组成，其细胞壁的化学组成、形态结构与其他生物细胞有显著差异。细胞壁含果胶质和硅质而不含纤维素，主要由无结晶的、不易破坏的含水硅酸（$SiO_2 \cdot H_2O$）构成（也有报告由二矽酸钠 $Na_2Si_2O_5$ 构成）。其壁的强弱，可因硅量的多少而异。细胞壁含硅多者可占细胞体重 50%，少者则仅占 4%。硅藻壁由上下两个半壳相套合而成，上、下两面称壳面，侧面上下壳相互套合的部分称壳环。上下两半套合而成的细胞壁和壳面有对称分布的花纹，硅藻的形态及壳面花纹是其形态学分类的依据，也是显微镜下识别硅藻种类的基本要点。

根据壳面花纹结构形态的不同，可将硅藻分为中心纲和羽纹纲（图 6-1）。

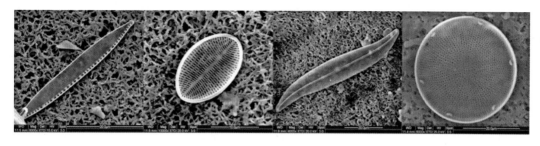

图6-1 硅藻

1. 中心纲硅藻

中心纲硅藻壳面花纹呈向心圆放射状排列，不具有壳缝或假壳缝。绝大部分为海产浮游种类，淡水中很少。共分以下3目：

（1）圆藻目。细胞圆盘形、鼓形，无角状突起。

（2）根管藻目。细胞呈圆柱形，常具有长角或棘刺。

（3）盒形藻目。细胞呈小盒形，具有2个以上明显的圆形隆起或角状凸起，具有长棘刺。

2. 羽纹纲硅藻

羽纹纲硅藻壳面花纹左右对称，呈羽纹状排列，具有壳缝或假壳缝。绝大部分淡水硅藻属于此纲。根据其壳面、壳缝的有无和形态特征分为以下5目：

（1）无壳缝藻目。细胞左右对称，壳面花纹羽状排列，形成假壳缝而无真壳缝。

（2）短壳缝硅藻。细胞壳面呈直线形或呈弓形，两端具有很短的壳缝。

（3）单壳缝藻目。细胞有上、下两个壳面，一个壳面具有壳缝，另一个壳面具有假壳缝。

（4）双壳缝藻目。细胞上、下两壳面都具有真壳缝。

（5）管壳缝藻目。细胞壳面具有管状壳缝。

硅藻因其分布广泛和高度的抗腐耐酸能力而最受法医学者的重视。细胞壁的硅质含量越高，耐酸能力越强，即使被浓硫酸或浓硝酸煮沸，甚至高温烧灼也不易破坏。由于硅藻有此特性，在尸体高度腐败时也能保持其原形，因此，是诊断溺死非常好的指示物。

第二节 硅藻检验原理

硅藻检验的原理如图6-2所示。

溺水过程中，水被吸入并使肺泡扩张。溺液中的硅藻穿过肺泡-毛细血管屏障（图6-3），进入肺毛细血管，回流至左心房；再通过主动脉播散至各器官组织（如肝、肾、骨髓）。因此，在肝、肾、骨髓等脏器组织中检出硅藻，表明生前有溺液吸入，意味着：①死者入水前有呼吸。②溺水导致死亡，或溺水是死因之一。

如果一具非溺死的尸体，死后被置于水中，硅藻也可以被动地进入气管、支气管及肺泡。然而，由于心跳停止，硅藻不能进入其他器官组织。

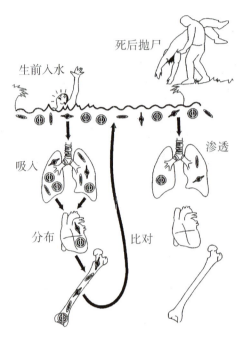

图6-2　硅藻检验原理示意

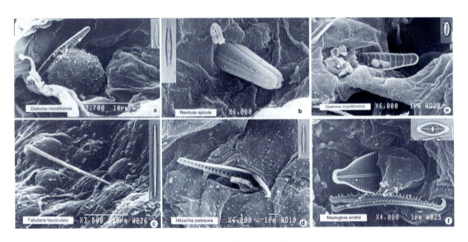

图6-3　硅藻穿过肺泡膜

第三节　硅藻检验历史回顾

1904年，Revenstorf在溺死的诊断上有一重大发现，他证实水中的各种浮游生物，尤其是小的硅藻可深入至肺的边缘区，从肺组织切面挤出的液体，直接放在显微镜下可检出这类小硅藻。1937年，Kasparek改进了Revenstorf的方法，采用强酸化学消化肺组织，然后在残留物中寻找硅藻。此后，许多学者将这种化学消化法用于肝、肾、心、骨髓及牙齿的硅藻检验，以此法为基础的检验一直延续至今。

1980年，Teragawa等认为使用强酸的化学消化法来分离肺和其他组织的硅藻，不能将空气中的灰尘或食物中污染的硅藻与溺死组织中含有的硅藻区别开来，同时，在强酸的消化中，植物的浮游生物和动物的浮游生物（除硅藻外）被破坏，即使它们在组织中存在也不能被检出。因此，有必要探索一种在没有化学消化的条件下，将溺死组织中的浮游生物完整分离的方法。为此，他们使用硅胶梯度离心法，从组织中分离出完整的浮游生物。此方法避免了强酸消化，可将溺死者组织中的浮游生物完整地分离出来。

1987年，Funayamg等报告了一种测定血中硅藻的改良方法。穿刺抽取溺死者左心血标本，加十二烷磺酸钠使之溶血，用直径47 mm、孔径5 μm的硅酸纤维膜过滤。当遇到腐败血液时，因容易阻塞滤膜，需要更换2～3块滤膜。这些滤膜用发烟硝酸消化，加蒸馏水稀释，再经2 mm的滤膜过滤。将滤膜浸在油中，可在显微镜下找到硅藻。

1991年，Auer提出要将硅藻的形态学分析作为溺死诊断的一种辅助方法，在6例实际溺死案例中，5例通过硅藻找到了溺死的根据，认为硅藻的检验是溺死诊断的一种可靠、实用的方法。

1994年，Ludes等对酶消解方法在溺水的诊断的可靠性和适用性进行评估。作者报告的经验是，酶的方法似乎比化学性消化方法快速、安全和环保，且更方便。酶消化法与强酸消化法比较，两种方法回收硅藻的数量相当，是溺死诊断的较好方法。

1999年，Ludes等研究认为溺死诊断是法医病理学一个最难的课题。根据硅藻定性和定量调查20例溺水地点不明的尸体，显示溺水现场水样硅藻种群和肺样品中发现硅藻种群分布彼此一致达65%。提示肺组织与现场水样硅藻种群调查可能是一个有用的方法，可用于指导溺水地点调查。

1997年，Pollanen等对771例溺死尸体股骨骨髓内硅藻进行研究，发现在738例淡水溺死中，205例股骨骨髓内硅藻阳性，占28%；而33例在浴缸、池塘、洗手间溺死者，仅有4例股骨骨髓内硅藻阳性，占12%。不同月份股骨骨髓内硅藻阳性率不同，如夏季溺死者股骨骨髓内硅藻阳性率高，认为主要是由于夏季水中硅藻量较多所致。进一步对股骨骨髓内硅藻和水中硅藻的类型进行研究，发现52例中有47例股骨骨髓内硅藻同溺水中的硅藻类型相同（占90%），且在股骨骨髓内发现的硅藻具有一定的特征：小于30 μm；卵圆或椭圆形，其长轴和短轴之比在1:2至1:5。作者将这些硅藻称为"溺死相关硅藻"。

2006年，Piette等对过去20年相关文献进行回顾研究，对相关诊断方法进行了讨论，特别是对传统的技术，如硅藻及分类检测，认为硅藻检验仍然是"金标准"，并表示，即使采用理想的实验室检验方法，仍需结合尸检结果进行溺死诊断。

20世纪70年代，湖北、江西、湖南、辽宁、浙江等省公安厅联合组成科研小组，开展了"内脏硅藻检验对判定溺死的研究"，结果表明：硅藻检验对判定溺死者有重要意义，对法医学的溺死鉴定很有价值。在351例典型溺死尸体中，内脏中检出硅藻的有339例，其检出率为95.9%。其中，肺检出率为96.8%，肝为80.1%，肾为71.5%；未检出硅藻的仅12例，为3.2%。但214例非溺死陆地尸体的内脏有12例检出硅藻，为5.4%。1983年，陈福林指出，法医实验室一直沿用硝酸沙浴法检验硅藻，这种方法破机的温度高达200～300 ℃，这样就使硅藻的检出率减少了10%～20%，如果加温时间过长，可减少50%或更多。1983年以后，他改用硝酸酒精消化，降低了破机的温度（80～90 ℃），但运用此法破机稍有不慎，易产生泡沫溢出乃至反应猛烈而发生爆炸，后他改用硝酸乙醚破机法，比硝酸酒精法降低了5 ℃，减少了硅藻破坏率，同时由于乙醚溶解脂肪能力比酒精好，破机效果更佳。

总之，通过对硅藻进入体内的途径、分布、蓄积、排泄、有机质消化方法的选择、硅藻检验的污染以及水中高度腐败尸体的硅藻检验等研究，多数学者认为如果能防止操作中硅藻的污染，在肺脏边缘组织、肝、肾、骨髓等多个器官中同时检出与现场水样相同种类的硅藻，可作出溺死的鉴定。

第四节　硅藻检验方法

组织器官的硅藻检验，首先分为消解、富集、观察三个步骤，即先将组织有机质消解成溶液，使硅藻与组织分离，再采用离心的方式对消解液中的硅藻进行富集，然后在显微镜下观察。

组织消解的方法很多，但大部分方法应用效果不佳，下面介绍七种方法。

1. 强酸消化法

强酸消化法是目前法医学实践中最常用的一种消解方法。此法采用硝酸和乙醇（或乙醚）消解组织，具有组织消解时间短、消解完全、程序简单、成本低等优点。

剪取约20 g组织（肾、肝或肺），放入500 mL烧杯中剪碎，加入约3 mL乙醚或无水乙醇，加入50 mL分析纯硝酸或发烟硝酸，使充分反应。反应结束后将烧杯置电炉上加热至消化液沸腾，如发生暴沸应将电炉功率调小至不暴沸为止。沿烧杯壁小心缓慢地加入0.5 mL乙醚或无水乙醇，使充分反应，重复该步骤2～3次，直至消化液澄清。取下烧杯，盖上表面皿使其自然冷却至油脂析出。除去油脂，将消化液倒入离心管中，以重蒸水平衡，4 000 r/min离心15 min。用吸管吸去上清液，再加重蒸水平衡后，4 000 r/min离心15 min，重复该步骤直至上清液pH为6.5～7.5。

强酸消化法对肝、肾、肺的消化能力强，但此法安全性较差，易造成污染，而且最后检测到的多是一些耐酸性的无机硅藻，其他类型硅藻则容易被破坏。此方法对检验设备要求低，操作简单，现在仍然是全世界法医学实验室中普遍应用的方法。

2. 微波消解法

近几年发展起来的微波消解法是消解各类生物组织的先进方法。孙维琦等曾报道用光纤压力自控微波消解仪和压力可控密闭微波消解罐消解组织的方法。胡孙林等曾报道采用MW3000微波消解仪进行组织消解。此法高效、安全、环保，消解后的硅藻结构完整、残骸碎片极少。

切取约2 g组织，放入微波消解管中，加入8 mL浓硝酸和2 mL过氧化氢，组装好消解罐，放入消解转子中。选择消解方法，启动微波消解仪，消解时间约15 min。消解结束后，旋开排气旋钮，排除管内气体。取出消解液进行下一步操作。

此法消解后的液体可采用真空抽滤法富集硅藻,此法可最大程度避免硅藻富集过程中的损失,提高硅藻提取的回收率。微波消解的高温高压环境,对硅藻的破坏可能较大。然而就目前的研究来看,消解后的硅藻两个壳面被分离,造成观察到的硅藻数量增加,增加的硅藻数量比破坏的硅藻更多,总体而言,其硅藻检出率明显高于传统硅藻检验方法。

3. Soluene-350 消化法

Soluene-350 是一种有机组织溶解剂,20 世纪 90 年代被报道用于硅藻检验。切取 10 g 组织,放入 150 mL 的烧杯中。加入相当于 10 g 组织体积 8 倍的 Soluene-350 混合,置于 50 ℃温箱中孵育,直至肉眼观察没有固体物质或溶液澄清透明。

该方法不仅对淡水和海水藻类的检出率不高,而且其消化能力远不如硝酸乙醇法和酶消解,试剂来源也困难,基本不适合在法医实践中的应用。

4. 焚灼法

将 20 g 检材置于石英坩埚中,在通风橱内逐渐加热至灰化,用硝酸溶解,加入蒸馏水,过滤后镜检。但是,电灰化炉不甚普及,普通坩埚灰化耗时费力,温度和时间较难控制;且灰化温度达 600 ℃,致大量硅藻被破坏、检出率较低。此法已经很少应用。

5. 酶消化法

蛋白酶是消解组织的另一种试剂,相比硝酸、Soluene-350,蛋白酶 K 能更好地保持硅藻结构。切取 10 g 组织,放入 50 mL 烧杯中,再加入 100 mL 含蛋白酶 K 的溶液和 20 mL Tris-HCL 缓冲液。混合液在 50 ℃温箱中孵育 6 h 后取出。

蛋白酶 K 消化后的结果显示出大多数的硅藻结构保持完整。Takeichi 等研究表明,用蛋白酶 K 消化法可以用于福尔马林固定的组织,建议在具有高传染性疾病的尸体案件中使用福尔马林固定组织后再用蛋白酶 K 消化。用胰蛋白酶、糜蛋白酶、胃蛋白酶、蛋白酶 K 检验器官内的硅藻,以胰蛋白酶的消化能力较优,但是对组织中的脂肪却无法消解。

6. 浸渍法

被检组织数块,置于蒸馏水中浸渍数小时或过夜;或用硝酸钠处理浸渍液,置 37 ℃培养箱中 24 h,然后离心沉淀,取残渣镜检。此法虽简单易行,但硅藻检出率不高。

7. 碎浆法

切取约 5 g 组织置于碎浆机中,加双蒸水 50 mL,用所配置的长刀粉碎 5 min,碎成匀浆,过滤。再加热至沸腾 3 min,冷却、静置,再过滤,以去其上浮物杂质,形成 20～40 mL 滤液。

该法碎浆时可破坏较大的硅藻,使得形态识别变得困难,而且离心处理还会导致部分硅藻的损失。

在硅藻富集方面,离心是目前全世界法医学实验室普遍采用的硅藻富集方法。大多数实验室采用 2 500～4 000 r/min 离心 15～25 r/min,并重复清洗、离心步骤 3～5 次,直至上清液成中性。国内多采用 4 000 r/min 对组织消解液离心 15 min,用吸管吸去上清液,再加重蒸水平衡后离心,重复该步骤直至上清液 pH 为 6.5～7.5。

在观察方面，主要采用光学显微镜，其次是扫描电子显微镜。

（1）光学显微镜法。目前，国内外法医学实验室绝大多数采用光学显微镜检测脏器组织内的硅藻。用吸管吸去离心后的上清液，取沉淀物 1～2 滴，尽量薄且均匀地涂布在载玻片上，烘干。换一张载玻片，重复该步骤，直至所有沉淀物涂片完毕。盖上盖玻片，以环氧树脂封闭，以 10 倍物镜搜寻硅藻，如不能确定，以 40 倍物镜确定。记数所有涂片上的硅藻数。

光镜观察法的缺点是，检测劳动强度大，微型硅藻容易被漏检或受放大倍数限制无法根据硅藻表面纹饰鉴别其种属。另外，有学者认为，文献中不同研究人员报道的硅藻检验数据相差较大，可能因为所采用的光学显微镜放大倍数不同。因此光学显微镜检测法的准确性有待进一步考证。

（2）扫描电镜法。与光学显微镜相比，扫描电镜放大倍数高、景深大。Torre 等和 Pachar 等相继报道了采用传统强酸消解与扫描电镜检测结合的硅藻检验方法，表明这种方法速度快，可观察硅藻的细微结构，而且容易实现图像存储，便于硅藻学家根据硅藻图像准确鉴定种属，因此他们建议将扫描电镜应用于溺死诊断中的硅藻检验。

（3）原子力显微镜法。Pollanen 认为原子力显微镜法检验硅藻，制样简单，放大倍数与扫描电镜接近，因此是一种较有前途的硅藻检测方法，然而，至今尚未见有对这种方法检测硅藻的专门报道。

强酸消化、离心富集和光学显微镜观察联用的方法以其对设备要求低、试剂便宜、操作简单的优点，被法医学实验室广泛采用。

第五节　硅藻检验的价值

Revenstorf 于 1904 年首次观察到溺死者肺内存在硅藻，并提出了至今被广泛认可、支撑硅藻检验的重要概念，即硅藻在溺水过程中可通过肺进入循环系统。现代法医学硅藻检验始于 19 世纪 40 年代匈牙利学者 Inze 和 Tamaska 的研究工作。Inze 在溺死于硅藻悬浮液中的兔的肺、血和周围器官中发现硅藻；而死后浸泡于相同硅藻悬浮液的兔，除肺中检出疑为死后被动进入的硅藻外，周围器官内无硅藻，表明周围器官内的硅藻具有特异性。Tamaska 拓展了这些发现，他从已证实的溺死者脏器组织内检出硅藻，进一步对 Danube 河中打捞的几具非溺死者组织进行检验，结果未检出硅藻。"二战"后，硅藻与溺死才成为法医学研究的一个研究重点。20 世纪 60 年代及 70 年代早期，比利时学者 Timperman 领导的研究团队对硅藻检验的有效性作了广泛的研究，并于 1969 年发表了论文《溺死中的法医学问题：硅藻方法诊断》。Timperman 首次通过对 10 年来大量溺死案例的研究为证明法医学硅藻检验的有效性提供证据，其研究结论包括：①可重现性地从淡水溺死者组织中提取出硅藻。②利用酸提取法对包括骨髓在内的多种组织进行硅藻提取，可得到一致的结果。③肺内硅藻的定量分析可有助于区分生前入水或死后入水。④各种器官与溺死地点水样所含硅藻种类一致，是证明硅藻检验有效性的独立证据。

同一时期，日本、美国的学者发表了与上述结论相吻合的研究数据，此后更多的研究对上述结论作了巩固和拓展。

然而少数学者对硅藻检验的有效性提出质疑。Spitz 将关于硅藻检验有效性的争论称为"硅藻战争"（war on diatoms）。质疑者的主要依据是，一些研究者从非溺死者脏器组织中检出硅藻，他们认为硅藻检验的原理可能基于一种错误的假设，即非溺死者组织中不存在硅藻。然而，非溺死者组织内的硅藻可能有两种来源，一是由非溺水方式进入；二是来源于实验室污染。关于非溺死者组织内是否存在硅藻，目前尚未有公论。依常理而言，硅藻仅可通过呼吸道和胃肠道这两种途径进入体内。事实上，空气中可能含有硅藻，并可导致含硅藻尘肺病的发生，这表明硅藻可进入肺并滞留其中，然而无数据表明吸入肺内的硅藻可随广泛的血原性散布进入周围器官或骨髓。另一方面，肺中滞留的硅藻可以何种机制突破肺泡－毛细血管屏障、肺的局部防护（如纤毛、黏液、肺泡巨噬细胞）亦不明确。然而，肺部大量硅藻的存在可能导致肺内平衡被打破，并因此使硅藻进入毛细血管床，因为某些石棉肺患者和铍中毒者周围器官中可观察到石棉和铍。硅藻通过胃肠黏液进入脏器组织的经验证据是，肝含有硅藻及类似硅藻的微粒，这表明肝门脉循环可能由于消化产物而含有硅藻，然而微粒物质如何进入肝门脉循环的机制并不明确，因肝门脉循环通常只接受通过简单扩散或细胞膜传递的可溶物。

历史上，对于是否接受硅藻检验作为溺死诊断的一种结论性的方法，法医病理学界出现了两极分化。美国、加拿大只有少数州、省法庭采纳硅藻检验可作为溺死诊断的科学证据，而欧洲的法医学实验室更常应用硅藻检验诊断溺死，其原因可能是该方法起源于欧洲，且欧洲的许多法医病理学部门设于法医学研究所或大学内，具有良好的检验条件，在硅藻检验方面进行过大量的研究；而在北美，关于硅藻和溺死方面的研究甚少。许多美国法医实验室缺乏相关实验设备。虽然硅藻检验在美国未被广泛应用，但美国著名的法医病理学家 Maio 和 Maio 在其法医病理学专著中对硅藻检验在溺死诊断中的意义作了很好的总结：将检材（如骨髓）置于浓酸中消解后，在标准显微镜下检测消解液沉淀物中是否含有硅藻；在疑似溺死地点提取水样，分析其中存在何种硅藻；对水样以及体内发现的硅藻进行比对，阳性比对结果有助于溺死诊断，而阴性结果不能排除溺死，甚至检验结果完全为阴性，亦不能排除溺死。

英国内政部的 Keith Simpson 教授支持在溺死案件中应用硅藻检验，并提倡将骨髓或大脑作为硅藻提取的检材。在其著作《法医学的泰勒原理及实践》和《法医学》中，他写道："只有存在体循环的活体才可以将肺部的硅藻转移至大脑或骨髓。事实上，对于溺死者，我们通过酸消解发现大脑、骨髓及其他器官组织内存在硅藻。这一点与死后入水者有明显区别。该结果即使不具有绝对的诊断性，也具有很大的价值。根据我们的经验，如果大脑、骨髓中检出硅藻，生前入水的可能性非常大。"

Francis E. Camps 教授总体上也支持硅藻检验的可靠性："虽然硅藻检验不一定是结论性的，但其可以提供可靠的支持性证据。硅藻检验的检材可以是所有的封闭器官、骨骼肌与股骨骨髓。"

在经典的法医学著作《法医学基础》中，Polson、Gee 和 Knight 表达了硅藻检验具有确证溺死的特定价值的观点："对于腐败尸体，如检验时避免了污染，从封闭器官，尤其骨髓中检出硅藻，即使不能作为结论性证据，也是溺死的强有力证据。"

目前,大多数学者认为,硅藻检验"假阳性"不应阻碍硅藻检验的应用,通过采用可避免污染的标准化检验方法和"一致性标准"可化解对硅藻检验的批评。"一致性标准"要求组织中检出的硅藻必须与疑为溺死地点水样中的硅藻相匹配,以确认脏器内硅藻来源于溺水而非其他不相关的机制。除欧洲外,中国、日本等大多数亚洲国家、乌拉圭等南美洲国家也认可硅藻检验的价值。

第六节 传统硅藻检验存在的问题

在传统硅藻检验的消解、富集、观察三个步骤中,强酸消解法由于程序简单、组织消解时间相对较短、成本低等优点,被普遍用于从脏器组织中提取硅藻。离心、光镜观察分别是国内外法医硅藻检验实验室最常用的富集、观察方法。我国于2009年颁布实施的标准《人体组织器官中硅藻硝酸破机法检验》(GA/T 81322008)采用的就是硝酸乙醇(或乙醚)消解、离心、光镜观察联用的方法。然而传统方法应用中,存在灵敏度低、易污染、假阳性率高、操作危险、有毒有害、消解不彻底、富集效果差、分类不准确、检验时间长等缺陷,应用效果不佳。下面对传统硅藻检验存在的三个重大问题,即方法灵敏度低、假阳性率高和操作危险作阐述。

一、方法灵敏度低

加拿大法医病理学家Pollanen采用强酸消解、离心、光镜观察联用的硅藻检验方法,对1977—1993年加拿大安大略省的771具溺死尸体进行硅藻检验,阳性率仅为27%。编者到我国各省公安机关和高校的法医硅藻实验室进行调研,结果显示,采用传统方法对溺死尸体检验的阳性率普遍小于35%。国内学者杨颖峰等采用传统方法对161具溺死尸体检验,阳性率仅6.34%。编者认为,传统硅藻检验灵敏度低主要由以下因素造成。

1. 组织消解过程中的损失

采用强酸消解法时,脏器消解不完全,残留油脂,在《人体组织器官中硅藻硝酸破机法检验》(GA/T 81322008)的6.2.1.7、6.2.1.8中分别提到(消解后)"取下烧杯,盖上表面皿让其自然冷却至油脂析出""除去油脂,消化液备用"。同样地,在加拿大法医病理学家Pollannen介绍的强酸消解、离心、光镜观察联用的硅藻检验方法中提到"由于骨髓含有一定量的脂肪,消解液的表面可能存在一层油脂,如油脂量少,则直接将其吸除,如油脂量很多,则将烧杯置于冰箱,待油脂固化后再将油脂下面的消解液吸出"。编者采用传统方法消解溺死尸体肺、肝、肾组织72h后,消解液中仍残留油脂。对油脂及消解液分析,结果显示去除油脂导致的硅藻损失率为20%~40%。传统消解过程为开放式消解,部分硅藻可能在组织和强酸混合液被煮沸的过程中随沸腾的酸气排出而损失。此外,采用硝酸乙醇(乙醚)消解,反应如过于剧烈,也可破坏部分硅藻而导致硅藻损失。

2. 硅藻富集过程中的损失

传统硅藻检验均采用离心富集法，小的硅藻很难通过离心被富集。编者通过研究发现，离心1次（传统硅藻检验需离心3～5次！），硅藻损失29.94%～49.60%。其中小于40 μm的硅藻占90%以上，而这些硅藻恰恰是可进入体循环脏器的主要类型，因此揭示了溺死尸体硅藻检验阳性率低的主要原因。

3. 硅藻观察过程中的漏检

国内外法医硅藻检验实验室普遍采用光镜法观察硅藻，如前所述，受光镜分辨率低、景深小、自动化程度低等因素影响，硅藻定性定量分析困难，检测误差较大，易导致部分微型硅藻被漏检。

二、假阳性率高

传统硅藻检验尽管灵敏度低，但在很多情形下，又易因污染产生假阳性结果，导致溺死诊断结论错误。芬兰学者Lunetta等采用基于强酸消解、离心、光镜观察的标准化方法，对14具非溺死者的肺、脑、肝、肾、骨髓、血、胸腔积液进行硅藻检验，结果6具尸体脏器组织中检出硅藻，但每具尸体均只有1种组织检出硅藻，其中，3具尸体骨髓中分别检出2个、3个、1个硅藻，2具尸体肺中各检出1个硅藻，1具尸体胸腔积液中检出1个硅藻。作者认为，检验过程中的污染可能是导致假阳性的原因之一。在硅藻检验中，导致假阳性的污染主要有以下几个来源。

1. 解剖室

解剖室的实验用水、工具耗材（器械、器皿、试剂等）可能含有硅藻，可导致假阳性。然而采用传统硅藻检验方法，由于其灵敏度低，难以对实验用水、工具耗材是否含有硅藻进行监测。

2. 尸体

硅藻的生活环境非常广泛，地球上凡有水滞留的地方，都可能存在硅藻。水中尸体的衣服、尸表与水接触充分，极有可能沾附硅藻，数量甚至很大，因此应特别注意。解剖前，须用不含硅藻的自来水对尸体彻底冲洗，如自来水含有硅藻，则需对其进行去硅藻处理。

3. 解剖过程

死后入水的尸体，肺中可能含有通过渗透方式进入的硅藻，解剖时，如不注意解剖顺序，可能将肺中的硅藻转移至体循环器官，导致假阳性。对于溺死尸体，如不注意解剖顺序，肺中大量的硅藻可能污染体循环器官，导致检验结果不合理，不能用于溺死诊断。解剖时应遵循先腹腔后胸腔的顺序提取器官组织，而且工具耗材均应一次性使用，避免交叉污染。

4. 硅藻检验室

与解剖室类似，硅藻检验室的实验用水、工具耗材均可能是污染源，传统硅藻检验方法不能满足监测目的，须建立新的硅藻检验室硅藻监测方法。

5. 硅藻检验过程

硅藻检验过程中的污染，可导致假阳性发生，应严格按检验规范操作。

三、操作危险

传统方法操作危险，易产生泡沫溢出乃至猛烈反应爆炸，污染环境，对人体有害。鉴于以上原因，除个别单位用于少数案例外，极少被应用。

第七节 其他溺死诊断方法

一、病理组织学检验

溺死者的支气管痉挛，支气管腺体分泌亢进，肺泡高度扩张，腔内充有淡伊红色的溺液，可见巨噬细胞和小出血灶。扩张的肺泡壁变薄，断裂形成气肿。海水溺死者肺血管腔内红细胞集聚成堆，淡水溺死者肺血管腔内红细胞裂解。如在肺组织中发现由溺液带进来的异物，如水草、泥沙、浮游生物及呕吐物中的食物残渣等是诊断溺死最有意义的指标。Fuller 等检查 500 例溺死者尸体的肺组织切片，肺内见呕吐物的占 24%，见泥沙或水生植物的占 60%，见到硅藻或其他浮游物等占 33%。死后也可以发现这些异物进入上呼吸道，若在呼吸性细支气管和肺泡内出现，则生前入水的可能性大。溺水后较快死亡者，可见肺组织出血，肺泡上皮脱落，血管周围轻度炎症细胞浸润。若存活一段时间后死亡者则出现支气管肺炎。在组织学检验过程中有时可在肺血管内发现脂肪栓子，在尸检时应注意是否有暴力性骨折或隐性骨折。在溺水过程中发生剧烈的痉挛可导致骨髓释放脂肪，随血循环至肺血管，也可形成脂肪栓子。（图 6-4 至图 6-8）

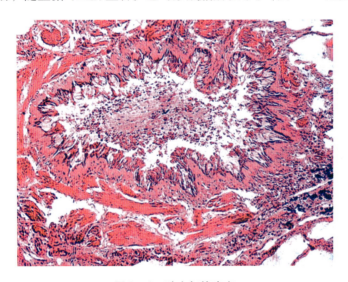

图 6-4 肺支气管痉挛

肺细支气管黏膜皱缩如花瓣状呈收缩状态，黏膜细胞分泌亢进，管腔内见一由异物、黏液、脱落上皮和中性粒细胞组成的块状物。

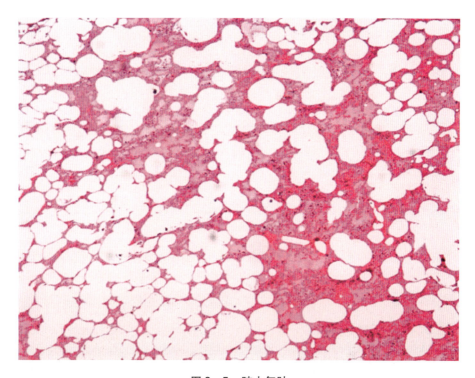

图6-5 肺水气肿

肺泡扩张,部分管腔内充满淡伊红色的溺液,图左下侧以气肿为主,右侧以水肿为主。

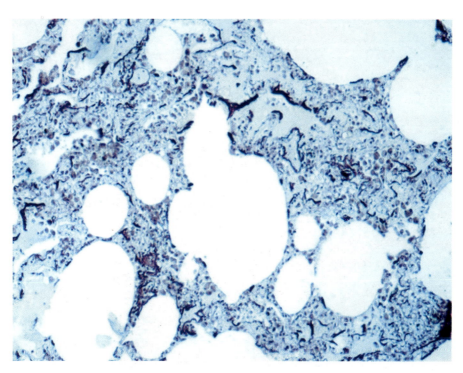

图6-6 肺弹力纤维断裂(Weigert染色)

弹力纤维弯曲、变粗及断裂。

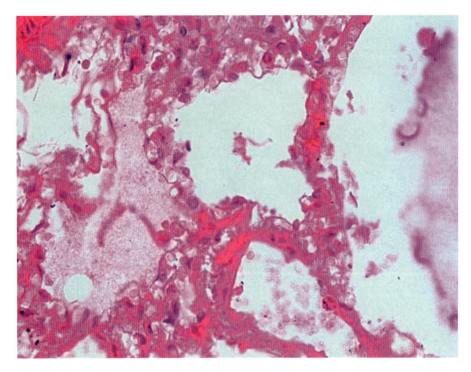

图 6-7 肺血管内血液溶解

肺血管内红细胞溶液,肺泡腔内可见溺液。

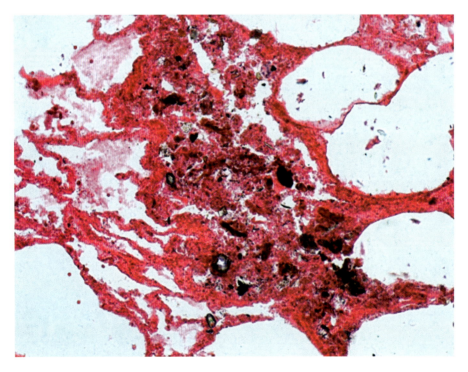

图 6-8 气管内异物

终末细支气管腔内可见泥沙。

二、血液化学检验

许多学者先后研究了左、右心血中镁离子、钾离子、钠离子、血液导电度、比重、血红蛋白含量等方法来诊断溺死。经过几十年的实践,学者们已公认,对死亡已久,特别是高度腐败的尸体,由于死后的扩散作用以及腐败气体引起的死后循环,左、右心腔血液的任何差异都已经没有实际意义。即使对于比较新鲜的尸体,如死后 24 小时内甚至 12 小时内的溺死者尸体,其左、右心腔血液究竟有无差异,仍然有不同的意见。

锶测定在海水或盐度较高的水中溺死的新鲜尸体的死因诊断中非常有用,溺死者心腔血锶浓度明显大于非典型溺死,尤其是海水溺死。但是在淡水溺死诊断中的意义尚存争议。而且,锶作为溺死诊断的指标存在着显著的局限性。在一些水体,如雨水、自来水等的锶含量较低,因此应用受限制;矿泉水饮用者或习惯吃海鲜食品的人体内可能具有更高的锶含量。

另外,肺部表面活性剂卵磷脂等也可作为溺死诊断的指标。Kamada 等使用三明治酶免疫评价法测定溺死尸体血中肺表面活性蛋白 D(SP-D)含量,无论海水或淡水溺死,血中 SP-D 含量均得到升高,而在海水溺死情形下,平均浓度更高;然而血中 SP-D 含量在其他窒息性死亡中也会升高,只是程度较低,表明血中肺表面活性蛋白 A(SP-A)升高不仅发生在溺死情形中,在急性呼吸困难综合征中也能发现同样的现象。因此,SP-D 和 SP-A 对于溺死而言都是非特定的,而是肺泡损伤的一种指标。

血液中心房利钠肽(atrial natriuretic peptide,ANP)、氟离子等也被报道可作为溺死诊断的指标,但未被广泛研究。

三、异物颗粒检验

溺死者在淹溺过程中,溺液中各类异物颗粒及元素进入体内,并随血液循环扩散至各器官组织,因此,检测各器官组织不同元素成分和含量,对诊断溺死、推断溺死区域具有一定作用。万立华等用扫描电镜能谱分析(SEM/EDX)检测 19 例溺死人尸体及 28 只溺死兔的肺、心、肾、肝等组织异物颗粒及其元素成分,发现全部溺死尸和溺死兔的肺边缘区呼吸性细支气管、肺泡管、肺泡囊及肺泡内均可见异物颗粒,大小自数微米至数十微米不等,多为无定形物颗粒或细小异物颗粒集落,其元素成分为硅、铝、铁、铬、钛、钙、锡等,与现场溺液元素成分相同。肾、心、肝组织异物颗粒检出率分别为 77%、53% 及 47%,数量较少,颗粒较小,一般为 $1 \sim 10 \mu m$。非溺死尸体及实验兔的肺、肾、心、肝组织未检出或偶尔检出异物颗粒,其元素成分多为铁、钙、硅等,可能是病理及生理性粉尘颗粒、含铁血黄素、钙化灶等。

四、医学影像学方法

随着科学技术的发展,除了传统的尸体征象、尸体解剖、硅藻检验等方式的认定外，影像技术在溺死检验的应用逐渐进入了人们的视野。国外法医学机构进行尸体放射影像检查已相当普遍，通常是在体表检验后、解剖开始前进行。应用医学影像学技术，主要是计算机断层扫描（CT）和磁共振成像（MIR）技术对尸体进行影像扫描，图像处理，分析推断死因，也称虚拟解剖（virtopsy）。影像学技术可用于检验溺死，目前尚处于初期，虽比较局限，但已显示出广阔的应用前景。

关于溺死的虚拟尸检主要集中在溺死者的颅脑、心脏和呼吸系统以及胃肠道的影像学表现上。儿童溺死时，大部分案例出现了大脑灰白质的弥漫性损伤，和双侧基底神经节水肿或坏死，但均未出现颅内/外的出血。但是其特异性不够高，在其他死因中也可以出现该特征，所以不足以作为独立的判断溺死的征象，但可以作为参考指标。在溺死的案例中，鼻窦积液的出现率是100%，而在许多非溺死的案例中也可出现积液，两者积液的体积和密度有显著的不同。虽然鼻窦积液不可以诊断溺死，但是当不存在积液时，可以排除溺死。因此，鼻窦积液仍可以成为鉴定溺死的征象之一。

在溺死的案例中，通常可以出现水性肺气肿、呼吸道内溺液及异物等较特异的征象。部分死者还可以发现胃及十二指肠积液及膨胀，尤其十二指肠膨胀对认定溺死具有一定的诊断意义。因此，呼吸道及胃肠道征象是溺死诊断影像学检查的最重要指标。影像学检查出现泡沫状积液和呼吸道内典型的高衰减沉淀物，高度提示溺水。另外，通过测定右心房密度也有助于判定溺死。

目前，关于溺死的影像学研究尚不够成熟，仍有许多难点亟待解决。

五、浮游细菌检测

详见本书第十章。

六、浮游生物 DNA 检测

详见本书第十章。

（刘超　胡孙林）

第七章 基于膜富集的硅藻检验方法

针对传统硅藻方法存在灵敏度低、样品处理烦琐、检验效率低等不足，笔者建立了微波消解、滤膜富集、自动化扫描电镜联用的法医学硅藻检验新方法。

第一节 基于膜富集的硅藻检验方法

针对前述传统硅藻检验存在的缺陷，广州市刑事科学技术研究所硅藻研究课题组经过10多年的系列研究，在硅藻检验关键技术和设备研发方面取得了突破，建立了基于膜富集的硅藻检验方法。

一、微波密闭消解组织方法

（一）微波消解原理

微波是介于红外线和无线电波之间的电磁辐射，具有交替电场及磁场（或是电波及磁波），以大约 300 000 km/s 的光速传播，频率在 300 MHz～300 GHz 之间，即波长在 100 cm～1 mm 的范围内。为了防止民用微波对无线电通讯、广播、电视和雷达等造成干扰，微波中波长在 1～25 cm 的波段专门用于雷达，其余部分用于电讯传输。国际上规定，工业、科学研究、医学及家用等民用微波的频率为（2 450±50）MHz。因此，微波消解仪器所使用的频率基本上都是 2 450 MHz，家用微波炉也如此。

当微波通过样品时，导致极性分子和带电粒子（离子、水合离子等）随微波频率快速运动。在 2 450 MHz 的微波条件下，分子每秒钟变换方向 2.45×10^9 次。分子的来回运动，与周围分子相互碰撞摩擦，产生热量，使样品温度升高。这种加热方式与传统的电炉加热方式绝然不同。传统电炉加热是通过热辐射、对流与热传导传递能量，整个样品温度不均一，靠近热源的部分温度高，远离热源的部分温度低（图 7-1）。而且在热量传递过程中，许多热量都发散给周围环境中，导致能量利用率低。微波加热时，微波可以穿透样品的内部，使整个样品各个部分同时产生热效应，加热快速、

图 7-1 电炉加热与微波加热差异

均匀，大大缩短了加热的时间。微波加热直接作用到物质内部，因而提高了能量利用率。另外，极性分子和带电粒子在电磁场中快速的运动，使试剂与样品表面的接触更充分，交变的电磁场相当于高速搅拌器，提高了化学反应的速率，使得消化速度更快。因此，微波消解能力较强，能消解许多传统方法难以消解的样品。

（二）微波密闭消解技术

微波密闭消解技术是20世纪末分析化学中的一个重大革命，在降低劳动强度，解放了生产力的同时，提高了劳动生产的效率。

从器官组织中提取硅藻，都要求把器官组织的有机质消解成溶液，以便于分离出我们需要的硅藻颗粒。传统的消解过程，采用电炉加热，时间在7～72 h，样品消解所耗时间占硅藻检验全过程时间的60%以上。人们在通风柜甚至于实验室天台上，用浓酸在电热板上消解样品，不仅需要的时间长，而且腐败尸体组织散发出来的有害气体对操作者的影响巨大。

怎样才能加快消解速度、缩短制样的时间，已成为法医工作者迫切希望解决的问题。微波密闭消解技术的引入，极大地改善了法医硅藻检验器官组织的消解过程。

1975年，微波加热技术开始应用到分析化学中。随后，也迅速在其他方面发挥作用。微波密闭消解不仅提高了消解能力，而且大大缩短了消解时间，具有传统的消解方法所无法比拟的优点：①加热快、升温高，消解能力强，大大缩短了消解时间。消解各类样品可在几分钟至二十几分钟内完成，比电热板消解速度快10～100倍。②消耗试剂少，空白值低。消解一个样品一般只需8 mL的酸溶液，只有传统方法用酸量的几分之一。因为密闭消解酸不会挥发损失，不必为保持酸的体积而继续加酸，节省了试剂。③避免了样品的污染，提高了分析的准确度。采用密闭的消解罐，避免了样品之间的相互污染和外部环境的污染。电热板上加热时，数个盛装组织的容器相互靠近，易因液体喷溅而相互污染。④微波消解系统能准确控制、实时显示反应过程中密闭罐内的压力、温度和时间3个参数，反应的重复性好、准确度高。⑤改善了工作环境，降低了劳动强度。电热板煮酸消解样品，尽管在通风橱内进行，但仍有大量酸气泄漏，不仅损害分析人员健康，也腐蚀实验室内其他设备。而采用微波密闭消解，酸气排放大大减少，有效改善了工作环境。由于消解样品速度加快，分析时间缩短，劳动强度显著降低，工作效率高。⑥节能环保。相对于电炉或电热板加热消解，微波密闭消解不仅酸用量和酸气排放量少，耗电量亦少，如消解2 g组织，用1.5 kW的电热板加热需1～2 h，而用600 W微波加热，只需20 min。

（三）微波消解组织的方法

为建立脏器组织样品的微波密闭消解方法，要重点考虑以下三方面因素。

1. 样品量

微波密闭消解中，通常受微波消解罐最大承受压力的限制，样品量不能过大。对于硅藻检验，既要求样品量满足检验灵敏度要求，还要保证消解过程安全。在检验灵敏度方面，研究发现，一般情况下肺组织2 g、肝肾组织10～20 g，可使溺死尸体得到阳性检验结果，而当肝、肾组织样品量小于10 g时，溺死尸体阳性率显著下降。在安全性方面，样品与酸在密闭系统中反应，产生的气体导致消解罐内压力增大，若样品量过大,反应过于激烈,消解罐内压力瞬间增大,就有爆炸的危险,所以对样品量大小应高度重视。研究表明,每个消解罐中脏器组织样品一般不应超过 3 g,脂肪含量较高的骨髓等样品不应超过 0.5 g。应注意的是,脏器组织样品量选择还与不同品牌消解仪的结构、性能特点、使用要求有关,检验实践中应根据仪器厂家的推荐参数及硅藻检验的要求合理确定样品量。

2. 微波消解所用酸种类及用量

消解的目的是通过酸溶解组织而分离出耐酸的硅藻。消解常用的酸包括 HNO_3、HCl、HF、H_2O_2 等,这些都是良好的微波吸收体。经研究,我们采用 HNO_3 和 H_2O_2 混合酸对脏器组织进行微波消解,采用 HF 清除消解罐残留的硅藻。

HNO_3,70% 水溶液(w/w),在常压下的沸点为 120 ℃。在 0.5 MPa 下,温度可达 176 ℃,它的氧化电位显著增大,氧化性增强,能对无机物及有机物进行氧化作用。

H_2O_2,30% 水溶液(w/w),常压下沸点 107 ℃,氧化能力随介质的酸度增加而增加。H_2O_2 分解产生的高能态活性氧对有机物质的破坏特别有利。

HF,38.3% 水溶液(w/w),常压下沸点 112 ℃,在密闭容器中达 180 ℃,会产生约 0.8 MPa 的分压,能有效地使硅酸盐变成可挥发的 SiF_4,可以用于清除消解罐中残留的硅藻。

3. 微波加热的功率与时间

消解组织所需的能量取决于样品的重量、组成、试剂(酸)的种类及用量、容器的耐压耐温能力以及消解仪内样品的个数。例如,密闭体系中不同组成的介质加热速度不同,离子强度和极性大,体系升温快,所需微波功率相对较低,时间较少;而样品个数多,所需的微波功率大、时间长。为了避免最初的反应过于激烈,产生大量气体,我们建议采用梯度微波消解程序。例如:10 min 内功率从 0 W 上升到 300 W,保持 5 min,然后 10 min 内功率从 300 W 上升到 600 W,保持 5 min 后停止微波辐射(图 7-2)。梯度消解程序可以使消解反应先平缓再逐步加速,罐内压力和温度不致增加过快而发生危险。

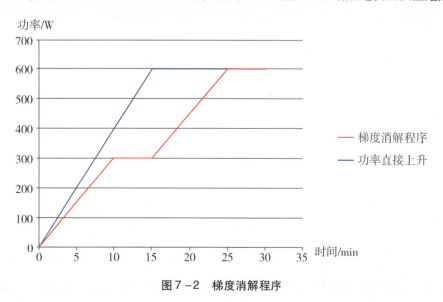

图 7-2 梯度消解程序

4. 组织消解时间和消解效果比较

采样微波消解法和硝酸乙醇法分别消解溺死实验兔肺、肝、肾组织各 2 g，记录溶液变为澄清透明时所需的时间（表 7-1）。组织消解液均采用上述滤膜富集处理，通过肉眼观察组织消解液外观形态及用扫描电镜观察微孔滤膜上组织残留物评价两种方法的消解效果。

表 7-1　两种方法消解 2 g 脏器组织所需时间（$x \pm s$）

方法	例数	时间/min		
		肺	肝	肾
微波消解法	30	$20.0 \pm 0^*$	$20.0 \pm 0^*$	$20.0 \pm 0^*$
硝酸乙醇法	30	$95.5 \pm 8.5^*$	$113.6 \pm 5.4^*$	$119.4 \pm 6.8^*$

注：$*P<0.01$。

微波消解后的组织消解液体澄清透明（图 7-3a），而硝酸乙醇法的消解效果（图 7-3b）不及微波消解法，组织消解液中甚至可肉眼观察到部分未消解完全的组织残留物，消解液上层有油脂残留。

a. 微波消解法　　　　　　　　　　　b. 硝酸乙醇法

图 7-3　组织消解效果对比（肉眼观察）

扫描电镜观察结果表明，硝酸乙醇法的组织消解液中含有大量未消解完全的组织残留物（图 7-4a），而同种组织经微波消解后，则极少见有机组织残留物（图 7-4b）。

二、膜富集设备及方法

（一）膜富集技术的原理

组织被消解成为溶液后，我们需要将硅藻颗粒与液体进行分离，将硅藻富集起来。膜富集技术，或者膜分离技术（membrane separation technology, MST），指天然或人工合成的高分子薄膜以压力差、浓度差、电位差和温度差等外界能量位差为推动力，对双组分或多组分的溶质和溶液进行分离、分级、提纯和富集的方法。常用的膜分离方法有微

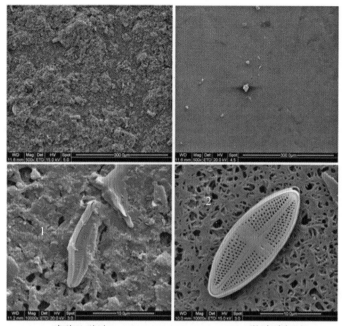

a. 硝酸乙醇法　　　　　　　　　b. 微波消解法

图 7-4　组织消解效果（SEM）

1. 未消解彻底的组织，10 000×；2. 滤膜纤维，10 000×

滤（micro-filtration，MF）、超滤（ultra-filtraion，UF）、纳滤（nano-filtration，NF）、反渗透（reverse-osmosis，RO）和电渗析（electro-dialysis，ED）等。

膜分离技术的根本原理在于选择透过性。制备膜元件的材料通常是有机高分子材料或陶瓷材料，其孔隙结构为物质选择性透过分离膜提供了前提，膜孔径决定了混合体系中能透过分离膜物质的粒径大小。

膜富集技术具有简单、高效、造价低、易于操作的优点。

（二）膜富集硅藻的方法

建立膜富集硅藻的方法，要从四个方面着手考虑。

1. 膜的材料

微波消解组织的过程中，采用了 HNO_3 和 H_2O_2 的混合液。反应完成后的消解液，仍然具有很强的氧化性，这就要求用于过滤的滤膜应当具有耐酸性和抗氧化性。经对多种材质的滤膜进行实验研究，最终选择了尼龙滤膜和聚醚砜滤膜。实际上，聚醚砜滤膜的酸性和抗氧化性均不如尼龙滤膜，但是由于其经过透明化处理后可以适用于光学显微镜观察，所以仍然是硅藻检验使用的主要滤膜之一。

2. 滤膜孔径

膜孔径的选择主要根据要分离的目标颗粒物大小。自然界中的硅藻大小一般在 2～500 μm。理论上，为确保所有硅藻被富集在滤膜上，滤膜孔径应足够小，然而滤膜孔径越小，消解液中悬浮的杂质颗粒也越容易堵塞膜孔，增大抽滤阻力，降低抽滤效率。研究表明，使用 0.45 μm 孔径的微孔滤膜能有效富集硅藻，且抽滤效率高（图7-5）。

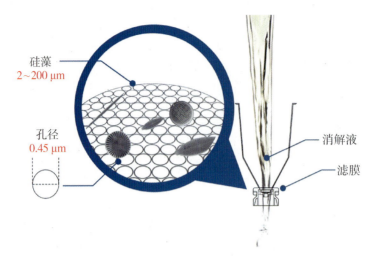

图 7-5 滤膜富集硅藻原理

3. 有效过滤面积

有效过滤面积是指过滤过程中液体与滤膜实际接触的部分。有效过滤面积增大，虽然可以缩短过滤时间，但是硅藻在滤膜上分布的更加分散，需要观察分析的面积也变得更大，后期观察的时间也相应增加。所以，有效过滤面积需要在一个适当的范围。研究发现，有效过滤区域直径 14～18 mm 最为适宜。在保证过滤效率的同时，也保证了观察的效率。

4. 过滤压力

滤膜孔径小，液体几乎无法在自然重力下通过滤膜。因此，通过在滤膜下方使用真空泵，增大滤膜两侧的压力差来帮助液体滤过。真空泵的压力范围建议在 200～400 mmHg。压力太小会导致过滤效率低下；压力过大，会导致滤膜在支撑网的空洞部分塌陷，使滤膜不平整，影响观察。同时，也会增加真空泵的负荷，可能导致仪器损坏。

(三) 膜富集硅藻的设备

第一阶段：单样本真空抽滤装置。

为实现富集硅藻目的，我们设计了一款单样本真空抽滤装置，如图 7-6。

优点：装置中的滤膜孔径为 0.45 μm，最大限度地提高了硅藻回收率；通过抽真空形成负压，提高了过滤效率。

缺点：单样本抽滤，工作效率低；滤杯反复使用，存在污染的可能；抽滤接口处需手动安装，使用不便；压力需手动

图 7-6 单样本真空抽滤装置
1. 100 mL 滤杯；2. 滤膜；3. 抽滤接口；
4. 1 000 mL 滤液收集瓶；5. 橡胶管；6. 旋转机械泵

调节。

第二阶段：自行研发多联真空抽滤装置。

通过对单样本真空抽滤装置改进，设计了一款多联真空抽滤装置，如图7-7。

图7-7 多联真空抽滤装置

优点：装置中的滤膜孔径为0.45 μm，最大限度地提高了硅藻回收率；通过抽真空形成负压，提高了过滤效率；5个样本同时抽滤，提高了工作效率。

缺点：滤杯反复使用，存在污染的可能；抽滤接口处需手动安装，使用不便；压力需手动调节，存在安全隐患，难以推广。

第三阶段：自动化多联真空抽滤仪研发。

基于前两款真空抽滤装置，为提高抽滤效率和自动化程度，便于装置的应用及推广，通过不断试用、改进，攻克了抽滤接口连接，滤膜塌陷，滤液在滤杯中沉积、废液在装置内潴留等多个难题，研发出自动化多联真空抽滤仪（图7-8），并从抗污染性、硅藻回收率、高效性、推广应用等方面对其进行系统全面评价。研发的6通道真空抽滤设备关键管路、容器、阀门以及真空泵以及密封元件，均采用高强度耐腐蚀材料制造，避免抽滤过程中强酸液体的腐蚀；采用微电脑结合传感器智能控制，保证多联抽滤中6通道的压力均匀、稳定，确保有害废气、废液被吸入废液瓶中，保证抽滤效果的一致性；采用触摸屏控制，提供方法编写平台。

图7-8 多联真空抽滤仪

一次性抽滤杯（图7-9）是自动化多联真空抽滤设备的关键部件，其采用灵活、便捷的接口设计，实现滤杯、滤膜、抽滤仪之间快速安装、拆卸。采用高分子材料的滤膜支撑网，可有效避免交叉污染及滤膜塌陷；采用压膜接口锥形设计，可避免液体残留。

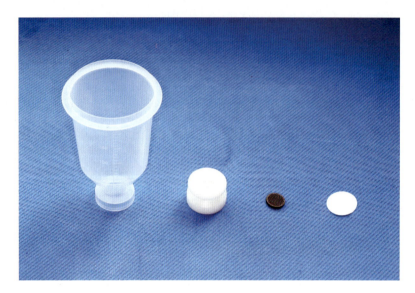

图7-9 一次性抽滤杯

硅藻检验样品盒（图7-10）用于固定富集硅藻后的滤膜，每个样品存放1具尸体的相关检材，独立封装，防止流转过程中的损失和污染，利于案件样品管理、再次分析和溯源。

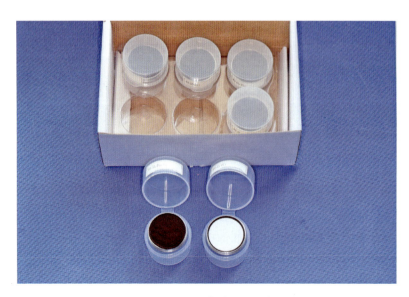

图7-10 硅藻检验样品盒

（四）抽滤时间和硅藻回收率

水样和肺组织的抽滤时间一般在 20 min 左右，肝、肾组织一般在 70 min 左右（表 7-2）。如果组织消解不完全，会造成抽滤时间延长。如果发现抽滤速度减慢，可以用吸管吸取无水乙醇，插入至滤膜上方，挤压出无水乙醇冲洗滤膜表面，可以溶解脂肪等不易消解的杂质，加快过滤速度。

膜富集的硅藻回收率显著增加，基本都大于 100%，说明部分硅藻的两个壳面在消解过程中分离，使观察到的硅藻数量增加。（表 7-3）

表 7-2　滤膜富集所需时间（$\bar{x} \pm s$）

样本		例数	时间/min	P^*
标准硅藻溶液		50	20.6 ± 1.1	A
溺死尸体	肺	15	22.4 ± 2.8	B
	肝	15	71.1 ± 3.0	C
	肾	15	73.3 ± 3.9	C

注：组间字母不同表示 $P < 0.05$，组间字母相同表示 $P \geq 0.05$。

表 7-3　膜富集和离心的硅藻回收率

硅藻类型	回收率		P
	膜富集	离心	
舟形藻	$106.8\% \pm 14.7\%$	$61.5\% \pm 7.7\%$	<0.01
菱形藻	$113.8\% \pm 28.0\%$	$62.1\% \pm 8.7\%$	<0.01
小环藻	$108.3\% \pm 10.2\%$	$64.2\% \pm 6.7\%$	<0.01
针杆藻	$107.0\% \pm 11.2\%$	$59.8\% \pm 7.5\%$	<0.01
异极藻	$106.0\% \pm 9.4\%$	$60.5\% \pm 5.1\%$	<0.01

三、扫描电镜观察硅藻法

（一）扫描电镜原理

扫描电镜是一种重要的现代显微技术，其基本原理为：从电子枪发射出的电子，经加速电压加速，经过 3 个磁透镜三级缩小，形成一束很细的电子束（即电子探针），聚焦在样品表面；在第二聚光镜和物镜之间有一组扫描线圈，使电子探针在样品表面扫描，电子和样品发生作用，激发出许多重要的信号如二次电子（SE）、背散射电子（BSE）等；这些信号经收集、放大和处理，最终成像在显示系统上。

从样品表面几纳米至几十纳米的区域逸出二次电子，能量较低（0～50 eV）。其产率和样品成分有关，然而与样品的表面形貌有更密切的关系，所以扫描电镜是研究样品表面形貌最有力工具。背散射电子能量值接近于入射电子的能量，发射深度约为 1 μm。背散射电子像与样品的原子序数密切相关，与样品的表面形貌也有一定关系。

（二）扫描电镜观察的特点

（1）景深大、成像立体感强。在相同的放大倍数下，扫描电镜景深比光学显微镜大几百倍，比透射电镜大几十倍，可以观察样品的三维空间结构，甚至深孔里面的形貌，图像具有立体感、真实感强，易于识别和解释。

（2）放大倍数大且可连续变化。扫描电镜放大倍数大，且可连续变化，因此可实现对样品从宏观到微观的连续观察、分析。

（3）分辨本领高。人眼的分辨本领一般为 0.2 mm，光学显微镜的分辨本领为 0.2 μm，而钨灯丝扫描电镜的分辨本领可达 3.5 nm，场发射枪扫描电镜可达 0.6 nm，已十分接近透射电镜，但其结构比透射电镜简单，操作、观察更方便。

（4）对分析样品具有广泛的适用性。对肉眼不可见的微粒到大至 150 mm、厚至 20 mm 的样品均可用扫描电镜进行显微分析。分析样品的种类包括了各种有机和无机的物质。使用环境扫描电镜，还可以对含水的新鲜样品直接进行动态观察。

（5）具有微区元素成分分析功能。除可观察样品微观形貌外，在扫描电镜上安装能谱仪附件，还可对样品微区进行元素成分定性定量分析。

（三）扫描电镜观察硅藻的方法

建立扫描电镜观察硅藻的方法，要从以下两个方面着手考虑。

1. 可分区，自动拍摄区域照片

以人工方式，手动移动样品台观察，劳动强度大，而且容易遗漏或者重复观察某些区域。在有可分区、自动拍摄区域照片的电镜下，拍摄前将样品分为数百个，甚至数千个区域，扫描电镜自动拍摄、储存这些区域的照片。观察时，只需要观察这些照片，不需要再手动移动样品台。

2. 放大倍数

扫描电镜的放大倍数可达数十万倍，完全可以满足硅藻观察的需求。这里说的放大倍数是指扫描电镜自动拍摄时的放大倍数。设置的倍数越大，扫描电镜一个视野观察到的区域就越小，拍摄的照片就越多，耗时越长。反之，倍数越小，一个视野观察到的区域就越大，拍摄的照片就越少，耗时越短；但是倍数越小，越容易观察不清楚硅藻，造成漏检。研究发现，400~600 倍下进行自动扫描较为适宜，既能有效地发现滤膜上的硅藻，又能尽可能地节省时间。（图 7-11）

四、勒福特王水消解法

国外品牌的微波消解仪技术先进，最高压力、最高温度分别可达 100 MPa、300 ℃，具有自动测温、控温和自动测压、控压功能，缺点是设备价格昂贵。研究勒福特王水消解法的初衷是为了降低基于膜富集技术硅藻检验方法的设备成本，以便于基层实验室应用。然而，近年来国产微波消解仪发展迅速，虽然技术指标与国外相比还有差距，但基本能满足脏器组织消解的要求，且价格优势明显。因勒福特王水消解法消解过程剧烈，

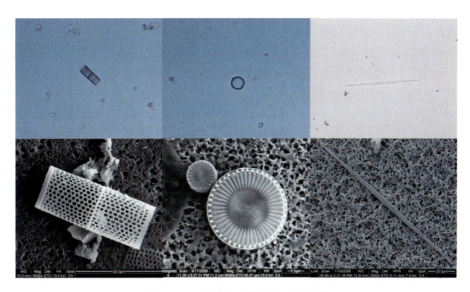

图7-11 光镜与电镜观察效果比较

操作时须特别小心,建议有条件的基层实验室下尽量采用微波消解法。这里仅对勒福特王水法作简单介绍。

(一) 勒福特王水消解有机质的原理

勒福特王水（$H_2[(N_3O_8)Cl]$，Lefort aqua regia solution），又称逆王水，是由浓硝酸和浓盐酸按照3∶1的比例混合而成,具有很强的氧化性。由于勒福特王水中的离子完全电离,其pH（<1）比王水pH（1~2）更低。过氧化氢的氧化性随着酸度的降低而增高。过氧化氢加入勒福特王水中,进一步提高了其氧化性。这些性质使有机质在勒福特王水中消解的更快、更完全。

勒福特王水具有很强的氧化性,这要求实验操作必须格外的注意。应使用广口容器在通风橱中操作,因消解反应剧烈,往勒福特王水中滴入过氧化氢的速度控制不超过1滴/秒。

(二) 勒福特王水消解法的特点

传统的强酸消解法操作简单,是法医学硅藻检验中最经典、使用最广泛的硅藻提取方法。一些改良的方法几乎都建立在强酸消解法基础上,如破机罐法、微波消解法。本研究中勒福特王水消解法,其本质也是一种强酸消解法,通过加入浓盐酸来增加其对有机质的破坏能力。

(三) 勒福特王水消解法步骤

(1) 将2 g组织置于烧杯中。

(2) 向烧杯中加入15 mL浓硝酸和5 mL浓盐酸。

(3) 2 mL过氧化氢以3秒每滴的速度逐渐滴入烧杯中（当烧杯中产生大量气泡时停止滴入,待反应恢复平静后继续滴加）。

(4) 然后静置15 min；将样本放入85 ℃水浴锅中加热50 min（加热过程中同样以3秒每滴的速度加入3 mL过氧化氢溶液）。

(四) 消解能力和硅藻破坏

兔的肾组织在一定时间（50 min）内的消解，通过滤膜上残留物质的重量来评价消解能力。如表7-4所示，勒福特王水消解法消解肾组织后的物质残留质量为（0.006 04 ± 0.00 310）g/2 g，传统强酸消解法消解肾组织后的物质残留质量为（0.009 79 ± 0.00 204）g/2 g。两组数据具有统计学差异（$P<0.01$），勒福特王水消解法的消解能力优于传统强酸消解法。

在图7-12中，勒福特王水消解法残留物质较少，硅藻纹理清晰，背景干净，极少发现硅藻碎片。

表7-4 2 g兔肾组织消解后残留物质质量

方法	例数	质量/g	P
勒福特王水消解法	10	0.006 04 ± 0.003 27	0.007
传统强酸消解法	10	0.009 79 ± 0.002 04	

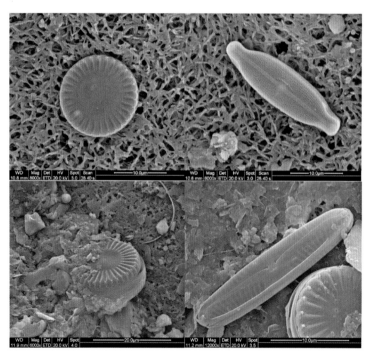

图7-12 两种硅藻检验方法检出的硅藻照片
（上：勒福特王水消解法；下：传统强酸消解法）

(五) 硅藻回收率

如表7-5所示，勒福特王水消解法的硅藻回收率为71.1% ± 10.3%，传统强酸消解法的硅藻回收率为66.3% ± 9.0%。两组数据无统计学差异（$P>0.05$），尚不能认为勒福特王水消解法的硅藻回收率高于传统强酸消解法。

表7-5 两种消解方法的硅藻回收率

方法	例数	回收率	P
勒福特王水消解法	10	71.1% ± 10.3%	0.283
传统强酸消解法	10	66.3% ± 9.0%	

六、滤膜透明化法

聚醚砜（PES）微孔滤膜，具有一定的化学稳定性，可用于酸性液体的过滤。由于PES具有可溶于强极性溶液的特点，使用丁香酚-乙酸试剂可使其透明，满足光镜下观察的要求。

（一）透明化试剂的配制

透明化试剂采用丁香酚和乙酸的混合液，按照体积比3∶7的比例配制，配制的混合液放置时间不宜过长。

（二）滤膜透明化的步骤

（1）未使用过的载玻片，中心滴加2～3滴透明化试剂；

（2）将干燥后的滤膜置于载玻片中心；

（3）在滤膜上滴加1～2滴透明化试剂，加盖盖玻片。

（三）光学显微镜观察

（1）将滤膜透明化得到的玻片置于光学显微镜下，以20倍或40倍物镜观察；

（2）采用人工识别方式或计算机自动化识别方式对滤膜上的硅藻或所拍摄的图片进行检查、分类和统计处理。

（3）某些视场中的微型硅藻需使用60倍物镜甚至100倍油镜来观察其细微结构（图7-13）。

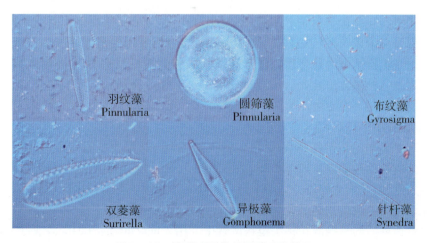

图7-13 滤膜透明化后观察硅藻效果

（4）记录样本中硅藻总数和硅藻种类。

需要注意：水系膜的耐酸性较弱，消解液抽滤时要经过充分稀释（50 mL 以上超纯水稀释）；抽滤完成后禁止添加无水乙醇干燥；抽滤完成后必须再次添加足量的超纯水稀释（50 mL 以上），滤膜上不能有任何硝酸残留，否则会与透明化试剂反应，造成制片失败。

透明化后的滤膜会因氧化变黄，不适宜长期保存。

膜富集法与光镜观察相结合，一方面将硅藻富集在滤膜上，避免了离心造成的硅藻损失；另一方面，采用光学显微镜观察弥补了电镜成本高、不适宜基层普及的缺点。

第二节 实验兔组织中的硅藻检出率及检出数量

前期在实验室采用不同类型组织进行研究，优化了基于膜富集的法医学硅藻检验参数，建立了新方法。此后，采用新西兰大白兔进行实验研究，模拟溺死及死后入水情形，采用新方法检验，评价其在溺死诊断中的应用价值。

一、材料与方法

（一）实验动物与仪器

130 只新西兰大白兔，雌雄不限，体重 1.0～3.0 kg。

安东帕 MW3000 微波消解系统，真空抽滤仪，FEI Quanta600 型扫描电镜配 EDAX Genesis7000 型能谱仪等。

（二）方法

1. 实验动物分组

130 只新西兰大白兔随机分成 3 组：溺死组（$n=50$），死后入水组（$n=50$），对照组（$n=30$）。

将溺死组实验兔置于兔笼中，沉入水下 0.5 m 处，1 min 后提出水面，30 s 后重新沉入相同水深处，重复 3～4 次使实验兔缓慢溺死，死后在水中浸泡 30 min；死后入水组实验兔采用空气栓塞方法处死后，置于相同水域相同深度浸泡 30 min 后取出。对照组实验兔采用空气栓塞方法处死后不经过任何处理。提取现场水样和实验兔肺、肝、肾、股骨骨髓组织及左、右心血。

2. 硅藻检验

（1）微波消解。取肺组织 2 g，肝、肾组织各 10 g，股骨骨髓 0.5 g，以及 2 mL 现场水样，分别置消解罐内，加入 8 mL 浓硝酸和 2 mL 30% 双氧水后分别进行微波消解。微波消解条件为：5 min 内将微波功率升至 800 W，保持该功率 10 min 后停止微波辐射，通风冷却，直至消解罐外部温度降至 50 ℃，然后加入 40 mL 超纯水以稀释组织消解液的酸度。将稀释后的消解液转移至塑料试管中。用 2 mol/mL 的 NaOH 溶液浸泡消解罐，用超纯水洗净。

(2) 滤膜富集。采用真空抽滤仪对微波消解后的组织消解液进行滤膜富集,真空度 200 mmHg,滤膜孔径 0.45 μm。将消解液抽滤完全后,继续加 50 mL 超纯水使滤膜表面接近中性,再加 10 mL 乙醇去除滤膜内水分。

由于微波消解仪对每一个消解罐内的样品处理量有限制,且在实际溺死案例中肝和肾组织中硅藻含量通常较低,因此,对于肝或肾检材,可一次取多份样品分别消解,消解后将消解液合并,再进行上述的滤膜富集处理步骤。

(3) 滤膜导电处理。在真空镀膜仪或离子溅射仪中将滤膜表面镀上厚度为 10 ~ 30 nm 的金薄膜,使其具有导电性。

(4) 扫描电镜自动拍照和图像存储。采用扫描电镜,在一定放大倍数下,将滤膜含样品区域分成若干个相同大小、紧密相邻的视场,通过计算机程序驱动扫描电镜样品台自动移动,逐个拍摄所划分视场的图像,并对图像进行存储。具体参数设置为:加速电压 20 kV,放大倍数 600×,图像分辨率为 1 024×800,样品扫描区域为 10 mm × 10 mm 的矩形区域。

(5) 硅藻定性定量分析。采用计算机自动化识别方式对所拍摄视场图片中的硅藻进行检查、分类和统计处理。对于某些视场中的微型硅藻,由于放大倍数所限,不能满足种属鉴定的要求,则通过回访相应视场,增大放大倍数观察硅藻细微结构并确认其种属。

(三) 统计学处理

应用 SPSS 13.0 统计学软件对实验数据进行方差分析等统计学处理,$P < 0.05$ 为有统计学差异。

二、结果与讨论

动物溺死组的硅藻检验结果如表 7-6 所示。

表 7-6 溺死组实验兔脏器硅藻检验结果

组织	例数	阳性率	硅藻含量/个·克$^{-1}$	P
肺	50	100%	2 630.5 ± 1 327.2	0.001
肝	50	100%	2.6 ± 1.5	<0.001
肾	50	100%	1.2 ± 0.8	0.007
左心血	50	50%	0.6 ± 0.8	<0.001
右心血	50	24%	0.2 ± 0.4	0.007
骨髓	50	94%	6.5 ± 6.6	0.003

注:P 表示两种方法的统计学差异。

死后入水组除肺组织检出少量硅藻外,肝组织、肾组织及骨髓组织未检出硅藻;对照组各组织均未检出硅藻。

上述结果显示，基于膜富集的法医学硅藻检验方法在脏器硅藻检验阳性比例和所检出脏器内硅藻平均含量均显著高于传统方法，表明其在检测灵敏度方面明显优于传统处理法。该方法可使 100% 的水中溺死实验动物的死因（溺死或非溺死）得以明确。

第三节　实验兔肺组织内硅藻分布

呼吸道从气管到支气管（又从大到小分几级）到细支气管到终末支气管、肺泡导管，最后才是肺泡。而从肺门到肺表面，各肺泡距离支气管的远近是不一样的。但是在肺的各部位，硅藻的分布是否变异，文献中尚未见到相关报道。本研究采用基于膜富集的硅藻检验方法分析硅藻在水中尸体肺脏中不同肺叶的分布（含量、大小、种类），探讨肺脏硅藻检验在法医学溺死诊断中的应用价值。

一、材料和方法

（一）实验动物与仪器

62 只新西兰大白兔，雌雄不限，体重 1.0～3.0 kg。

安东帕 MW 3000 微波消解仪，多联真空抽滤仪，FEI Quanta 600 型扫描电镜，配 EDAX Genesis 7000 型能谱仪。

（二）方法

1. 实验动物分组

62 只新西兰大白兔随机分成 3 组：溺死组（$n=30$），死后入水组（$n=30$），对照组（$n=2$）。实验地点为广州市南沙区。

将溺死组实验兔置于兔笼中，沉入水下 0.5 m 处，1 min 后提出水面，30 s 后重新沉入相同水深处，重复 3～4 次使实验兔缓慢溺死，死后在水中浸泡 30 min；死后入水组实验兔采用空气栓塞方法处死后，置于相同水域相同深度浸泡 30 min 后取出。对照组实验兔采用空气栓塞方法处死后不经过任何处理。提取现场水样和实验兔肺组织。

2. 检材提取

大兔的肺脏左侧分为 2 叶，右侧分为 4 叶，分别为左肺尖叶、左肺膈叶、右肺尖叶、右肺中间叶、右肺心叶和右肺膈叶。提取实验兔肺脏以及现场的水样，将各肺叶分别提取后待检。提取前所有试剂、工具、器皿用超纯水冲洗，确认其不含硅藻。

3. 硅藻检验

方法同本章第二节相关内容。

4. 硅藻测量

1 个硅藻分裂为 2 个完整壳面的计为 2 个硅藻，硅藻碎片面积超过一半的记为 1 个硅藻，壳环不计数，见图 7-14a 和 7-14b。用 XT Docu 软件测量硅藻大小，圆形硅藻测量其直径，形状不规则的硅藻测量其最长径，见图 7-14c 和 7-14d。在高倍下拍摄不同种类的硅藻高分辨扫描电镜照片，硅藻种类鉴定分类至属。

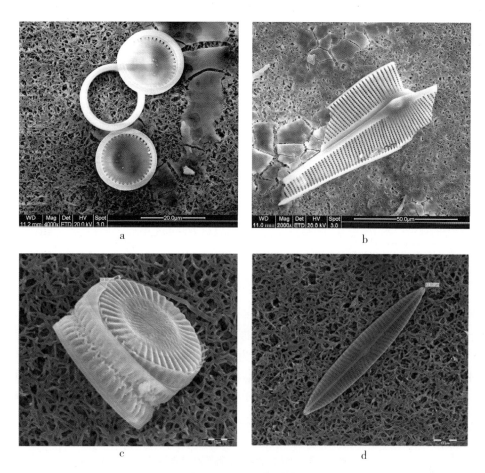

图 7-14 硅藻测量

a. 1 个硅藻分裂为 2 个完整壳面的计为两个硅藻,中间的壳环不计数;b. 碎片面积未超过原硅藻面积一半的碎片不计数;c. 圆形硅藻测量其直径;d. 形状不规则的硅藻测量其最长径。

(三)统计学处理

实验数据应用 SPSS 17.0 进行统计学分析,根据数据类型选择分析方法,$P<0.05$ 为有统计学意义。

二、结果

(一)各肺叶的硅藻含量

生前入水组中各肺叶硅藻含量如表 7-7 所示。左肺尖叶的硅藻含量范围为 16~834 个/克〔(204.40±253.68)个/克〕;左肺膈叶的硅藻含量范围为 4~177 个/克〔(101.28±62.36)个/克〕;右肺尖叶的硅藻含量范围为 106~297 个/克〔(204.28±73.09)个/克〕;右肺中间叶的硅藻含量范围为 10~726 个/克〔(241.55±255.73)个/克〕;右肺心叶的硅藻含量范围为 21~209 个/克〔(113.77±74.03)个/克〕;右肺膈叶的硅藻含量范围为 5~457 个/克〔(148.00±146.05)个/克〕。各肺叶的硅藻含量两两比较无显著差异。

表7-7 生前入水组中各肺叶硅藻含量

肺叶	例数	$\bar{x} \pm s$/个·毫升$^{-1}$	P
左肺尖叶	30	204.40 ± 253.68	AB
左肺膈叶	30	101.28 ± 62.36	AB
右肺尖叶	30	204.28 ± 73.09	AB
右肺中间叶	30	241.55 ± 255.73	AB
右肺心叶	30	113.77 ± 74.03	AB
右肺膈叶	30	148.00 ± 146.05	AB

注：P代表5个肺叶之间均数的两两比较。2个字母均不同，表示 $P<0.05$；1个或2个字母相同，表示 $P>0.05$。

死后入水组中各肺叶硅藻含量如表7-8所示。左肺尖叶的硅藻含量范围为0～16个/克 [(4.66±7.34)个/克]；左肺膈叶的硅藻含量范围为0～86个/克 [(21.50±32.31)个/克]；右肺尖叶的硅藻含量范围为0～46个/克 [(20.00±19.67)个/克]；右肺中间叶的硅藻含量范围为0～19个/克 [(6.20±8.84)个/克]；右肺心叶的硅藻含量范围为0～60个/克 [(21.20±25.36)个/克]；右肺膈叶的硅藻含量范围为0～19个/克 [(9.00±6.75)个/克]。各肺叶的硅藻含量两两比较无显著差异。

表7-8 死后入水组中各肺叶硅藻含量

肺叶	例数	$\bar{x} \pm s$/个·毫升$^{-1}$	P
左肺尖叶	30	4.66 ± 7.34	AB
左肺膈叶	30	21.50 ± 32.31	AB
右肺尖叶	30	20.00 ± 19.67	AB
右肺中间叶	30	6.20 ± 8.84	AB
右肺心叶	30	21.20 ± 25.36	AB
右肺膈叶	30	9.00 ± 6.75	AB

注：P代表5个肺叶之间均数的两两比较。2个字母均不同，表示 $P<0.05$；1个或2个字母相同，表示 $P>0.05$。

生前入水组与死后入水组中肺脏的左肺膈叶、右肺尖叶、右肺膈叶硅藻检出率无显著差异；生前入水组中肺脏各肺叶均能检出硅藻，死后入水组中某些肺叶可无硅藻检出。（表7-9）

陆地死亡组中各肺叶均未检出硅藻。

现场水样中的硅藻含量为28个/毫升。

表7-9 生前入水组与死后入水组各肺叶硅藻检出率比较

肺叶		阳性	阴性	检出率	P
左肺尖叶	生前入水	30	0	100%	<0.05
	死后入水	10	20	33.33%	
左肺膈叶	生前入水	30	0	100%	>0.05
	死后入水	25	5	83.33%	
右肺尖叶	生前入水	30	0	100%	>0.05
	死后入水	20	10	66.67%	
右肺中间叶	生前入水	30	0	100%	<0.05
	死后入水	10	20	33.33%	
右肺心叶	生前入水	30	0	100%	<0.05
	死后入水	15	15	50%	
右肺膈叶	生前入水	30	0	100%	>0.05
	死后入水	20	10	66.67%	

（二）各肺叶的硅藻大小

生前入水组中各肺叶硅藻大小分布情况如表7-10所示。左肺尖叶的硅藻大小范围为 $1.30 \sim 51.14$ μm［(10.92 ± 8.29) μm］；左肺膈叶的硅藻大小范围为 $3.17 \sim 100.83$ μm［(12.47 ± 12.51) μm］；右肺尖叶的硅藻大小范围为 $4.55 \sim 121.91$ μm［(11.31 ± 12.51) μm］；右肺中间叶的硅藻大小范围为 $3.90 \sim 80.57$ μm［(13.38 ± 11.50) μm］；右肺心叶的硅藻大小范围为 $3.90 \sim 142.44$ μm［(13.87 ± 17.48) μm］；右肺膈叶的硅藻大小范围为 $3.87 \sim 64.45$ μm［(13.50 ± 9.88) μm］。

表7-10 生前入水组中各肺叶硅藻大小情况

肺叶	例数	$\bar{x} \pm s$/个·毫升$^{-1}$	P
左肺尖叶	10	10.9 ± 8.29	AB
左肺膈叶	10	12.47 ± 12.51	AB
右肺尖叶	10	11.31 ± 12.51	AB
右肺中间叶	10	13.38 ± 11.50	AB
右肺心叶	10	13.87 ± 17.48	AB
右肺膈叶	10	13.50 ± 9.88	AB

注：P代表5个肺叶之间均数的两两比较。2个字母均不同，表示 $P < 0.05$；1个或2个字母相同，表示 $P > 0.05$。

死后入水组中各肺叶硅藻大小分布情况如表7-11所示。左肺尖叶的硅藻大小范围为 $6.60 \sim 47.43$ μm［(24.20 ± 13.71) μm］；左肺膈叶的硅藻大小范围为 $4.15 \sim$

39.20 μm [（8.88 ± 6.50）μm]；右肺尖叶的硅藻大小范围为 4.23 ~ 42.65 μm [（13.80 ± 10.74）μm]；右肺中间叶的硅藻大小范围为 4.59 ~ 6.31 μm [（5.45 ± 1.22）μm]；右肺心叶的硅藻大小范围为 5.08 ~ 27.75 μm [（12.00 ± 7.42）μm]；右肺膈叶的硅藻大小范围为 5.27 ~ 76.89 μm [（14.88 ± 16.66）μm]。其中进入左肺尖叶硅藻大小最长。

现场水样中的硅藻大小为（38.54 ± 36.85）μm。

表 7-11 死后入水组中各肺叶硅藻大小情况

肺叶	例数	$\bar{x} \pm s$/个·毫升$^{-1}$	P
左肺尖叶	30	24.20 ± 13.71	AB
左肺膈叶	30	8.88 ± 6.50	CD
右肺尖叶	30	13.80 ± 10.74	DE
右肺中间叶	30	5.45 ± 1.22	DE
右肺心叶	30	12.00 ± 7.42	DE
右肺膈叶	30	14.88 ± 16.66	EF

注：P 代表 5 个肺叶之间均数的两两比较。2 个字母均不同，表示 $P < 0.05$；1 个或 2 个字母相同，表示 $P > 0.05$。

（三）各肺叶的硅藻种类

生前入水组肺脏中硅藻种类较丰富，主要种类有小环藻、直链藻、舟形藻、菱形藻、海链藻、曲壳藻等，其中，小环藻在各肺叶中所占的比例最高，其次是直链藻，如图 7-15。

死后入水组肺脏中硅藻种类较单一，主要有小环藻、直链藻、舟形藻等，其中，小环藻在各肺叶中，检出的含量最高，如图 7-16。

现场水样中的硅藻种类见图 7-17。

三、讨论

本研究的目的是建立生前入水与死后入水两种情形下硅藻的含量、大小及种类在肺脏各肺叶中的分布情况。主要发现有：①生前入水组中肺脏各肺叶之间硅藻含量及大小无显著差异，各肺叶均以小环藻、直链藻为主。②死后入水组中各肺叶之间硅藻含量无显著差异，左肺尖叶硅藻大小显著长于其他肺叶，各肺叶均以小环藻为主。③死后入水组中肺脏的左肺膈叶、右肺尖叶、右肺膈叶硅藻检出率较高。④生前入水组中肺脏各肺叶均能检出硅藻，死后入水组中某些肺叶无硅藻检出。

1. 肺组织硅藻分布情况对于水中尸体死亡原因推断的价值

人体进入溺液后，无论其有无主动呼吸的过程，硅藻都可以随着溺液进入溺死者的呼吸道及肺组织。因此，单独从肺内检出少量硅藻不能证明为溺死。但也有人认为，仅对肺组织进行硅藻检验即可作为溺死鉴定的依据。本研究发现，无论是生前入水还是死

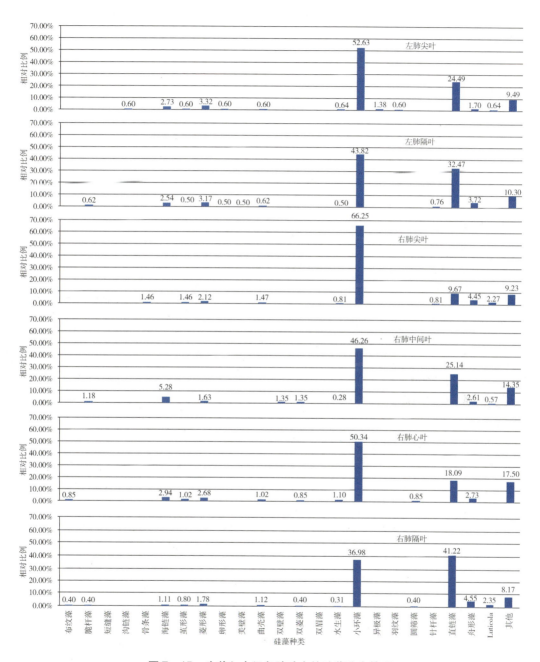

图7-15 生前入水组各肺叶中的硅藻分布情况

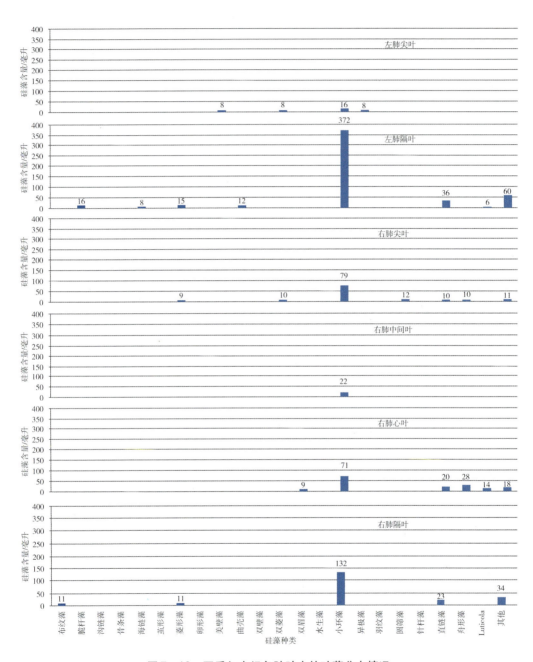

图7-16 死后入水组各肺叶中的硅藻分布情况

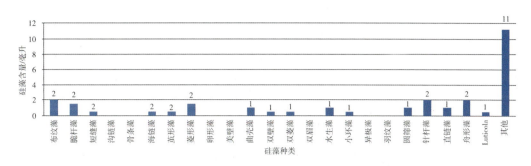

图7-17 现场水样中的硅藻分布情况

后入水,均能从兔肺组织中检出硅藻,进一步证实了单独从肺内检出少量硅藻不能证明为溺死。另外,由于肝脏、肾脏、骨髓等器官组织硅藻含量低,常常不易检出硅藻,而肺组织硅藻含量相对较高,生前入水组与死后入水组中各肺叶硅藻在含量上有显著差异,所以,单独对肺组织进行硅藻检验在水中尸体死亡原因的推断中仍然有应用价值。

2. 肺组织硅藻检验的样本采集

国外学者在从肺脏提取检材时,一般同时提取两侧肺组织;国内一般要求提取左肺上叶的肺组织。该研究表明,进入各肺叶的硅藻含量并无显著差异,其原因可能是:①生前入水由于人体缺氧,二氧化碳潴留,刺激呼吸中枢,呼吸运动加剧,肺活量加大,各个肺叶肺泡均匀扩大,大量溺液进入肺泡,进入的溺液在各个肺叶间并无差异。②死后入水的尸体,溺液在水压的作用下进入肺内,由于各肺叶之间的压力差并不明显,造成进入的溺液在各肺叶之间也无差异。因此,在对水中尸体肺组织取材进行硅藻检验时,可取任一肺叶。

第四节 溺死猪肺及心室血硅藻分布观察

肺脏硅藻检验是诊断溺死甚至推断落水地点的依据之一,但对肺脏不同部位的硅藻分布却报道较少,在肺的各个部位,硅藻的分布是否有差异值得探讨。传统硅藻检验取材认为肺边缘组织更有价值,但是由于兔的肺组织较小,难以对其不同肺叶的不同部分进行更细的分析。因此,本节通过基于膜富集的法医硅藻检验方法对五指山猪的肺脏进行分析,掌握肺组织硅藻分布情况(含量、种类、长径),为指导硅藻检验取材、提高硅藻检验阳性率提供依据。

另外,在实际工作中可能会面临遇难者家属因宗教信仰等特殊情况不愿进行尸检,而心血易提取,且易被家属接受,研究心血中硅藻分布对指导取材也有重要价值。

一、材料与方法

(一)仪器

MW 3000微波消解仪(Anton Paar公司),HL-6多联真空抽滤仪(珠海黑马公司），AL104-IC 型天平（Mettler Toledo 公司），FEI Quanta 600 扫描电镜（FEI 公司）。

（一）方法

1. 实验动物分组

32 只五指山猪，雌雄不限，体重 13.3～15.1 kg，随机分成 3 组：陆地死亡组（$n=2$），死后入水组（$n=15$），溺死组（$n=15$）。

将溺死组和死后入水组实验猪置于笼中，沉入白云湖水下 0.5 m 处 1 min，提出水面 30 s 后重新沉入相同水深处，重复数次使实验猪缓慢溺死，死后在水中浸泡 30 min。陆地死亡组和死后入水组在岸边注射过量麻醉剂处死。

提取现场水样 500 mL，取样深度 0.5 m，加入甲醛使其终浓度为 5%，避光密闭保存。

2. 检材提取

猪肺分为 7 叶，分别是左肺尖叶、左肺心叶、左肺膈叶、右肺尖叶、右肺心叶、右肺膈叶和副叶。提取 3 组实验猪各肺叶边缘和中部组织；边缘组织取材区域为脏器外缘 0.5 cm 处，中部组织取材区域为肺叶中心深部组织。

心室血分别提取左、右心室血液。

解剖台和各手术操作器具均使用超纯水冲洗 3 次；吸管、手术刀等均使用一次性材料。

3. 硅藻检验

方法同本章第二节相关内容。

观察指标：硅藻含量换算成统一单位（个/克或个/10 毫升），碎片不参与统计；硅藻种类在高倍 SEM 下分类至属；硅藻长径采用 SEM 自带的 XT-Docu 软件进行测量。

（三）统计学处理

采用 SPSS 19.0 统计软件分析实验数据，根据数据类型选择 ANOVA 或卡方检验进行统计学分析，检验水准 $\alpha=0.05$。

二、结果

1. 溺死地点水样中的硅藻分布

溺死地点水样中的硅藻含量为 1 345 个/毫升，共检出硅藻种类 10 种，其中，小环藻、舟形藻、菱形藻、针杆藻和直链藻的相对含量分别为 65.65%、18.33%、8.51%、2.16% 和 3.75%，余下藻类所占比例不足 2%。硅藻种类和长径分布如图 7-18 所示。

2. 各肺叶的硅藻分布

陆地死亡组各肺叶内未检出硅藻。死后入水组肺内硅藻含量小于溺死组各肺叶内硅藻含量（$P<0.05$），硅藻长径两两比较无统计学差异（$P>0.05$）。

溺死组中各肺叶均检出硅藻，各肺叶的硅藻含量及长径两两比较无统计学差异（$P>0.05$）。溺死组和死后入水组中各肺叶硅藻的含量和长径见表 7-12。

死后入水组肺叶中仅检出了 4 种硅藻（菱形藻、小环藻、直链藻、舟形藻）。

溺死组各肺叶内不同硅藻种类的平均含量如表 7-13 所示。

第七章 基于膜富集的硅藻检验方法

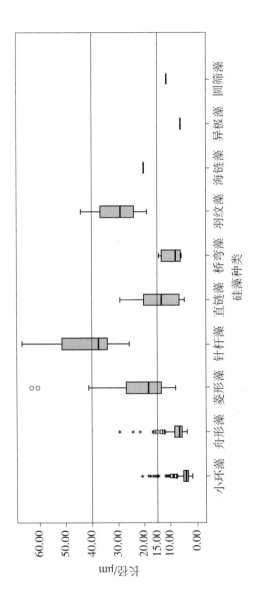

图7-18 溺死水样中检出的硅藻种类和长径分布

表7-12 溺死组和死后入水组猪肺叶边缘与中部的硅藻含量及长径比较

肺叶		溺死组*		死后入水组*		溺死组		死后入水组	
		边缘/个·克⁻¹	中部/个·克⁻¹	边缘/个·克⁻¹	中部/个·克⁻¹	边缘/μm	中部/μm	边缘/μm	中部/μm
尖叶	左	18 661 ± 27 122.94	14 382 ± 18 882.88	—	16 ± 13.27	11.45 ± 4.16	12.86 ± 6.43	—	12.43 ± 5.56
	右	19 819 ± 27 813.72	14 071 ± 20 122.68	26 ± 29.88	21 ± 17.03	12.89 ± 6.71	15.15 ± 6.27	14.67 ± 4.62	12.54 ± 6.62
心叶	左	19 683 ± 33 881.31	15 807 ± 29 517.00	—	—	12.72 ± 6.24	14.05 ± 9.42	—	—
	右	25 857 ± 40 331.15	17 795 ± 27 522.36	1 ± 1.16	—	14.43 ± 7.60	16.87 ± 11.78	9.34 ± 13.24	—
膈叶	左	6 793 ± 10 435.63	8 903 ± 12 347.47	—	1 ± 3.65	18.02 ± 11.31	12.48 ± 7.02	—	13.24 ± 6.69
	右	11 684 ± 20 159.86	14 027 ± 18 120.60	45 ± 38.11	—	15.93 ± 9.27	13.15 ± 6.41	14.34 ± 7.28	—
副叶		17 711 ± 31 161.84	18 740 ± 30 207.47	3 ± 1.21	—	16.11 ± 8.65	16.57 ± 12.29	15.68 ± 6.67	—

注：*$P < 0.05$。

表 7-13 溺死组不同肺叶内各类型硅藻的平均含量（个/克）

肺叶	部位	小环藻	舟形藻	菱形藻	针杆藻	直链藻	桥弯藻	羽纹藻	其他
左尖叶	边缘	27 593	472	1 415	747	1 257	—	—	835
	中部	38 401	1 469	1 172	704	2 706	—	—	1 562
右尖叶	边缘	35 614	933	1 504	1 303	1 899	392	—	1 455
	中部	18 436	733	2 183	6 848	1 857	143		587
左心叶	边缘	25 888	1 449	863	535	2 107	89	—	1 457
	中部	21 649	1 028	1 474	1 012	1 035	134	—	1 194
右心叶	边缘	58 507	2 622	2 223	1 549	2 278	164	—	5 134
	中部	24 173	747	1 763	555	1 038	93	—	1 809
左膈叶	边缘	12 263	803	1 414	583	1 662	—	208	338
	中部	21 123	1 631	981	776	1 125	268	—	845
右膈叶	边缘	22 741	862	1 734	487	1 302	—	—	888
	中部	26 904	946	1 331	697	753	—	—	1 298
副叶	边缘	23 996	1 937	1 573	995	1 227	81	81	1 113
	中部	32 872	3 527	1 180	992	2 054	375	—	1 413

3. 心室血内的硅藻分布

陆地死亡组和死后入水组心室血内均未检出硅藻。溺死组左心室血内的硅藻含量大于右心室，具有统计学差异（$P<0.05$），如表 7-14 所示。

表 7-14 溺死组左、右心室血硅藻的含量、长径（$\bar{x} \pm s$）和硅藻检验阳性率

部位	含量/个·10 毫升$^{-1}$	阳性率	长径/μm
左	33 ± 54.72	58.33%	26.73 ± 14.94
右	9 ± 13.33	50.00%	26.91 ± 23.83

注：*左、右心室血比较，$P<0.05$。

溺死组肺组织内硅藻含量大于同组心室血内硅藻含量，结果具有统计学差异（$P<0.05$）；肺组织内硅藻长径与心室血内硅藻长径有统计学差异（$P<0.05$），如表 7-15 所示。

表 7-15 溺死组肺内硅藻与猪心室血内硅藻含量和长径的比较（$\bar{x} \pm s$）

比较项	肺组织	心室血	P
含量/个·克$^{-1}$	35 720 ± 27 413.74	3 ± 4.92*	0.000
长径/μm	12.33 ± 14.17	28.11 ± 18.99	0.000

注：*采用猪心血的平均密度 1.05 g/mL 转换后进行比较。

溺死组左心室血内共检出 8 种硅藻，圆筛藻和海链藻未检出。溺死组右心室血中共检出 4 种硅藻，即小环藻、直链藻、菱形藻和舟形藻。

三、讨论

1. 肺组织硅藻的分布情况

硅藻检验的原理是溺水过程中吸入含有硅藻的液体，硅藻经过破裂的肺血管屏障进入毛细血管，随血液运输至体循环内的各个脏器。目前，利用硅藻检验判定溺死的标准是肺、肝、肾、骨髓等组织内发现硅藻，且硅藻种类与现场水样一致即可诊断为溺死。死后入水组肺内硅藻含量远小于溺死组的硅藻含量，差异具有统计学意义，表明肺内检出的硅藻含量越高（>100 个/克），越能支持溺死。水中尸体进行硅藻检验时，肺组织的硅藻检验是必要的，其可作为硅藻检验的质控条件，如体循环组织中检出少量硅藻，而肺组织未检出时，则应考虑硅藻检验过程是否出现了污染。

本实验结果显示肺脏内的硅藻种类及含量与溺液基本一致。由于肺脏的实质部分是肺泡，肺泡中聚集含大量硅藻的溺液，硅藻检验过程中组织被消化，溺液中的硅藻被检出、分类，所以，肺内硅藻分布应与现场水样硅藻分布一致，有学者对溺死尸体肺组织内硅藻分布与落水地点的关系进行了研究。

溺死猪肺脏各叶的硅藻含量及长径均无统计学差异，其原因可能是溺水过程中，肺毛细血管屏障将大量硅藻截留在肺泡内，肺泡中的硅藻得以大量浓缩，使毛细支气管甚至细支气管内潴留大量硅藻，使硅藻的含量和长径无差异。

溺死组不同肺组织内的硅藻含量结果显示，右肺膈叶及左、右尖叶的硅藻含量相对较高，且肺叶中部硅藻含量和种类较边缘多。因此，在实际工作中，推荐取上述部位进行检验，能提高硅藻含量与检出种类数，更好地与水中硅藻种类进行比较，落水地点推断更为准确。

2. 心室血内硅藻的分布情况

体循环系统内的硅藻是从肺脏中突破肺-血屏障进入的。本实验中，溺死组心室血中检出了硅藻，而死后入水组心室血内未检出硅藻，表明利用心室血进行硅藻检验可辅助诊断溺死。硅藻可由水压作用进入死后入水尸体的肺内，但死后无血液循环，硅藻难以到达心腔或大血管，与本实验溺死组和死后入水组的肺组织与心室血的硅藻检验结果相一致。因此，相比肺的硅藻检验，心室血硅藻检验能更好地消除对死后抛尸的质疑，为诊断溺死提供快速、充分的证据。

本实验溺死组左心室血内的硅藻含量高于右心室血，差异具有统计学意义。实验结果显示，左心室血中的硅藻检出种类多于右心室血，且心室血中的硅藻含量低（3 个/克），检验阳性率不高（50%），实际检验中易漏检。因此，优先考虑检验左心室血或主动脉内血液，建议加大样品量，并选用灵敏度高的硅藻检验方法（如微波消解-真空抽滤-扫描电镜法），可提高硅藻检验阳性率和检出种类数。

综上所述，探究肺内硅藻的种类分布对于推断落水地点具有参考价值。实际应用中，肺组织推荐检验右肺膈叶及左、右尖叶中部组织；选取左心室血，并适当加大样品量，选用灵敏度高的微波消解－真空抽滤－扫描电镜法可提高硅藻检验阳性率和检出种类数。

（赵建　胡孙林　刘超　王会品）

第八章 硅藻检验在法医学实践中的应用

法医学实践中，溺死诊断非常具有挑战性，因为这必须要证明溺液被主动吸入了呼吸道。水中的多种微小生物或颗粒，包括褐藻、绿藻、红藻、蓝藻和硅藻，还有花粉、腐败产物、灰尘颗粒和小型动物等，都可以为我们在溺死诊断中提供溺液被吸入的指示物。

自 1904 年 Revenstorf 在溺死尸体组织中发现硅藻以来，硅藻检验一直被认为是溺死诊断最重要的证据。也有一部分学者对采用硅藻检验诊断溺死持反对意见，他们认为并不能从所有溺死的尸体中检出硅藻，而在部分非溺死尸体中却可以检出硅藻，这些都导致了硅藻检验可信度的降低。过去的这些理论均是基于传统的硅藻检验方法，在仅有定性结果的基础上进行溺死诊断，难免会导致结果的争议。所以，尽管该方法在法医学领域已经被应用了一个多世纪的时间，但是仍然没有受到世界各国的普遍认可。但是，硅藻检验阳性结果是溺死的重要依据这一观点，是被法医学界公认的。

本书介绍了基于膜富集的法医学硅藻检验方法，使得硅藻回收率显著提高，有效地避免了污染，使得尸体组织中硅藻的定性定量分析更加准确。那么，新方法的应用是否会对溺死诊断带来一些改变呢？下面介绍基于膜富集的电镜观察硅藻方法。

第一节　与应用相关的问题

前文对基于膜富集的法医学硅藻检验方法有了细致的讲述。本节主要介绍基于膜富集的法医学硅藻检验方法在应用中的相关问题，以更好地理解检验结果，并应用于法医学溺死诊断中。

一、脏器组织的选择

硅藻检验中被普遍采用的是肺、肝、肾、股骨骨髓等器官组织。加拿大学者 Pollanen 认为，股骨骨髓是硅藻检验最有用的检材。骨髓腔封闭，不受尸体腐败影响，也不会被尸体表面的硅藻污染，即使对于实质器官已高度腐败的尸体，其股骨仍可用于硅藻检验。对于新鲜尸体，左心血（肺静脉血或左心房血）是代替股骨的较佳检材，因为左心血可能含有使肺泡-毛细血管膜破裂并进入系统动脉循环的硅藻。左心血的提取应于尸体胸部被打开后立即进行。提取时，先将心包膜切开，再用注射器吸取左心血。取出的血样可置于试管内，采用冷冻或冷藏的方式保存。

国内常规的取材部位为肺、肝、肾,而腐败尸体的骨髓及牙髓被认为是最可靠的检材。

二、尸体解剖过程中的检材提取

过去的数十年,关于硅藻检验的研究都提出要注意外源性的硅藻污染或者内源性的硅藻转移,但是很少有人关注硅藻检验检材提取的细节。硅藻检验有意义的先决条件是收集样本的过程中没有污染或者转移。因此,所有的样本提取在解剖开始的时候就必须按照规定的顺序进行。国内常规的取材部位为肺、肝、肾,而胸腹腔开放的尸体,骨髓及牙髓是最可靠的检材。

阳性率的提高往往意味着假阳性率的提高,这就要求我们在硅藻检验的每一步骤中均要注意硅藻的污染或者转移。在尸体解剖过程中,建议的检材提取程序如下(图8-1)。

(1) 解剖前用自来水将尸体冲洗,擦干表面水渍。

(2) 更换一副手套,用一次性解剖刀作直线切开,分离胸壁皮肤及皮下组织、切开腹膜,向左右外翻。

(3) 更换手套和一次性解剖刀,切取肝右叶组织500 g放入检材储存盒(袋)。

(4) 更换手套和一次性解剖刀,切开后腹膜,取出肾脏(带包膜)放入检材储存盒(袋)。

(5) 更换手套和一次性解剖刀,切断肋骨,暴露胸腔。

(6) 更换手套和一次性解剖刀,切取左肺上叶放入检材储存盒(袋)。

注意:①一次性解剖刀要求刀柄及刀片均为一次性使用的。②步骤3~6更换手套后,手套勿接触尸体皮肤。③提取过程中勿用其他反复使用的器械接触检材。④检材盛

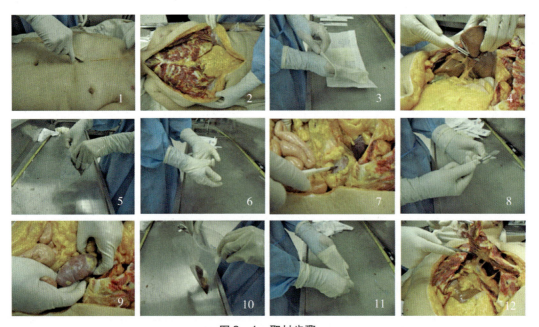

图8-1 取材步骤

放容器为一次性使用，不同检材分别盛放，冷冻保存。⑤胸、腹腔已暴露的尸体，如肺脏、肝脏、肾脏存在，提取肺脏、肝脏、肾脏组织不低于 50 g。此外，还需提取 2 根股骨。如股骨缺则提取胫骨，如胫骨缺则提取肱骨。

三、微波消解对硅藻破坏程度

用 2 份水样，一份按微波消解后，采用膜富集的方法处理；另一份不经消解直接进行膜富集。两种处理方法后的滤膜镀金膜后用扫描电镜观察。通过比较硅藻外壳形态变化，评价微波消解对硅藻的破坏程度。

未消解的水样中含有大量的长链状直链藻（图 8-2a），最长的可达到 1 mm；微波

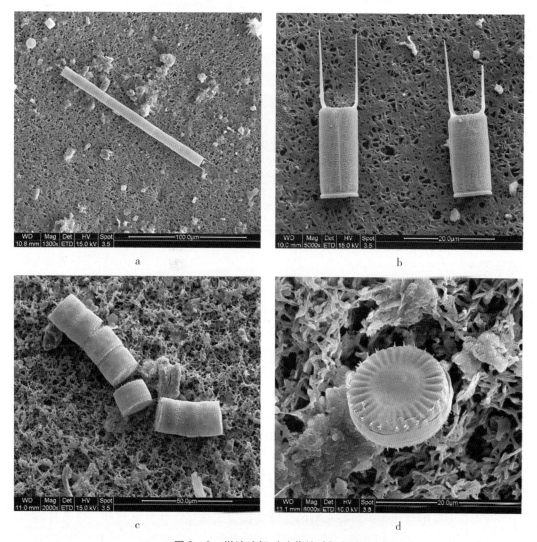

图 8-2　微波消解对硅藻的破坏程度
a. 未经微波消解的水样中的直链藻；b. 微波消解后水样中的直链藻；
c. 未经微波消解的水样中的小环藻；d. 微波消解后水样中的小环藻

消解后的水样中则只含短的直链藻（图 8-2b）；未消解的水样中还含有少量的长带状小环藻（图 8-2c），微波消解后如直链藻一样，长链被打断，从而分离成多个小环藻（图 8-2d）。水样中的其他属的硅藻如菱形藻、针杆藻、舟形藻在微波消解后形态均保持完整。

此外，如图 8-3 所示，经过消解后，具有 2 个壳面的硅藻往往会被分离，在观察的时候计数为 2 个。理论上，如果 100 个硅藻被消解，壳面完全分离或者链状硅藻完全断裂，最终的结果应当是观察到 200 个左右的硅藻。这也解释了膜富集法硅藻回收率大于 100% 的原因。

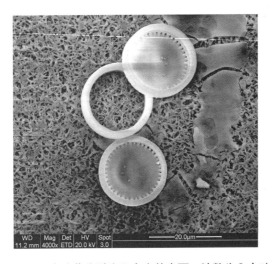

图 8-3　1 个硅藻分裂为 2 个完整壳面，计数为 2 个硅藻

四、硅藻损失

硅藻是一种单细胞藻类，体长一般在 2～200 μm。基于膜富集的法医学硅藻检验方法最主要的优势是采用了 0.45 μm 的微孔滤膜富集消解液中的硅藻，理论上，可以完全避免硅藻在富集过程中的损失，使硅藻回收率显著提高。传统硅藻检验中，假阴性率居高不下，这是导致传统硅藻检验备受争议的重要原因之一。国内外实验室普遍采用离心法富集消解液中的硅藻，2 500～4 000 r/min 离心 15～25 min。研究表明，4 000 r/min 离心 15 min 后，采用膜富集-扫描电镜观察法定量分析离心后上清液和沉淀中的硅藻数量和大小，发现离心 1 次硅藻损失（上清液）在 29.94%～49.60%（34.18% ± 9.19%），上清液中的硅藻大小在 2.64～149.96 μm［(15.79 ± 13.00) μm］，其中，小于 40 μm 的硅藻占 90% 以上（图 8-4）。

因为在溺死的过程中，只有小型的硅藻可以进入体循环并分布到肝、肾及骨髓中，这些硅藻大小都在 40 μm 以下，而这部分对于诊断溺死具有重要意义的硅藻却在离心后随上清液被丢弃，导致传统硅藻检验假阴性率高。笔者认为，离心损失是导致硅藻检验价值备受争议的原因之一。

第八章 硅藻检验在法医学实践中的应用

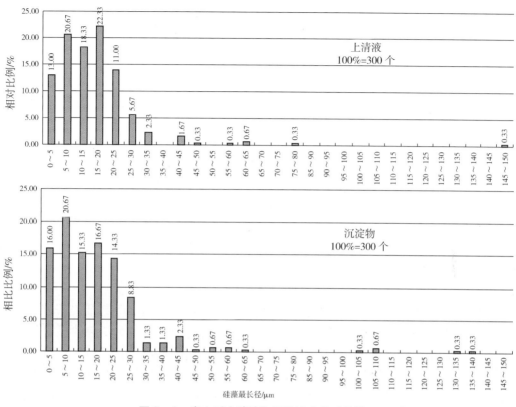

图 8-4 离心后上清液和沉淀液中的硅藻情况

五、硅藻回收率

如何有效地从尸体组织器官中提取、富集并观察到硅藻，是硅藻检验研究的重点。过去的研究因为缺乏有效的定量分析方法，所以，关于方法回收率这部分的研究一直是个空白，而回收率是评价硅藻检验方法可靠性的重要参数之一。笔者发现离心导致硅藻大量损失后，对传统硅藻检验方法和基于膜富集的法医学硅藻检验方法进行了更深入的比较。研究发现，传统硅藻检验方法的回收率仅有 $5.9\% \pm 4.0\%$，远低于基于膜富集的法医学硅藻检验方法的 $172.6\% \pm 48.5\%$。这进一步说明了传统硅藻检验方法假阴性率高的原因，也为我们评价硅藻检验结果提供了有力的依据。

六、硅藻最低检出量

为了更好地理解传统方法假阴性率高的原因，笔者对传统硅藻检验方法和基于膜富集的法医学硅藻检验方法的硅藻最低检出量进行了研究，发现传统硅藻检验方法的低检出量为 37.2~18.6 个/毫升；硅藻含量低于 18.6 个/毫升后，传统硅藻检验方法无法检出；而基于膜富集的法医学硅藻检验方法仍然可以检出。我们的研究得出，溺死尸体肝组织中的硅藻平均数量为 20.33 个/毫升，肾组织的硅藻平均数量为 20.54 个/毫升。

肝、肾组织中的硅藻数量已经达到了传统硅藻检验方法的最低检出限，极易得到假阴性的结果。

七、污染来源

硅藻是普遍存在于我们生活环境中的一种单细胞藻类。过去有学者认为，硅藻检验中的污染不可避免。接触检材的器械、工具、试剂等都可以导致污染的发生。我们曾在硅藻检验用的硝酸中发现硅藻的存在，虽然含量极少（约1个/100毫升），但也会对结果造成影响。在新的硅藻检验体系中，通过规范尸体解剖取材方法、采用一次性器皿等可以有效地避免检验中发生污染。而且通过引入数量关系诊断溺死，也可以减少污染对结果评价的影响（详见本章第二节）。

八、阳性率

国内外法医学者对于硅藻检验在实际案例中的应用缺乏可靠的系统研究报道。对于传统硅藻检验方法在肺脏、肝脏、肾脏等组织器官的检出率，各个学者的报道各不相同。肺组织的硅藻检出率在70%以上，而肝脏、肾脏、骨髓的检出率为12%~80%。

表8-1是采用基于膜富集的法医学硅藻检验方法对115例溺死尸体进行硅藻检验的结果。可见，溺死尸体的肺组织硅藻检验阳性率可达100%，肝脏、肾脏检出率达99%，肺脏、肝脏、肾脏三个器官同时阳性的占97%。其中，有4例尸体是分别在自来水、井水和高原地区水域中溺亡，这一类水中硅藻含量很低。国外有学者报道，在自来水中溺亡的尸体，骨髓中硅藻检验的阳性率仅有12%。关于这类尸体肺脏、肝脏、肾脏的检出率缺乏相关报道。我们在对这4例尸体进行硅藻检验的过程中发现水中的硅藻含量很低，但是仍然能从尸体的肺脏、肝脏、肾脏中成功检出少量的硅藻。这样的结果说明，基于膜富集的法医学硅藻检验方法能显著提高溺死尸体的硅藻检出率。

表8-1 溺死案例的硅藻检验结果

溺液类型	器官	例数	结果/例 阳性	结果/例 阴性
河流、湖泊	肺脏	111	111（100%）	0（0）
	肝脏	111	110（99%）	1（1%）
	肾脏	111	109（98%）	2（2%）
自来水、井水及高原地区水域	肺脏	4	4（100%）	0（0）
	肝脏	4	4（100%）	0（0）
	肾脏	4	4（100%）	0（0）
所有类型	肺脏、肝脏、肾脏	115	112（97%）	—

表 8-2 是采用基于膜富集的法医学硅藻检验方法对 13 例死后入水尸体进行硅藻检验的结果。10 例死后入水的肺脏中均可以检出硅藻,这也说明水会通过呼吸道被动地进入死后入水尸体的肺脏,单独在肺内检出少量的硅藻并不能作为溺死的依据。

表 8-2　死后入水案例的硅藻检验结果

案例	死因	肺脏	肝脏	肾脏	水样/个·10 毫升$^{-1}$
1	机械性窒息	15	0	0	56
2	机械性窒息	22	0	0	21
3	机械性窒息	478	0	0	1 385
4	机械性窒息	1 023	0	0	1 537
5	机械性窒息	555	0	0	5 372
6	机械性窒息	231	0	0	184
7	机械性窒息	1 890	0	0	15 763
8	机械性窒息	1 032	0	0	2 872
9	机械性窒息	66	0	0	238
10	机械性窒息	0	0	0	4
11	机械性窒息	0	0	0	66
12	电击	17	0	0	1 411
13	电击	0	0	0	6 164

九、检出的硅藻含量及种类量

传统硅藻检验方法在水中尸体检验结果的描述中最常采用的是定性分析,即阳性或阴性。部分学者采用了分级描述,如"-"表示未检出,"+"表示检出 1～10 个,"++"表示检出 10～30 个,"+++"表示检出 30～60 个,"++++"表示检出大于 60 个,也有学者用"极少量""少量""多量"和"大量"来描述。关于定量结果的描述,少见有论文报道。在有限的论文资料中,传统硅藻检验方法常用的内脏器官检材量在 10～180 g,检出的硅藻数量通常在数个至数百个之间,其中肝脏、肾脏多为数个,几乎没有见到检出上千个硅藻的报道。

基于膜富集的法医学硅藻检验方法使用的检材量:肺脏约 2 g,肝脏、肾脏约 10 g。表 8-3 和表 8-4 是 115 例溺死尸体器官及水样中的硅藻检出量和硅藻种类量。可见,溺死尸体肺脏的硅藻检出量平均值超过 6 万个/10 克肺组织,含量高者可达数十万个/10 克肺组织,不同水环境中溺死的尸体肺组织硅藻含量差异很大;肝脏、肾脏的硅藻检出量平均值超过 20 个/10 克组织,含量高者超过 100 个/10 克组织;水样中硅藻含量平均值超过 1 万个/10 毫升,也是不同水环境中硅藻含量差异很大,例如自来水、井水和高原地区水域中一般为 20 个/10 毫升左右,珠江广州市区段中可达 10 万个/10 毫升。

表8-3 溺死尸体器官及水样中的硅藻检出量（个/10 克，个/10 毫升）

样本类型	$\bar{x} \pm s$	P^*
肺脏	67 729.52 ± 127 399.30	a
肝脏	20.33 ± 33.16	b
肾脏	20.54 ± 32.35	b
水样	10 485.6 ± 18 734.7	c

注：*字母相同表示两组间无统计学差异，字母不同表示两组间有统计学差异。

表8-4 溺死尸体器官及水样中的硅藻种类量（个）

样本类型	$\bar{x} \pm s$	P^*
肺脏	7.69 ± 2.99	a
肝脏	2.59 ± 1.59	b
肾脏	3.09 ± 2.11	b
水样	9.48 ± 3.70	c

注：*字母相同表示两组间无统计学差异，字母不同表示两组间有统计学差异。

十、内脏器官硅藻与溺液硅藻的关系

硅藻具有复杂的种群动态与生态学特性，其种群会受水体营养化与水循环的影响不断变化，然而人们对这些复杂的影响因素知之甚少。这些环境变化的结果是硅藻的数量、优势种群随月份发生周期性的改变，春季和秋季，硅藻生长旺盛。此外，受当地因素（包括水中矿物质含量、温度、水分层、酸度等）影响，任何水体中的硅藻含量都会呈现时间和空间上的变化。硅藻种群的这些生态学特性具有重要的、尚待挖掘的法医学价值，比如溺死地点推断，甚至溺死时间推断。

溺水的时候，溺液通过气管、支气管直到进入肺泡，所以肺组织的硅藻检验情况受溺液的影响最为明显。由于肺-血屏障的作用，溺液中的大部分硅藻被截留在肺组织中，肝、肾组织中的硅藻含量几乎不受溺液的影响。一般来说，溺液中的硅藻含量越高，肺组织中的硅藻含量也越高。肝、肾组织的硅藻含量则不随溺液硅藻含量的变化而变化，基本上都维持在一个较低的水平。

这一规律，对于我们评价硅藻检验结果的有效性有重要的价值。当肝、肾组织硅藻含量过高，甚至超过肺组织或溺液的时候，表示肝、肾组织很可能受到了外源性的污染。

第二节　硅藻检验诊断溺死

一、假阳性

在讨论硅藻检验诊断溺死之前，需要对假阳性问题有充分的理解。这是导致硅藻检验结果争议的两个原因之一（另一个是假阴性，见本章第一节相关内容）。假阳性有两个来源：实验室污染和原本存在于人体组织的硅藻。

1. 实验室污染

硅藻普遍存在于我们的生活环境中，如实验室的自来水、经过自来水冲洗的器皿、器械等。过去有学者认为，硅藻检验过程中的污染是不可避免的。在硅藻检验中，理想的状态是接触样品的所有器皿器械均为一次性使用，避免反复使用带来的硅藻污染。实际上，除了微波消解罐的内管是重复使用外，其他的试管、手术刀等均实现了一次性使用。消解罐内管可以通过氢氧化钠/氢氟酸来消除可能残留的硅藻。这样，实验室污染的问题可以被有效地解决。另外，应当在每一次的实验中设置空白对照，用以确保样品不被污染。

2. 硅藻是否普遍存在于人体组织中

一些研究发现，非溺死者的组织中也含有硅藻。从表 8-5 可以知道，非溺死尸体各器官组织的硅藻阳性率不一。研究者根据这些结果认为，非溺死者组织内可能含有生前摄入的硅藻，这些硅藻进入体内的途径并非溺水。然而，一个同样合理的解释是，某些（不一定是全部）可疑的硅藻应该是来源于实验室，而非原来的人体组织。

表 8-5　非溺死尸体不同器官硅藻检验的阳性率

器官	案例数 +	案例数 −	阳性率	研究者
肺	23	5	78%	Otto, 1961
	1	18	4%	Porowski, 1966
	5	28	16%	Koseki, 1968
	0	15	0	Neidhart, Greendyke, 1967
	7	13	35%	Schneider, 1969
	6	16	28%	Timperman, 1969
	4	29	12%	Calder, 1984
肝	1	29	3%	Mueller, 1963
	21	1	95%	Spitz, Schneider, 1964
	1	30	3%	Koseki, 1968
	6	14	30%	Schneider, 1969
	6	12	33%	Timperman, 1969

续表 8-5

	案例数 +	案例数 −	阳性率	研究者
肾	1	18	5%	Porowski, 1966
	3	21	12%	Neidhart, Greendyke, 1967
	2	14	12%	Calder, 1984
骨髓	1	18	5%	Porowski, 1966
	15	1	94%	Schellman, Sperl, 1979
	18	12	60%	Calder, 1984

对于非溺死者组织内是否存在硅藻，有个重要的问题需要思考：是否存在一种硅藻进入非溺死者体内的合理机制？

一般来说，硅藻进入体内的途径只有两种：呼吸道和胃肠道。

呼吸道对于硅藻的进入有多重阻挡和防御机制。能悬浮于空气中的硅藻大小一般在 100 μm 以下，50 μm 以上的硅藻肉眼可见，可进入鼻腔，但是会被鼻毛和鼻腔黏膜细胞的纤毛阻挡。鼻腔黏膜细胞分泌的黏液也可将这些硅藻黏住，使其不能继续前进。10～50 μm 的硅藻可以更进一步，到达咽喉。而 10 μm 以下的硅藻就可以进入上呼吸道，这些硅藻被黏液和纤毛阻挡，积累越多，分泌的黏液就越多，到达一定程度就形成痰被排出体外。如果硅藻小于 2.5 μm，无法被上呼吸道阻挡，可以一直进入到肺泡。在肺泡，又有巨噬细胞在吞噬进入肺内的异物。自然界中最小的硅藻大小是 2 μm，绝大部分在 5～30 μm 的范围内。空气中的硅藻从肺大量进入体循环是几乎不可能的。而且在我们生活的空气环境中，一般不含有硅藻，进一步支持了硅藻不会通过肺进入体循环的解释。

硅藻是普遍存在于我们日常食物中的，如饮用水、海鲜等。硅藻通过胃肠黏膜进入体内的经验证据是，肝脏可能含有硅藻及类似硅藻的微粒，这表明肝门静脉可能由于消化食物而含有硅藻。但不明确的是，微粒物质如何进入肝门静脉？肝门静脉通常接受通过细胞膜传递的可溶物，或者胃肠道有溃疡造成静脉血管暴露。如果胃肠道内的硅藻要进入周围器官，必须在血液中经历一个难以想象的过程。肝门静脉中的硅藻首先需通过肝血窦（hepatic sinusoid）进入下腔静脉，再进入右心腔，之后穿过肺内毛细血管床，回到左心腔，再进一步转移至动脉系统，并最终滞留于周边器官组织。整个过程中，硅藻必须绕开肝血窦中的巨噬细胞、肺毛细血管床等诸多部分。

在我们的研究中也发现，部分非溺死尸体的肺、肝、肾中含有极少量的硅藻。再综合国内外其他学者的研究，我们可以得出这样一个结论：硅藻不是普遍存在于非溺死的人体组织中；如果部分人体组织含有硅藻，其含量也是极低的。

在认可硅藻可以进入人体组织的前提下，过去的学者一般采用"一致性标准"来甄别：从组织中发现的硅藻，具有法医学意义的前提是其种类必须与溺液中的硅藻一致。也就是说，硅藻检验必须表明尸体组织内所发现的硅藻是尸体所处位置、入水位置或疑似入水位置水中硅藻种群的一部分。

实际上,"一致性标准"在这几年也已经被挑战,包括我们自己的研究也发现,溺死者组织内检出的硅藻往往与水样中的硅藻种类不一致。这与水环境的变化是有关系的:①尸体发现处的水样不能完全带来入水位置的水样硅藻种群。②硅藻种群的动态变化,溺水时吸入的硅藻多为浮游硅藻。一般的河流的流速是 1.5 m/s,即使是在入水位置提取的水样,实际上也已经是几十公里,甚至几百公里的上游流下来的水了,也不能完全代表入水时的硅藻种群。

另外,组织内硅藻与提取的水样不一致,也有可能指示入水位置,而不能单纯地用于排除溺死。

二、溺死诊断标准

传统硅藻检验诊断溺死受争议的原因主要有两点:①在一部分甚至于大部分溺死尸体的器官组织中不能检出硅藻。②在一部分非溺死尸体的器官组织中可以检出硅藻。实际上,这个争议就是争论假阴性和假阳性的问题。假阴性也就是溺死尸体硅藻检出率低的问题,采用膜富集的方法可避免假阴性。但是假阳性直接动摇的是硅藻检验的基本原理,使我们得到阳性结果时变得无所适从,难以正确地分析结果。为了解决这个争议,法医学者们做出了大量的努力。有学者提出"一致性标准";也有学者提出,设定一个非溺死尸体器官组织中硅藻数量的最大值,用来排除器官组织中可能原本存在的和检验过程中污染的硅藻,或者设定一个基础的数值,只有当硅藻检出数量大于该数值时,才被认为有意义。例如,德国的学者认为,在肝、肾或骨髓中检出硅藻支持溺死。然而要诊断溺死的话,还需要满足:10 g 肺组织的消解液沉淀物中硅藻含量大于 20 个/100 微升;至少一个 10 g 其他组织的消解液沉淀物中硅藻含量大于 5 个/100 微升。

但是,不同的环境(地区、水域、季节等)影响了水体中硅藻的数量,在不同水体中的尸体,硅藻含量也大不相同。例如,在珠江的广州市区段,硅藻含量可以达到 10 000 个/毫升,而每毫升井水、自来水或者西部高原地区的河流中,硅藻含量却只有几个。另外,不同实验室中检验方法的差异,也可以导致硅藻检验结果数量的不同。所以,采用同样的一个最大值或者基础数值去普遍适用于不同水体中的尸体显然是不合理的。

在《法医病理学》教科书中,给出的硅藻检验结果诊断溺死原则是:凡是肺组织(一般取肺膜下肺组织)检出硅藻为阳性,肝、肾、牙齿和骨髓等器官也有硅藻,且硅藻种类与实地水样一致,即可诊断为溺死。这个原则与过去国外对于硅藻检验诊断溺死的"一致性标准"相同,仅有定性要求,而无定量规定,没有反应出器官组织中硅藻数量关系在诊断溺死中的应用价值。

另外,单独在肺内检出硅藻,不能作为溺死的依据,原因是死后入水尸体中,硅藻可以在水压的作用下通过上呼吸道进入肺脏外围的细支气管。这是一条被世界法医学者们普遍认可的原则。由于溺死者在入水时有主动呼吸,溺液被反复吸入肺组织,该过程可持续 6 分钟左右。这个过程中,肺组织起到了富集硅藻的作用,大量的硅藻停留在肺组织中。而死后入水时，溺液被动进入死者肺组织，虽然都能检出硅藻，由于缺乏富集作用，其在含量上不会比溺液中的硅藻含量更多（图 8-5）。

据此，为了消除不同水体中硅藻数量的差异，我们在这里引入了"肺/水比值"（L/D ratio）的概念，也就是说同等质量的肺组织和溺液中硅藻数量的比值。如表 8-6 所示，溺死者肺组织中的硅藻数量平均为溺液中的 107.5 倍，而死后入水者肺组织中的硅藻数量仅为溺液中的 0.34 倍，两者存在显著的差异。基于死后入水者肺组织中硅藻数量应该不会比溺液中的硅藻数量更多的理论，将"$L/D=1$"设置为

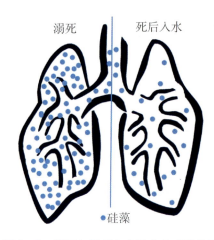

图 8-5 溺死与死后入水肺中的硅藻差异

溺死常数，用于评价诊断溺死的"特异性"，即符合该比值条件下的溺死案例数与总案例数的比值，来表示其在区别溺死与死后入水中的价值。如表 8-6 所示，当 $L/D>1$ 时，其特异性为 0.98，也就是说在该比值条件下，98% 的案例为溺死者；当 $L/D>2$ 时，所有案例均为溺死者；当 $L/D<1$ 时，诊断溺死的特异性仅为 0.74，不能有效的区别溺死和死后入水。

表 8-6 水中尸体的 L/D 及其特异性

组别	L/D					合计
	$\bar{x} \pm s$	中位数	<1	>1	>2	
溺死	107.53 ± 814.20	3.51	32	83	72	115
死后入水	0.34 ± 0.41	0.27	11	2	0	13
合计	—	—	43	85	72	107
特异性	—	—	0.74	0.98	1.00	—

注：—表示未计算。

综上所述，利用传统硅藻检验结果诊断溺死需要满足：①必要条件：在肺、肝、肾、骨髓等组织中检出硅藻。②支持性条件：肺组织中的硅藻数量大于溺液中的硅藻数量（$L/D>1$）。③支持性条件：口鼻蕈样泡沫、气管内异物、水性肺气肿等溺水征象。④支持性条件：无其他导致死亡的机械性损伤。⑤毒物、毒品、酒精、药物等致死因素被排除。

需要注意的是，条件②是作为支持性证据，而不能单独作为诊断溺死的依据；条件②在井水、自来水等硅藻含量低的水体中也是不适用的，因为在数量低的情况下，计算倍数关系可能存在较大的误差。在以上条件中，并没有将器官组织中的硅藻种类和溺液中的硅藻种类关系作为一个必要条件或支持性条件。以往认为，器官组织中的硅藻种类必须要与溺液中的硅藻种类一致，但是在实际应用中发现，不少溺死案例并不符合要

求。因为仅有极少部分的案例能够明确死者的入水点和入水时间,水体中的硅藻处于动态变化的过程中,大部分在尸体发现地和发现时提取的现场水样并不能完全反映出死者入水时的硅藻种群情况。器官组织中与溺液中的硅藻种类更多的是反映入水点的问题,并不是诊断溺死。在数量上,如果没有发生突然的大规模污染季节变化等造成硅藻数量急剧改变的条件,某个水域在相当长的一段时间内,硅藻含量会相对稳定。

第三节 案 例 应 用

一、高度腐败尸体硅藻检验

案情简介:某日,在某河段发现一具男尸,经证实死者是×××(男,1980年11月出生)。

尸体检验:尸体高度腐败呈"巨人观"后期,角膜浑浊,球、睑结膜苍白,舌头向外突出;表皮发黑,面部、躯干及四肢部分表皮层脱落;甲床发绀;全身体表未检见损伤。头皮及颞肌无出血,颅骨无骨折,脑组织腐败呈灰黄色浆状,颅底无骨折,双侧颞骨岩部见出血。颈部肌肉未见出血,舌骨及甲状软骨无骨折;喉头见颗粒状异物,食管黏膜上附着黄白色脂状物质,气管下端分叉部黏膜上可见少量颗粒样异物及暗红色团块样物质。胸、肋骨无骨折,心包无破裂,心包腔内无积液,心脏质软,无破裂;双侧胸腔内见少量红色液体,双侧肺脏呈暗红色,切面淤血状。腹腔未见积血、积液,腹腔内各脏器未见破裂;胃黏膜淤血状,胃内空虚;四肢长骨未见骨折。(图8-6)

图8-6 尸体情况

硅藻检验：死者的肺脏中检出菱形藻、曲壳藻、小环藻、异极藻、羽纹藻、直链藻、舟形藻，硅藻含量为2 400个/10克肺组织；肝脏中检出菱形藻、小环藻、异极藻、舟形藻，硅藻含量为40个/10克肝组织；肾脏中检出小环藻，硅藻含量为5个/10克肾组织；现场的水样中检出菱形藻、曲壳藻、小环藻、异极藻、羽纹藻、直链藻、舟形藻、针杆藻、布纹藻、双菱藻，每10 mL水中硅藻含量为996个。

化学检验：肝组织中未检出有机磷、有机氯、氨基甲酸酯农药、毒鼠强、毒品、安眠镇静药和酒精成分。

从该案例中我们可以获得以下信息：①由于尸体腐败，尸体检验未见明确的溺死征象。②死者肺、肝、肾中检出硅藻。③$L/D = 2.41$。④可排除因机械性暴力作用死亡。⑤可排除因有机磷、有机氯、氨基甲酸酯农药、毒鼠强、毒品、安眠镇静药和酒精中毒死亡。

综上所述，死者系溺死。

二、白骨化尸体硅藻检验

案情简介：2016年5月3日，在某铁矿旁的一个水塘里发现一具无名尸体。

尸体检验：头部缠绕有两层红纱，打结（死结）处在尸体后颈部，尸体上身外穿一件绿色雨衣，雨衣后脑部有一豁口，内穿一件圆领浅黄色上衣，贴身穿有一层塑料薄膜，两肩部绑有白色布绳，圆领上衣及塑料薄膜均完好，无破损痕迹。下身外穿一条黑色裤子，裤腰带松筋带，左侧裤子口袋内有钥匙一串，带有小刀，内穿一条黑色弹力裤，未穿内裤，脚穿一双42码长筒雨鞋。尸长165 cm，除尸体背臀部及大腿有少量高度腐败软组织外，尸体已呈白骨化，全身骨骼未见损伤。（图8-7）

图8-7 尸体情况

硅藻检验： 死者的股骨中检出等片藻、菱形藻、桥弯藻、羽纹藻，硅藻含量为15个/10克骨髓组织；现场的水样中检出布纹藻等片藻、菱形藻、卵形藻、双菱藻、小环藻、针杆藻、舟形藻，硅藻含量为5 978个/10毫升水。

化学检验： 胃组织未检出有机磷、有机氯、氨基甲酸酯农药、鼠药"毒鼠强"、毒品及安眠镇静药和酒精成分。

从该案例中我们可以获得以下信息：①尸体白骨化，尸体检验未见骨折等机械性暴力致死征象。②死者股骨骨髓中检出硅藻。③可排除死者因上述所检毒物中毒死亡。

骨髓中硅藻检验阳性被认为是诊断溺死的金标准，在骨髓中检出硅藻可以确证为溺死。但是我们在实际应用中，仍然要谨慎。笔者认为，单一组织中检出硅藻支持溺死的力度比多种组织同时检出要低，多种组织检出硅藻的结果更利于对硅藻检验应用的分析。

综上所述，死者系溺死。

三、尸块的硅藻检验

案情简介： 某日，在海边发现一具××（男，1992年5月出生）的尸体，后来证实死者是在被绑架杀害后抛尸入水。

尸体检验： 尸体头颅、颈胸腹部及双上肢缺失，胸腹腔脏器缺失，缺失处残端边缘不整齐，未见锐器损伤特征，缺失平面前低后高，皮肤边缘见较多蛆虫洞，腰部见一深色文身。脊柱于第三胸椎以上缺失，残存脊柱各椎体骨质均未见损伤，双侧残留6条肋骨骨质均未见损伤；腹腔内肝、脾、胃、胰、肠管等脏器缺失。双下肢尸表未见损伤。直线切开腰部、臀部、双下肢皮肤，皮下组织及浅、深层肌肉均未见出血，双下肢未扪及骨折情况（图8-8）。

图8-8 尸体情况

硅藻检验：死者股骨骨髓中未检出硅藻；现场水样中检出直链藻、小环藻、卵形藻，每毫升水样中硅藻含量为29个。

化学检验：膀胱冲洗液未检出三唑仑等常见安眠镇静类药物成分，未检出吗啡、亚甲二氧基甲基苯丙胺、甲基苯丙胺、氯胺酮及大麻成分，未检出毒鼠强成分。

从该案例中我们可以获得以下信息：①由于尸体仅残存下半身，尸体检验未见溺死征象。②死者股骨骨髓中未检出硅藻，现场水样中检出直链藻、小环藻、卵形藻，每毫升水样中硅藻含量为29个。③排除死者因上述所检毒物中毒死亡。

骨髓中硅藻检验阳性被认为是诊断溺死的金标准，但是利用硅藻检验阴性结果排除溺死时，必须要结合现场勘查、尸体解剖、毒物化验后再综合判断。确定硅藻检验结果呈阴性前需要注意：①检验操作准确是否有误，检材量是否足够，操作过程是否过多的破坏和消耗。②现场水样中硅藻密度足够大，不可能吸入了此溺液而硅藻检测不出来。如有这种情况发生，要检查是否实验操作有误。

该案中不存在注意①②③中所描述的情形，结合尸块的检验和毒物检验情况，该阴性结果仍然支持死者是死后入水。

四、从水中移出尸体的硅藻检验

案情简介：某日，在某菜地路边发现一具女孩的尸体，经查死者系××的1岁女儿，后来证实死者是被其母亲抛入水中。

尸体检验：角膜混浊，双侧眼睑结膜未见明显出血点。口唇发绀，上口唇有0.7 cm×0.5 cm破损。右额部头皮有0.8 cm×0.5 cm出血，右顶部头皮有1.0 cm×0.5 cm出血。颈、项部皮肤未见损伤。双手甲床发绀。右额部、顶部头皮下出血，双侧颞肌未见出血。硬脑膜未见破裂。大脑、小脑、脑干未见损伤和出血，脑组织淤血。颈部肌肉未见出血，舌骨、甲状软骨、环状软骨无骨折。食道内无异物，会厌部见少量泡沫样液体。气管内有泡沫样液体，管壁未见损伤。左、右侧胸腔未见积血积液，肋骨无骨折。双肺呈水性肺气肿改变，表面湿润，光泽感强，边缘圆钝，颜色较淡，其中夹杂有淡红色出血斑块。心包完整，心脏未见损伤，心包腔内有少量淡黄色液体，心脏表面可见出血点。腹腔内无积血积液，肝脏、肾脏淤血，脾脏、胰腺、消化道、膀胱未见损伤。胃内有约50 g液体，胃黏膜未见损伤，膀胱内空虚。（图8-9）

硅藻检验：死者的肺组织中检出桥弯藻、舟形藻，硅藻含量为52个/10克肺组织；肝脏中检出羽纹藻、舟形藻，硅藻含量为2个/10克肝组织；肾脏中检出菱形藻、舟形藻，硅藻含量为2个/10克肾组织；脾脏中检出舟形藻，硅藻含量为4个/10毫升水；现场蓄水池水样中检出菱形藻、桥弯藻、小环藻、羽纹藻、舟形藻，硅藻含量为28个/10毫升水。

化学检验：胃组织未检出有机磷、有机氯、氨基甲酸酯农药、鼠药"毒鼠强"、毒品及安眠镇静药和酒精成分。

从该案例中我们可以获得以下信息：①死者会厌部及气管有泡沫样液体，双肺呈水性肺气肿改变，其中夹杂有淡红色出血斑块，口唇发绀、双手甲床发绀、心脏表面有出

第八章 硅藻检验在法医学实践中的应用

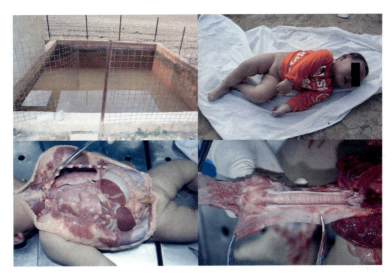

图8-9 尸体情况

血点,肝脏、肾脏淤血等机械性窒息征象。②死者肺、肝、肾中检出硅藻,且硅藻种类与水样中一致。③L/D 值 = 1.86。④可排除因机械性暴力作用死亡。⑤可排除因有机磷、有机氯、氨基甲酸酯农药、毒鼠强、毒品、安眠镇静药和酒精中毒死亡。

综上所述,死者系溺死。

五、新生儿尸体硅藻检验

案情简介: 某日,在某大院房间发现一具男婴尸体,经调查证实为××(女,1987年4月出生)于当天所生。

尸体检验: 体表皮肤呈粉红色,尸僵已形成,出现于下肢各大关节。发育良好,外观体型丰满,体重3 400 g,头围38.5 cm,头部胎毛黑,长2 cm,发间有少量胎粪附着,双侧腹股沟处有胎脂附着,脐带未剪,长68 cm,胎盘完整,男性外阴,发育正常,睾丸已达阴囊,指甲达指端,趾甲达趾端,双足足纹清晰。头面部瘀血,双眼球睑结膜瘀血,口、鼻腔内未见异物,口唇黏膜未见损伤,颈前部、右颈部分别有范围为1.8 cm×1.8 cm、2.4 cm×2.1 cm的散在表皮剥脱;下腹部有散在点状出血;左臀部有一6.8 cm×5.7 cm 大小的皮下出血。头皮下无出血,颅骨无骨折,囟门未闭合,全脑肿胀,右颞叶蛛网膜下腔出血。右颈部肌肉出血。胸骨、双侧肋骨未见骨折,双侧胸腔内未见积血积液,双侧肺饱满,呈粉红色,肺表面有大量点状出血,支气管见气泡液溢出。心脏发育未见异常,房间隔已闭,心脏表面未见出血点。肝脏、脾脏未见损伤,双肾瘀血;胃肠内空气充盈,胃内有少量清亮液。肺浮扬试验:在喉头下方结扎气管,将颈部器官连同肺一同取出投入水中,上浮。(图8-10)

硅藻检验: 死者的肺组织中检出菱形藻、直链藻、舟形藻,硅藻含量为22个/10克肺组织;肝脏中未检出硅藻;肾脏中未检出硅藻;现场水样中检出菱形藻、直链藻、舟形藻、卵形藻、冠盘藻、海链藻、曲壳藻、桥弯藻、小环藻、针杆藻,硅藻含量为

111

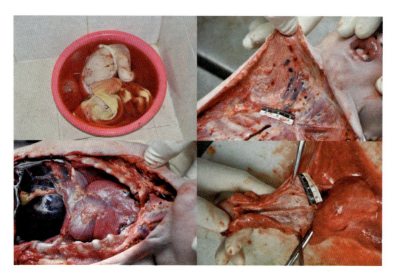

图 8-10 尸体情况

21 个/10 毫升水。

从该案例中我们可以获得以下信息：①死者发育良好，身长、体重、头围等各项指标正常；双肺饱满，肺浮扬试验阳性，胃肠内有空气；脐带未剪，说明该死者为刚出生的足月活产婴儿。②死者头面部瘀血，双眼结膜瘀血，双肺表面有大量点状出血，说明死者有窒息征象。③颈部散在表皮剥脱，右侧颈部肌肉有出血，说明颈部有钝性外力作用。④死者的肺组织中检出硅藻，且种类和水样中一致，肝脏、肾脏中未检出硅藻。⑤$L/D = 1.05$。

该死因鉴定中需要解决的关键问题是死者在被抛入水中时是否还有生命活动。虽然肺组织中检出与水样中一致的硅藻，但是单独从肺内检出少量硅藻并不能证明为溺死。$L/D = 1.05$，位于 1 的附近，不支持溺死，原因是死后溺液会随着呼吸道进入肺中，造成肺组织硅藻检验呈阳性。

综上所述，死者系死后入水。

六、硅藻检验检材污染 1 例

案情简介： 2015 年某日，在珠江某河段发现一具名无名女尸。经检验，尸体可见机械性颈窒息征象，但是不能确定死者入水后是否仍有生命活动，于是提取尸体肺脏、肝脏、肾脏及现场水样进行硅藻检验。

尸体检验： 女性尸体，头面部瘀紫、肿胀；左侧睑结膜见有血点，右侧睑结膜淤血。右颈部有散在的斑点状皮下出血。双肘部有对称性皮下出血，左肩背部有片状皮下出血。左颞部头皮下片状出血，颅骨无骨折，硬脑膜外、下及蛛网膜下腔无出血，脑组织无挫伤出血。左侧胸骨舌骨肌出血，舌骨、甲状软骨无骨折。气管、支气管内无异物、溺液。双肺淤血，表面散在气肿，切面有大量血性泡沫液体溢出。心包完整，心腔内血液呈暗红色流动状。腹腔各脏器位置正常，未见损伤，胃内有淡黄色食糜。（图 8-11）

第八章　硅藻检验在法医学实践中的应用

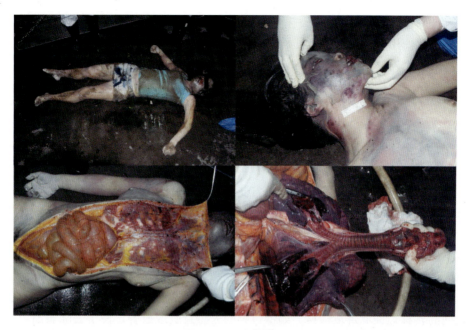

图 8-11　尸体情况

硅藻检验：在珠江边码头解剖提取（未更换手套及器械）尸体肺组织 2 g、肝组织 10 g、肾组织 10 g、水样 4 mL 进行硅藻检验，检验结果如表 8-5。因肾脏中检出大量硅藻，且含量高于肺脏，不符合硅藻检验理论，提示检材受到硅藻的转移或污染。为寻找原因，重新提取检材检验。第二次在解剖检验中心提取尸体的整个左肺上叶组织、肝右叶组织 100 g、整个右肾（带包膜）送检（提取不同脏器均更换手套及使用一次性器械）；实验室内反复用超纯水清洗各脏器组织各 5 次，一次性刀片去除表面组织、切取内部肺组织 2.0 g，内部肝组织 10 g；剥离肾脏包膜 7 g，使用超纯水清洗 2 次；一次性刀片去除切除表面及内部肾组织各 10 g；吸取水样 4 mL；然后进行硅藻检验，硅藻检验结果如表 8-7。

表 8-7　两次硅藻检验结果比较（个/10 克）

次数	肺组织	肝组织	肾组织				水样
			直接取材	分层取材			
				包膜	表面组织	内部组织	
第一次	161	60	1 070	—*	—	—	15 763
第二次	15	0	—	134	8	0	17 033

注：* 未进行检验分析。

硅藻检验有意义的先决条件是提取检材及检验过程中没有硅藻转移或污染。实际工作中，受解剖条件的限制，有时难以避免检材提取过程中的硅藻转移或污染，当相应检材硅藻检验呈阳性时，其价值如何判定极易引起争议。

随着硅藻检验灵敏度的提高，检材受到硅藻转移或者污染的问题变得更加严峻。尸体表面、反复使用的手套、解剖器械附着的硅藻以及冲洗尸体自来水中的硅藻均可导致硅藻转移或污染内部器官，造成实验室硅藻检验的假阳性结果。

本例首次硅藻检验的检材在尸体被打捞上岸后就地解剖提取，器械反复使用；由于送检组织量少，直接对送检组织进行检验，结果肾组织中检出的硅藻含量为 1 070 个/10 克，远高于肺组织的 161 个/10 克，提示检材有硅藻的转移或污染。为证实该推断，重新检验时，采用一次性解剖器械，提取足量检材；实验室检验时，使用超纯水反复清洗，每一步操作均更换一次手套及解剖刀，切除表面可能被污染组织后再提取内部组织进行检验，结果在肝、肾组织中均未检出硅藻，仅在肺组织中仅检出少量硅藻，支持系死后入水，死因系机械性窒息，性质为他杀。破案后证实为嫌疑人扼压死者颈部致其死亡，7 天后再将尸体抛入水中。

本案例检验结果再次提示了法医学硅藻检验质量控制的重要性，我们可以通过以下两个方面来确保结果的真实、可靠：①过程控制。提取硅藻检材时，应按照规范程序进行，先腹腔后胸腔，使用一次性器械工具，不同脏器取材时要更换手套、解剖刀，避免脏器之间的转移；提取足量检材，如带包膜的完整肾脏或股骨，便于去除表面可能污染的组织；检材不可使用自来水冲洗，应立即装入存储盒（袋）中，冰冻保存或送检，避免可能的外源性污染。实验室检验时，用超纯水反复冲洗检材；先提取肾脏，再提取肝、肺；去除表面后提取内部组织消解；每一步骤均采用一次性解剖器械。②数据分析。若肝、肾组织中的硅藻数量大于肺组织（或水样）中硅藻的数量时，或脏器表面组织检出硅藻，而内部组织呈阴性时，均提示外源性污染的可能。

第四节　溺死地点推断

水中尸体是法医学实践中常见的类型之一。由于水中尸体的发现地往往不是其实际落水点，即非溺死地点，这不利于在实际办案中寻找尸源。因此，法医学者们开始对水中尸体溺死地点推断进行研究。本节就国内外有关溺死地点推断的研究现状进行综述，旨在为水中尸体溺死地点推断研究提供参考。

一、可用于溺死地点推断的标记物

作为溺死地点推断的标记物须是溺液中较为普遍存在，且具有明显的区域性特征。标记物在溺液中较为普遍存在，才可以在不同水环境下的溺死尸体组织器官中检测到；具有明显的区域性特征，才可以用以区别溺死的地点。因此，异物颗粒和硅藻成为法医学水中尸体溺死地点推断最常用的标记物。

1. 异物颗粒

异物颗粒是指存在于溺液中、不存在于人体或人体含量较少的外源性物质，如含硅、铝、钙、铬等的无定形颗粒或细小颗粒集落。在溺死过程中，溺液中的有机颗粒和无机颗粒随着溺液进入肺组织，突破肺-血屏障进入血液，分布到各个组织器官。通过对水中尸体组织器官和可疑溺液中的异物颗粒进行分析，可以推断溺死的地点。

2. 硅藻

硅藻是广泛分布于水中的一种单细胞藻类，全世界有 20 000～2 000 000 种，体长一般在 2～500 μm。绝大部分硅藻的细胞壁高度硅质化，抵抗力强而不易被破坏，使用浓硫酸、浓硝酸消解组织器官有机质后可以观察到其细胞壁。水域中的硅藻种类受环境影响很大，其本身即为水环境监测的重要指标之一，具有明显的区域性特征。硅藻进入人体的原理和异物颗粒一样，通过分析水中尸体组织器官和可疑溺液中的硅藻种类，可以进行溺死地点推断。

3. 其他浮游微生物

溺液中的其他浮游生物，如蓝藻、绿藻、细菌等也可以在溺死过程中进入人体组织器官，这些浮游微生物同样具有区域性特征，可用于溺死地点分析。

二、溺死地点推断的方法

（一）通过异物颗粒推断溺死地点

异物颗粒在水域中的分布比较广泛，但是具有区域特征性的异物颗粒只存在于特定的水域中，如化工厂、钢铁厂、军工厂排污口河段等。

万立华等为探讨异物颗粒推断溺死地点的效果，用扫描电镜-能谱仪（scanning electron microscope-energy dispersive x-ray analysis，SEM-EDAX）对实验兔和实际尸体案例的肺、肝、肾等器官组织切面的异物颗粒进行了分析，发现异物颗粒含有硅、铝、铁、钙、钡、铅、铬等元素，而死后入水实验兔和非溺死尸体器官未见异物颗粒。

通过对实验兔、溺死尸体组织与可疑溺死地点的异物颗粒元素，寻找与组织器官中异物颗粒元素组成最相似的水域推断溺死地点。例如，钢厂排污口附近富含铁元素，那么铁元素就可以成为推断该位置为溺死地点的有价值的指示物。

异物颗粒分析为溺死地点推断提供了有力的证据，但由于其在水域的分布依赖沿途工业排污的影响，在缺乏工业排污或者排污不稳定的情况下，限制了该方法的广泛应用。

（二）通过硅藻推断溺死地点

通过硅藻检验推断溺死地点的先决条件是掌握了水环境中硅藻的区域性特征。为此，国内外法医学者们进行了大量调查研究，分析所在地区的硅藻分布情况。其中，中国、日本、印度的报道较多。

1. 水域硅藻基本情况调查

Kakizaki 等对日本宫崎地区大淀河河口的硅藻数量、大小、种类进行了调查，发现淡水中的大型羽纹纲硅藻很难在海水中被找到；中心纲硅藻的数量在靠近海水的区域有所增加，海水中常可检见大型的中心纲硅藻；淡水和海水很容易根据硅藻种类进行区别，而淡盐水（河海之间）中的硅藻很难被区分；河口同一地点的硅藻群落每月都会有变化，甚至涨潮、落潮时均有不同，在进行溺死地点推断时要慎重。Thakar 等对印度的部分湖泊、池塘、运河和河流进行了连续2年的分析，发现不同地点的硅藻种类和大小变化显著，部分硅藻具有地点特异性，仅在某些地点可以被发现，且这些硅藻四季都存在，但是比例随着季节变化而变化。国内法医学者在北京、上海、宁波、苏州、沈阳、东莞、贵阳等地的调查也得到了类似的结论。

例如，李立平调查了北京中心城区各水域硅藻种属构成及相对丰富度，发现了各区域之间的差异。长河的优势属为直链藻，转河、昆玉河、陶然亭的优势属为针杆藻，东护城河、坝河、凉水河、永定河均为小环藻，亮马河为舟形藻，永定河引水渠为菱形藻。

上海是长江入海口，具有淡水、咸淡水交界及海水水域。生活环境的变化也使不同区域的硅藻种类具有相应的特征。田露等对上海市浦东新区的川杨河进行了调查，也发现了河流各段的差异，并成功在实际案例中应用了研究成果在川杨河随塘河口发现的1例尸体的肺中仅发现小环藻、桥弯藻、羽纹藻等淡水硅藻，推断溺死地点在发现尸体处8 km以上，与实际溺死地点相差仅2 km。

笔者曾对黄河、长江和珠江三大水系的硅藻分布情况进行调查，发现舟形藻、菱形藻、小环藻、针杆藻、异极藻、桥弯藻、卵形藻、直链藻是三大水系共有且最常见的硅藻种类；在硅藻含量方面，三大水系自西向东均呈增加趋势。进行溺死地点推断，更重要的是发现不同水域的硅藻群落特征，寻找"个性化"的指标。

水域硅藻基本情况调查是通过硅藻检验推断溺死地点的基础，需要大量人力、物力和财力的支持，尤其是水域丰富的地区，如长江三角洲、珠江三角洲等地区，单个实验室难以独立完成。此外，受制于法医学者藻类知识的缺乏，在水样的采集、分析、硅藻种类识别以及藻类所代表的环境条件等方面都较欠缺，在进行硅藻分布情况调查时可能得出不准确的结论。因此，多地区的法医学者合作、法医学者与藻类学者的合作将是一种比较合适的解决方法。

2. 推断溺死地点的方法

（1）硅藻种类一致性和常见硅藻种类相对丰度一致性分析。LUDES等通过分析20例已知溺死地点和20例未知溺死地点的尸体肺组织硅藻和溺液中硅藻种类一致性及常见硅藻种类相对丰度的一致性，发现在20例已知溺死地点的案例中，肺组织和溺死地点水样的硅藻种类一致的案例达100%，相对丰度一致性的案例65%；而未知溺死地点的案例中，肺组织和可疑溺死地点水样的硅藻种类一致的案例为70%，相对丰度一致的也有35%。这说明肺组织的硅藻群落可以作为溺死地点推断的指示性指标之一，但是当河流缺乏特异性硅藻种类或者种类分布无明显特征时，这个方法的应用就受到了限制。

（2）现代模拟分析。现代模拟分析技术的基本原理是通过相似性或相异性测量对肺组织或衣物和所有可疑溺死地点的硅藻群落进行数值比较，计算差异系数。两样本的差异系数在第10百分位数以内时，表示"拟合好"，认为肺组织或衣物来自可疑溺死地点的假设成立；当两样本的差异系数大于第10百分位数时，则肺组织或衣物的硅藻与可疑溺死地点的硅藻种群不一致的可能性大。由于此法采用的是统计学分析，为便于计算将硅藻种群构成比低于2%的硅藻剔除了，不参加分析，可能导致一些含量较少的区域特异的硅藻被排除，不利于溺死地点的推断。

（3）聚类分析。聚类分析是在相似的基础上收集数据来分类，用作描述数据，衡量不同数据源间的相似性，以及把数据源分类到不同的簇中。通过对可疑溺死地点的水样进行分析，将其分入类似的集群中[12,39]，与肺组织和衣物的硅藻进行比较推断溺死地点。HORTON 等在 1 例河流中发现了一具的溺死尸体应用了此法，首先在 50 km 的河段提取了包括尸体发现处的 12 份硅藻样本，共发现 99 种硅藻，各取样点直接的种类非常相似。为了进一步寻找各地点直接的差异，将取样点分为了河道、河岸和阴暗处三簇，分布采用聚类分析比较尸体肺组织与衣物、三簇样本之间的相似性。结果显示，肺组织和衣物中的硅藻与阴暗处样本，尤其是尸体发现处的硅藻样本一致性最高，因此，推断尸体发现处即为溺死地点，并且作为证据被法庭采纳。此法同现代模拟分析一样，会剔除构成比较低的硅藻种类，可能会遗漏信息。

（4）Sprensen 相似性系数分析。通过对肺组织和可疑溺死地点的硅藻种类进行 Sprensen 相似性系数分析，即两样本共有的硅藻种类占两样本全部硅藻种类的比例，可以与现代模拟分析的差异系数共同使用。Sprensen 相似性系数越大，差异系数越小，反映两样本之间的相似度越高。赖小平等采用 Sprensen 相似性系数和差异系数将 2 例溺死尸体与东莞多发溺死河段的硅藻进行分析，结果显示，溺死者肺组织内的硅藻均与其对应的溺死地点硅藻相似度最高。但是 Sprensen 相似性系数仅用到种类信息，没有种类构成比，因此，也不能完全代表硅藻群落的特点，最好与其他方法合用。

（5）除趋势对应分析。除趋势对应分析是一种群落排序方法，也是分析肺组织与可疑溺死地点硅藻群落的相似性，从而推断溺死地点。COELHO 等采用除趋势对应分析法对 37 例水中尸体和 9 处常见的溺死地点进行比较，发现大部分溺死者的硅藻种类与溺死地点一致。但是，如果要确定准确的溺死地点却很难，由于硅藻种类受季节的影响较大，取样时的水样硅藻种群不能代表溺死时的硅藻种群，这也会造成溺死地点推断不准确。

（三）通过其他浮游生物推断溺死地点

与物颗粒和硅藻一样，具有区域性特征的浮游生物都可以作为溺死地点推断的标记物。例如，海水与淡水中存在的细菌种类差别明显，淡水中主要是气单胞菌属，海水中主要是杆菌属和弧菌属，在海水和淡水中溺死者器官的细菌种类会出现明显的差别。在被污染程度不高的水域中溺死，粪大肠菌及粪链球菌也可能成为溺死的标志细菌。

组织器官和水样中的细菌可以通过培养基培养，也可以通过聚合酶链反应（PCR）扩增其 DNA 片段。PCR 可同时扩增多种细菌，甚至可以与蓝藻等其他浮游生物进行复合扩增。扩增产物包含更多的浮游生物信息，更能代表溺死地点的浮游生物群落特征，可以对溺死者组织器官和可疑溺死地点水样的浮游生物电泳条带多样性进行比对分析。不同溺液中由于浮游生物种类的不同，导致其 DNA 扩增产物的电泳条带具有明显差异，而溺死者肺组织与其溺死地点水样的浮游生物 DNA 扩增产物的电泳条带有显著的相似性，而与非溺死地点水样差异显著。

三、影响溺死地点推断的因素

（一）影响异物颗粒变化的因素

异物颗粒不仅广泛存在于水域中，也广泛存在于空气中。样本暴露在空气中可能会受到污染，应尽量缩短样本在空气中的暴露时间。取材过程中，金属工具接触样本也可能残留金属元素影响分析结果。另外，人体自身的病灶和生理学沉积，如硅肺、钙化灶等，也会对结果分析有一定的干扰。

如前所述，异物颗粒依赖于工厂排污，这是个极不稳定的因素，无法进行长期监测，也难以建立数据库，不利于其在溺死地点推断中的应用。

（二）影响浮游生物变化的因素

浮游生物对温度、光照、流速、pH、盐度和电解质等的变化敏感，短期内可产生群落的变化。受环境影响，不同水域的浮游生物产生了具有区域性特点的群落结构，这也是进行溺死地点推断的基础。但是，群落变化速度快，也对溺死地点推断产生严峻的挑战，因为检验时无法掌握死者溺水时该地点的浮游生物群落特征，这也可能导致溺死地点推断的错误结论。

在溺死地点推断方面，水域浮游生物的动态监测和地区性数据库的建立，是溺死地点推断的基础。因此，今后应加强基础研究：一是浮游生物的四季变化，淡水、海水的群落特征，湖泊、河涌、河流群落的基本分布研究，为溺死地点推断奠定坚实的基础；二是结合分子生物学技术，如 PCR 技术、二代测序技术等，扩展溺死诊断的标记物，如蓝藻、绿藻、裸藻、真菌等；三是联合多种标记物共同分析，对提高溺死地点推断的准确性很有价值。

（赵建　康晓东）

第九章 硅藻检验的实验室操作程序及方法

本章详细介绍基于膜富集的法医学硅藻检验方法实验室操作程序。

第一节 实验室要求

一、硅藻检验实验室要求

硅藻检验实验室必须满足以下要求。
（1）硅藻检验中取材必须在通风橱中进行。
（2）通风橱应以耐酸、耐碱腐蚀的材料建造。
（3）通风橱中应安装自来水管和排污管。
（4）如有条件可在通风橱中安装洗眼器。
（5）硅藻检验所用设施必须保持清洁，避免污染。

二、实验设备、工具及试剂

硅藻检验实验室的设备、工具及试剂见表9-1。

表9-1 实验设备、工具及试剂

实验设备、工具及试剂	用途
手术剪	取样
敷料镊	取样
一次性手术刀	取样
电子分析天平	称量
硅藻检验操作平台	检材提取、消解、富集
MW3000微波消解仪	组织消解
分析级浓硝酸	组织消解
分析级30%过氧化氢	组织消解
多联真空抽滤仪	硅藻富集

续表 9-1

实验设备、工具及试剂	用途
一次性过滤漏斗（配滤膜）	硅藻富集
SCD005 离子溅射仪	硅藻样品镀金
FEI Quanta600 型扫描电镜	硅藻观察
EDAX Genesis7000 型能谱仪	硅藻观察
光学显微镜（半平复消色差物镜）	硅藻观察
样品存储盒	样品储存
电炉	加热
氢氟酸	消解罐清洗
分析级无水乙醇	滤膜干燥
超纯水	稀释、清洗

第二节 检材提取

一、检材提取原则

硅藻检验检材的提取必须符合以下原则：

（1）需进行硅藻检验的尸体，在解剖时避免使用自来水冲洗脏器。

（2）填写硅藻检验脏器提取表，详细记录提取的器官，或在解剖记录单上详细记录提取的器官、大小、质量等。

（3）填写硅藻检验申请单，内容包括案情介绍和尸检材料提取情况（或硅藻检验脏器提取表）。

（4）器官的提取应遵循先腹腔后胸腔，腹腔中先肝脏后肾脏，胸腔中先心脏后肺脏的顺序。

（5）提取的检材应立即分别装入容器中密封保存、送检，不加任何防腐剂；不能立即送检的应冰冻保存。

二、尸体检材的提取

1. 胸、腹腔没有暴露尸体的检材提取

（1）肝脏。切取肝脏右叶深部组织约 500 g。

（2）肾脏。提取两侧肾脏，尽量不使包膜破损。

（3）心脏。提取整个心脏。

（4）肺脏。提取整个左肺。

2. 胸、腹腔已暴露尸体的检材提取

如肺脏、肝脏、肾脏存在，提取肺脏、肝脏、肾脏组织不低于 50 g。此外，还需提取 2 根股骨。如股骨缺则提取胫骨，如胫骨缺则提取肱骨。提取后用干净塑料袋包裹。

三、对照水样的提取

1. 提取位置及提取量
（1）已知入水点的，应提取入水点处及发现尸体处的水样各 500 mL。
（2）未知入水点的，应提取发现尸体处水样 500 mL。

2. 提取方法
采用以下两种方法分别提取水样。

方法一：取各采样点水样 500 mL（水深不足 1 m 的，取底部水样；水深超过 1 m 的，取水面下 1 m 以下水样），用干净塑料瓶装（简称为"直接提取法"）。

方法二：用干净刷子反复刮擦采样点的岸堤（或水中石头、生长的水草等），取混浊液 500 mL，用干净塑料瓶装（简称为"刮擦提取法"）。

第三节 操 作 方 法

基于滤膜过滤的法医学硅藻检验方法包括组织消解、滤膜富集、观察三个步骤。组织消解的方法包括微波消解、勒福特王水消解法；滤膜富集方法可采用尼龙滤膜或聚醚砜滤膜；尼龙滤膜主要适用于扫描电子显微镜观察，聚醚砜滤膜主要适用于光学显微镜观察。

一、取样及保存

1. 取材原则
（1）在取材前，每一器官及骨骼等均用超纯水各冲洗 2 遍。
（2）每取一个器官或组织的检材须更换一副干净的器械。
（3）取材应迅速，取材后应尽快装入包装袋或容器中，尽量缩短检材在空气中的暴露时间。

2. 取材方法
（1）肾脏的取材方法。
1）在肾脏的一极用手术剪挑破包膜，沿纵向剪开包膜，剥离。
2）用手术剪剪取约 10 g 肾皮质，用手术刀将其分为 3 等分，分别放入 50 mL 一次性塑料试管中。
（2）肝脏的取材方法。
1）用手术剪剪去肝脏包膜及表面组织。

2）换取手术剪剪取深部组织约 10 g，用手术刀将其分为 3 等分，分别放入 50 mL 一次性塑料试管中。

（3）心脏的取材方法。

1）用手术剪沿血流方向剪开心脏。

2）换取手术剪剪取室间隔和（或）左心内膜下组织约 10 g，用手术刀将其分为 5 等份，分别放入 50 mL 一次性塑料试管中。

（4）肺脏的取材方法。用手术剪剪取肺叶上距离边缘 1 cm、肺外膜下薄层肺组织约 2 g，放入 50 mL 一次性塑料试管中。

（5）骨髓的取材方法。

1）将所提取骨骼上软组织和骨膜刮净。

2）锯开骨干，用刮匙去除和锯片接触的骨髓组织。

3）换取干净的刮匙，刮取全部骨髓组织置包装袋或容器中，取约 10 g 放入 20 个一次性塑料试管内，每管不超过 0.5 g。

3. 检材的保存

取材后剩余的检材留样 1 份以备复检，-40 ℃低温冰箱中冷冻保存。

二、微波消解－滤膜富集－扫描电镜联用法

该方法将微波消解、滤膜富集、扫描电镜三者联用，具有灵敏度高、定性定量分析准确、操作简便、高效、环保等特点。

1. 微波消解

微波消解条件（以 Anton Parr 公司 MW 3000 型八位超高压微波消解仪为例（其他品牌型号微波消解仪的消解条件可作相应调整）。

（1）工作前准备。

1）戴好手套、口罩等防护装备。

2）确定消解管内无其他物质残留，如有，可以人工清洗或首先运行清洗程序。

3）确定消解罐各部分无液体附着，确定消解管无变形、裂纹及密封区域是无划痕，确定密封环无裂纹或者断裂的迹象，确定防爆膜无破裂或者损坏现象。

4）用手将排气旋钮旋紧，不能用提供的钥匙旋紧排气旋钮。

5）将密封盖完全压入到密封器上至少 3 s 以扩大密封环。（注意：扩口后 15 min 内运行程序，超过 15 min 须再次扩口。）

（2）检材准备。

1）称量检材，确定无检材黏附在消解管密封线以上的部分。（注意：加入生物组织检材量不能超过 3 g，脂肪含量高的组织，如骨髓，应进一步减量）

2）加入 8 mL 浓硝酸和 2 mL 过氧化氢，此步操作在通风橱中进行，确定通风橱通风功率开至最大。（注意：加入试剂总量不能超过 50 mL。）

（3）消解罐组装及放入。

1）再次确定排气旋钮已旋紧，给消解管盖上密封盖，将消解管插入陶瓷管中，将

陶瓷管插入保护套中，盖上保护盖。

2）将组装好的消解罐按编号放入按转子中，确定消解罐位置放置正确。

3）双手对称地旋紧拇指旋轮，8个拇指旋轮逐步旋紧，不可先将某个旋轮一次旋至最紧。

4）用手逐个轻轻摇动消解罐，确定所有消解罐无松动。

5）将转子的保护盖盖上，盖子上的数字与转子数字对应。

6）将转子放入微波消解仪工作箱内，轻轻转动转子，确定转子与箱内转轮卡合良好，关闭箱门。

（4）样品消解。

1）打开主机电源开关，待显示屏稳定后，选择"Library"，选择"gzjy"，检材显示屏中显示的方法条件，确定无误后选择显示屏上的"Start"。

2）待仪器检查初始压力等无误后，按控制面板上的"Star"键开始消解程序。

（5）消解完成后。

1）戴好手套、口罩等防护装备。

2）按控制面板上的"Stop"键停止转子转动。

3）打开箱门。

4）将转子转移至通风橱内，移开转子保护盖，关闭微波消解仪箱门。

5）用提供的钥匙依次旋开排气旋钮。（注意：最多只能旋转一周。）

6）等待数分钟以使消解管内气体尽量排尽。

7）对称地旋开拇指旋轮，8个拇指旋轮逐步旋松，不可先将某个旋轮一次旋至最松。

8）将消解罐从转子取出。

9）将消解管和密封盖整体从消解罐中取出，放在试管架上，移开密封盖将消解液转移至50 mL塑料试管中，用超纯水冲洗消解管2～3次，清洗液并入50 mL塑料试管中。

（6）关机。关闭主机电源开关，拔掉电源插头。

（7）仪器使用注意事项。

1）仪器的重要附件及零部件的拆装工作，应由仪器专管人员执行，其他人不能随意拆卸。

2）消解完成旋开排气旋钮时应在通风橱中完成，由于罐中有酸气，开罐时应小心缓慢，放气小孔应朝远离操作人员的一方，操作时戴上一次性手套。

3）每次使用完成后清洗消解管及密封盖，不能用试管刷清洗消解管内壁；清洗后在通风处晾干，密封盖放置时不能将其密封环一端朝下。

2. 真空抽滤

（1）采用0.45 μm的微孔滤膜抽滤。

（2）将一次性抽滤杯与抽滤装置组装。

（3）打开真空抽滤装置电源，设置真空度200 mmHg。

（4）加50 mL超纯水于滤杯内，再将10 mL消解液倒入抽滤杯。

(5) 重复步骤（4），使超纯水稀释消解液酸度，逐渐抽滤直至消解液抽滤完成。

(6) 再加 10 mL 无水乙醇去除滤膜内水分。

(7) 取出滤膜，干燥。

(8) 将干燥后的滤膜贴于样品座上。

3. 喷镀金膜

(1) 打开喷镀仪的样品室，调好工作距离，放入待喷镀的样品。

(2) 关上样品室。

(3) 打开喷镀仪绿色电源开关按钮，样品室开始抽真空。

(4) 设置喷镀时间 100 s，电流 25 mA。

(5) 当真空度达到 5×10^{-2} mbar 时，开始喷镀。

(6) 当到达设定的喷镀时间，关掉绿色电源开关，样品室开始放气。

(7) 待样品室压力恢复正常大气压，打开样品室取出样品，待检。

4. 扫描电镜分析

(1) 以 FEI 公司 QUANTA600 扫描电镜为例，分析过程如下：

1) 打开室内电源。

2) 打开 UPS 电源，将电池组开关按至"ON"状态。

3) 打开电镜主面板上的绿色按钮。

4) 打开主、支持计算机。

5) 电脑系统启动后，在主计算机显示器上双击"XT microscope"图标，启动电镜控制程序，在"XT microscope"的 Serve 界面，点击"Start"。

6) 在弹出的对话框中输入用户名和密码，系统提示"是否对样品台进行归位"，点击"Yes"。

7) 用专用的夹子将样品座放入扫描电镜样品台上，记录样品座对应的样品孔号。

8) 用手推紧样品室门，电镜操作界面的"Pump"，对样品室进行抽真空，当状态栏压力开始降低时，松开按住样品室门的手。

9) 当样品室进行抽真空的同时，设置相应参数（表 9-2）。

10) 当真空度状态栏"Vacuum status"指示灯由黄变绿时，激活扫描电镜软件工作界面的第四个窗口（一定要激活窗口以看到样品台移动过程）。

11) 激活观察窗口，点击"HV"，从状态栏看到高压稳定后，按小键盘上"-"使放大倍数降至最低。

12) 点击工具栏中自动对比亮度图标，系统自动调节对比度，如图像不理想，可在操作界面进行手动调节。

13) 按住鼠标右键，左右移动调节，直至图像清晰。

14) 按小键盘上"+"增加放大倍数，按住鼠标右键，左右移动调节，直至图像在高数倍放大情况下清晰。

15) 此时工作栏中的"WD"值应为 20 mm 左右，点击工具栏中的耦合图标，工作页面栏可见到系统将 WD 值赋予"Z"值，设置"Z"值为 20 mm。

16) 在能谱仪操作电脑桌面点击"EDAX"图标，启动能谱仪。

17）点击工具栏"Maps/Line"。

18）在扫描电镜操作电脑，选择需要分析的样品号，鼠标双击滤膜上一个点，设置自动扫描起点；在能谱仪操作电脑桌面点击"First"。

19）在扫描电镜操作电脑，鼠标双击滤膜上另一个点，设置自动扫描终点；在能谱仪操作电脑桌面点击"Last"。

20）在扫描电镜操作电脑，选择放大倍数400倍。

21）在能谱仪操作电脑桌面点击"Add Matrix"图标，电脑显示出扫描视场个数。

22）将扫描电镜"Z"值锁定。

23）在能谱仪操作界面选择"HV off when done"，选择图片存储位置，扫描电镜开始自动扫描。

24）当一个样品分析完成后，可在能谱仪操作界面点击需要观察的视场坐标，扫描电镜自动移动至该位置，通过调节焦距、放大倍数，可拍摄硅藻照片。

25）点击扫描电镜操作界面的样品号，扫描电镜可自动移动至该位置，逐个分析，直至样品室内所有样品分析完毕。

26）当样品室内所有样品分析完毕，在扫描电镜操作界面将扫描电镜"Z"值设定为60 mm，使样品台降低。

27）在扫描电镜操作界面，电镜"HV"，使其变为灰色，高压关闭，灯丝冷却。

28）在扫描电镜操作界面，点击"Vent"，对样品室进行放气，恢复至常压。

29）轻轻推开样品室，取出样品。

30）关闭电镜操作窗口。

31）在"XT microscope"的"Serve"界面，点击"Stop"。

32）待"Server state"显示"Stopped"，点击"Shutdown"。

33）关闭扫描电镜主面板上绿色开关。

34）关闭"XT microscope"界面。

35）在能谱仪操作电脑桌面关闭"EDAX"界面，关闭能谱仪。

36）关闭主、支持计算机。

37）关闭电镜电源箱开关。

38）关闭UPS电源。

39）关闭电池组。

40）关闭室内电源。

（2）扫描电镜参数设置（表9-2）。

加速电压20 kV，放大400倍，图像分辨率1 024×800，将滤膜直径18 mm的抽滤区域分成610个视场（图9-1），每个视场为0.719 mm×0.580 mm，选取滤膜上400个左右的视场为扫描区域，每个视场图像采集时间为10 s。调好焦距后，系统自动扫描，逐个拍摄并存储每个视场照片。

表9-2 扫描电镜分析参数设置

参数	设定值
加速电压	20 k
工作距离	20 mm
束斑大小	6.0
放大倍数	400×
采集图像的分辨率	1024×800
扫描区域直径	18 mm
视场总数	610个
每个视场大小	0.719 mm ×0.580 mm
每个视场扫描采集耗时	10 s
所有视场扫描采集耗时	1.3 h

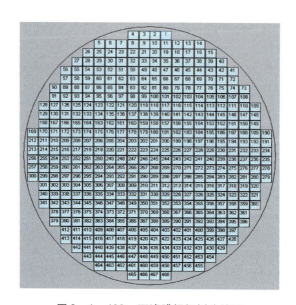

图9-1 400×下滤膜视场划分结果

（3）注意事项。

1）在扫描电镜分析操作中，移动样品台切勿使其碰触到电镜组件。因此，在移动样品台过程中，注意不要使样品台移动速度太快，设置"Z"值时，也应逐渐改变，同时在第四窗口观察样品台移动情况。

2）脏器组织或对照水样中硅藻的含量可采用以下计算公式（条件不同，计算方式略有不同）：

$$C = 610\ N/SW$$

式中，C 为脏器组织或对照水样中硅藻的含量；N 为所检测的硅藻总数；S 为扫描观察的视场数；W 为脏器组织的质量或对照水样的体积。

三、微波消解－滤膜富集－光学显微镜观察法

滤膜富集采用聚醚砜滤膜，经过透明化试剂处理后可在光学显微镜下观察。

1. 微波消解、滤膜富集

除滤膜富集时采用聚醚砜滤膜外，其他步骤同前"二、微波消解－滤膜富集－扫描电镜膜用法"相关内容。

2. 滤膜透明化

（1）未使用过的载玻片，中心滴加2~3滴透明化试剂。

（2）将干燥后的滤膜置于载玻片中心。

（3）在滤膜上滴加1~2滴透明化试剂，加盖盖玻片。

3. 光学显微镜观察

（1）将滤膜透明化得到的玻片置于光学显微镜下，以20倍或40倍物镜观察；

（2）采用人工识别方式或计算机自动化识别方式对滤膜上的硅藻或所拍摄的图片进行检查、分类和统计处理。

（3）某些视场中的微型硅藻需使用60倍物镜甚至100倍油镜来观察其细微结构。

（4）记录样品中硅藻总数和硅藻种类。

4. 注意事项

（1）聚醚砜膜不耐强酸，消解液抽滤时要经过充分稀释（50 mL以上超纯水稀释）。

（2）抽滤后不能用无水乙醇脱水干燥。

（3）抽滤完成后应继续加超纯水抽滤（50 mL以上），彻底去除滤膜中残留的酸，因酸会与透明化试剂反应，导致膜透明化失败。

（4）抽滤后的滤膜应用电炉加热使其干燥（电炉温度小于80 ℃，加热时间不小于10 min），不能残留水分，否则影响透明化效果。

（5）制好的玻片需在48 h内观察，否则会氧化变黄，或玻片边缘因试剂挥发而出现气泡影响观察；制好的玻片不能长期保存。

四、勒福特王水消解法

无微波消解设备的实验室可以选择勒福特王水消解法。

1. 工作前准备

（1）戴好手套、口罩等防护装备。

（2）确定通风橱通风情况良好。

2. 检材准备

称量检材，方法同前。（注意：脏器组织检材量不能超过3 g。）

3. 勒福特王水消解

（1）将称量好的检材放入100 mL烧杯中。

（2）向烧杯中加入 15 mL 浓硝酸和 5 mL 浓盐酸。

（3）2 mL 过氧化氢以 3 秒 1 滴的速度逐渐滴入烧杯中（当烧杯中产生大量气泡时停止滴入，待反应平缓后继续滴加）。

（4）静置 15 min；将样品放入 85 ℃ 水浴锅中加热（加热过程中同样以 3 秒 1 滴的速度加入 3 mL 过氧化氢溶液），直至肉眼观察无固体物质或液体澄清透明。

4. **注意事项**

勒福特王水消解法消解过程剧烈，操作时须特别小心；勒福特王水消解组织操作必须在通风橱中进行；勒福特王水应新鲜配制，不宜储存；剩余勒福特王水应及时稀释或中和处理；不要将勒福特王水储存于封闭容器中或靠近火源。

（赵建　王玉仲）

第十章　溺死相关浮游生物DNA检测

浮游生物（plankton），栖息于海洋、湖泊及河川等水域，自身完全没有移动能力，即使有也非常弱，因而不能逆水流而动，而是浮在水中生活，这类生物总称为浮游生物。

浮游藻的藻体仅由一个细胞所组成，因此也称为单细胞藻。这类生物是一群具有叶绿素，能够进行光合作用，并生产有机物的自养型生物。主要包括蓝藻门、硅藻门、金藻门、黄藻门、甲藻门、隐藻门。中国已发现的，包括已报道的和已鉴定未报道的，淡水藻类共约9 000种。

浮游细菌是指水体中营浮游生活的原核生物类群，主要类型包括自养和异养细菌及古细菌，总体上异养细菌的数量要远大于自养细菌。尽管绝大多数的浮游细菌（常见为气单胞菌、弧菌、发光杆菌等）个体大小只有$0.2\sim2.0\ \mu m$，但是它们在水生生态系统生物地球化学循环中具有极其重要的作用，整个淡水生态系统中的物质和能量循环几乎完全依赖于浮游细菌的作用。

人溺水过程中，水中的浮游微生物如硅藻、蓝藻、甲藻，金藻，细菌等可通过溺水者的主动呼吸进入肺泡，水进入肺泡使肺泡扩张，造成毛细血管膜的微小损伤，微小的浮游生物可穿过损伤的血管膜，进入肺静脉循环。负载浮游生物的血回流到左心，浮游生物就会随着血液循环进入肝、肾、骨髓等器官组织。而若人死后入水，由于心脏停止跳动，血液停止流动，则浮游生物不会进入体循环，因此，通过检测肺以外的体循环脏器中的浮游生物，可判断是否为溺死或推断落水点。此外，人体喉部、口腔中的正常菌群（唾液链球菌、血链球菌）在溺水过程中，随溺液进入血液循环可到达各脏器。因其存在于人体特定部位，当一些案例的水中细菌与藻类较少或不存在时（如溺死在浴缸中），通过检测溺死尸体封闭脏器中的正常菌群推断溺死是非常有效的方法。

运用形态学特征来分析单个微生物例如硅藻是很难区分的。尽管它们会有一些相似的形态学特征，但受外界环境条件变化（温度、酸碱度、日照、涨潮、交汇口等）以及水质污染等因素的影响，水中浮游微生物群落中同一种群的藻类经常会发生基因变异；同时，具有相同的基因信息和序列的菌株也会有不同的形态学特征。对于微生物来说，基因信息是最重要的鉴别种群和个体之间差异的物质，但通过菌株培养获取大量DNA的方法难度大、操作复杂。20世纪80年代以来，利用基因检测技术逐渐建立了分子生物学分类技术，使人们能够从分子水平认识生物物种分化的内在原因和物质基础以及各类生物的分子进化历史，比起传统的分类方法，能获得更准确直观的结论。

随着分子生物学技术的发展，即便在不使用分离菌株和培养情况下，也可通过有效的 DNA 提取和 PCR 扩增获得自然环境中微生物基因组特定区域的 DNA 序列，因此，找到恰当的靶基因显得尤为重要。选择有代表性的基因片段作为分类标准，再结合不同的分子生物学技术，可区分种、属等之间的差异。此基因片段既具有该生物独有的特征核苷酸序列（即个性），又包含着该生物所属类群的共有核苷酸序列（即共性），为解决溺死诊断和溺死地点推断提供了可能性和研究方向。

调查溺死相关浮游生物特定靶基因，研究溺死相关浮游生物的基因检测技术，建立检测溺死相关微生物基因的技术方法，在溺死诊断及落水点推断方面均有良好的研究应用前景。本章着重介绍溺死相关藻类及靶基因、溺死相关细菌及靶基因、溺死相关浮游生物基因检测技术、溺死相关浮游生物基因操作方法。

第一节 溺死相关藻类及靶基因

除硅藻外，蓝藻、绿藻、甲藻和绿藻也存在于溺死尸体脏器中。目前，溺死相关藻类靶基因的研究，主要为线粒体基因组（mitochondrial DNA，mt DNA）、叶绿体基因组（chloroplast DNA，cp DNA）和核基因组（nuclear DNA，n DNA）的基因序列。

一、线粒体基因

由于线粒体基因的高重排率和低突变率，使得它可以成为分子分类的基因之一，其中，细胞色素 c 氧化酶（cytochrome coxidase subunit Ⅰ，COI）基因是藻类分子分类研究中的主要目标。COI 基因能够保证足够的变异，被通用引物扩增，它的 DNA 序列本身很少存在插入和缺失，同时还拥有蛋白质编码基因所共有的特征，即密码子第 3 位碱基不受自然选择压力的影响，可以自由变异，如 Ehara 等利用细胞色素 c 氧化酶亚基 1（cox 1）基因对 8 种硅藻进行了系统进化研究，说明了它们之间的系统关系。

二、叶绿体基因

任何两种植物之间其叶绿体基因（cp DNA）至少有 30% 的同源性，同源性越高，意味着在分类群中亲缘关系就越近，所以，根据叶绿体基因的检测也可以对藻类进行分类。目前，常用的叶绿体基因是核酮糖 - 1，5 - 二磷酸羧化/加氧酶大亚基基因（5-bi-sphosphate carboxynase/oxygenase large subunit gene，rbcL），叶绿体 23S rRNA 基因的 V 结构域（universal plastid amplicon, the portion of 23S rDNA，UPA）。rbcL 片段易于扩增和测序，可用于远缘属间及科级以上分类群的研究；UPA 片段则具有较高的通用性，非常适合于藻类的研究。植物叶绿体相关基因在细胞中的分布如图 10 - 1 所示。

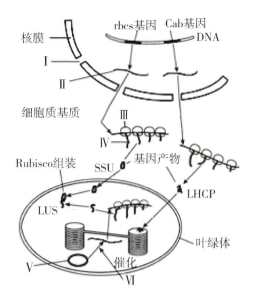

图 10-1 叶绿体相关基因分布

三、核基因

核基因是研究最多的用于分子分类的基因。因为 rDNA 不同区段所承受的进化选择压力不同,致使各区段的保守性差异明显,所以特别适用于生物分类的研究。其中,研究最多的为 16S rDNA(真核为 18S),ITS(内转录间隔区)基因。16S rDNA(真核为 18S)基因区的 DNA 序列是中等保守的,适合不同属间的分类;ITS 为较中度保守区域,其保守性表现为种内相对一致,种间差异比较明显,适合属下种间的分类。Gucht 与 Riemann 等人通过群落中某些物种的 16S rDNA 的 PCR 产物变性梯度凝胶电泳分析,说明不同地域的群落组成和物种的季节演变;苟万里等利用 ITS 区序列设计特异性探针对中肋骨条藻进行定量 PCR 检测。真核细胞核基因结构如下图 10-2 所示。

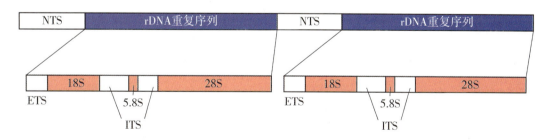

图 10-2 真核细胞核基因结构

以上基因在藻类中普遍存在,检测一个基因不一定能区分不同藻类种属,因此,需要多个不同的藻类特定基因对溺死样本中可能含有的不同藻类进行分类,需同时检测溺死相关的浮游生物多种不同靶向基因,可提高检测的准确性。

2003 年，Sumiko Abe 等分别针对眼虫藻（*Euglena gracilis*，EG）和中肋骨条藻（*Skeletonema costatum*，SK）等叶绿素基因设计了 4 对引物（表 10-1）。

表 10-1 针对眼虫藻（*Euglena gracilis*，EG）和中肋骨条藻（*Skeletonema costatum*，SK）的叶绿素基因设计的 4 对引物

引物名	序列（5′→3′）	产物大小/bp
EG1-Forward	ATG TGG CGC CAA GGAATG TTT GT	185
EG1-Reverse	ACC CAA TGC CAA ATAGCA GC	
EG2-Forward	ATG TGG CGC CAA GGAATG TTT GT	194
EG2-Reverse	TCC CAA TAA ACC CAATGC CA	
SK1-Forward	ATC GCT CAG CTT GCCTTC CT	265
SK1-Reverse	CAT CCC ACT CGA AGTCAA TG	
SK2-Forward	ACC CGT GCC GGA ATCCAC CT	232
SK2-Reverse	CAT CCC ACT CGA AGTCAA TG	

PCR 反应体系（50 μL）：1 μL DNA，5 μL 缓冲液，5 μL $MgCl_2$（25 mM），1 μL 引物（10 mM），4 μL dNTP 混合物（2 mM），0.25 μL 聚合酶，去离子水。扩增条件：94 ℃ 预变性 10 min，94 ℃ 变性 30 s，58 ℃ 退火 30 s，72 ℃ 延伸 30 s，40 个循环。琼脂糖凝胶电泳：取 8 μL 扩增产物进行 2% 琼脂糖电泳，电泳结束后在紫外光检测仪上照相。

4 对引物对靶物种的特异性验证：其他浮游生物（角毛藻、小环藻、舟形藻、海链藻）、蔬菜（小松菜、菠菜、香菜）、人体血液提取 DNA 作为标准株。4 对引物对不同物种的 PCR 扩增结果（表 10-2）。EG1 和 EG2 引物可检测海水和淡水硅藻，SK2 引物可检测到来自海水的 5 种硅藻，SK1 仅检测中心硅藻纲的硅藻。

表 10-2 4 对引物对不同物种的检出结果

	EG1	EG2	SK1	SK2	海水/淡水#
眠虫藻（EG *gracilis*）	+	+	−	+	淡水
中肋骨条藻（SK *costatum*）	+	+	+	+	海水
眠虫藻（EG *gracilis*）	+	+	+*	+	海水
纤细角毛藻（*Chaetoceros gracilis*）	+	+	+	+	海水/淡水
梅泥小环藻（*Cyclotella meneghiniana*）	+	+	+	−	淡水
小环藻（*Cyclotella* sp.）	+	+	+	+	海水
海链藻属（*Thalassiosira* sp.）	+	+	−	+	海水
未定形舟形藻（*Navicula incerta*）	+	+	−	−	淡水
极小舟形藻（*Navicula minima*）	+	+	−	−	淡水
藻膜舟形藻（*Navicula pelliculosa*）	+	+	−	−	海水
杆舟形藻（*Navicula salinarum*）	+	+	−	−	淡水
小松菜（*Komatsuna*）	−	−	−	−	蔬菜

续表10-2

	EG1	EG2	SK1	SK2	海水/淡水#
菠菜（*Spinach*）	-	-	-	-	蔬菜
香菜（*Parsley*）	-	-	-	-	蔬菜
人类（*Human*）	-	-	-	-	

注：+表示相关PCR产物长度与预期一致。
+*表示检测到2种PCR产物，一种与预期一致，一种不一致。
#表示浮游生物的起源，淡水区或海水区。

该方法的灵敏度试验表明，EG1或EG2的检测下限，为2 fg的EG-DNA；而SK1或SK2的检测下限为0.2 pg的SK-DNA（图10-3）。

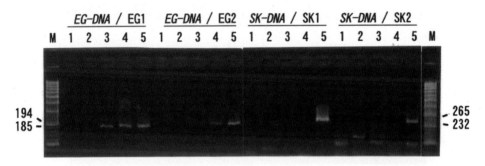

图10-3 4对引物对各种浓度DNA扩增PCR产物的电泳结果

泳道1：阴性对照；泳道2、3、4、5：分别为0.2 fg、2 fg、20 fg、0.2 pg纯化的DNA作为模板。

资料来源：Abe S, Suto M, Nakamura H, et al. A novel PCR method for identifying plankton in cases of death by drowning. [J]. Medicine Science, the Law, 2003, 43（1）: 23.

从海港发现失踪21天的29岁男性尸体心血提取DNA的PCR扩增产物（图10-4）。EG1可以从5 mL的血液中检测到硅藻DNA。1 mL的血液，4对引物的检测结果均为阴性。

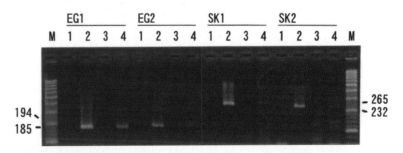

图10-4 海港发现失踪21天的29岁男性尸体心血样品用EG1、EG2、SK1和SK2扩增的PCR产物电泳结果

泳道1：阴性对照；泳道2：阳性对照（0.2 pg EG-DNA或SK-DNA）；泳道3：1 mL的血液；泳道4：5 mL血液。

资料来源：Abe S, Suto M, Nakamura H, et al. A novel PCR method for identifying plankton in cases of death by drowning. [J]. Medicine Science, the Law, 2003, 43（1）: 23.

港内发现一名严重腐烂10天的67岁男性尸体的组织匀浆，提取DNA获得的扩增产物电泳结果。使用4对引物检测尸体发现地港口收集的1 mL海水，结果与预期相符。SK1和SK2较EG1、EG2分别检测1 g和5 g肺、肝、肾组织提取的DNA，SK1和SK2结果较为理想。（图10-5）

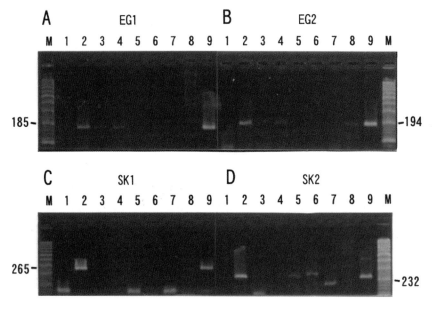

图10-5　在港内发现1名严重腐烂10天的67岁男性尸体提取DNA的扩增产物电泳结果，用EG1（A），EG2（B），SK1（C）和SK2（D）从肺、肝和肾样品中扩增PCR产物

泳道1：阴性对照；泳道2：阳性对照（0.2 μg EG-DNA或SK-DNAL）；泳道3：肺1 g；泳道4：肺5 g；泳道5：肝1 g；泳道6：肝5 g；泳道7：肾1 g；泳道8：肾5 g；泳道9：从潜水地点收集的水1 mL。

资料来源：Abe S, Suto M, Nakamura H, et al. A novel PCR method for identifying plankton in cases of death by drowning. [J]. Medicine Science, the Law, 2003, 43（1）：23.

分别检测在沉入河中7天后发现的43岁的女性尸体和失踪36小时后在河流中发现的46岁女性的尸体。PCR检测10 g肺，肝和肾组织提取的DNA（图10-6）。EG1能检测到46岁女性尸体全部组织中浮游生物DNA，EG2则皆未检测到浮游生物DNA。

2010年，Tie等从10例海水溺死尸体和43例淡水溺死尸体的脏器取样研究，包括肺、肝、肾组织，同时收集尸体发现处水样及3例非溺死尸体做对照样本。

标准浮游生物 *Euglena gracilis*（蓝藻），使用DNAeasy植物试剂盒（Qiagen, Chatsworth, CA, USA）提取蓝细菌的DNA。使用ND-1000分光光度计（NanoDrop, Wilmington, DE, USA）测量双链DNA 260nm和280nm紫外光谱的吸光度，进行定量。根据GenBank提供的蓝藻16S rDNA序列（位点AJ289785），设计用于扩增浮游植物16S rDNA的特异性引物。组织样本直接使用本研究中开发的消化缓冲液孵育20 min，取1 μL用于PCR扩增。（表10-3）

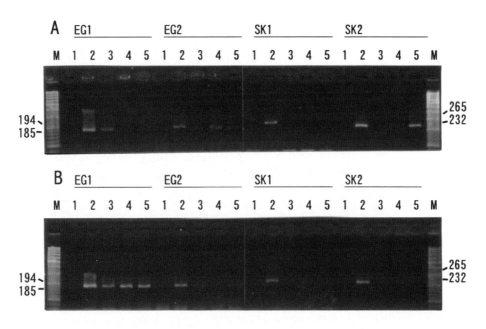

图 10-6 沉入河中 7 天后发现的 43 岁的女性尸体,用 EG1、EG2、SK1 和 SK2 扩增的 PCR 产物电泳结果(A);失踪 36 小时后在河流中发现 46 岁女性的尸体,用 EG1、EG2、SK1 和 SK2 扩增的 PCR 产物电泳结果(B)

泳道 1:阴性对照;泳道 2:阳性对照(0.2 μg EG-DNA 或 SK-DNAL);泳道 3:肺 10 g;泳道 4:肝 10 g;泳道 5:肾 10 g。

资料来源:Abe S, Suto M, Nakamura H, et al. A novel PCR method for identifying plankton in cases of death by drowning. [J]. Medicine Science, the Law, 2003, 43 (1): 23.

表 10-3 16S rDNA 引物

引物名	序列 (5′→3′)	产物大小/bp
Forward	CGT CTG ATT AGC TAG TTG GT	310
Reverse	CCC AAT AAT TCC GGA TAA CG	

PCR 反应体系(25 μL):1.0 μL DNA 模板,25 mM 引物,50 mM KCl,10 mM Tris-HCl(pH 8.3),1.5 mM $MgCl_2$,200 μm dNTP,1.25 U AmpliTaq Gold DNA 聚合酶。扩增条件:94 ℃ 变性 30 s,60 ℃ 退火 30 s,72 ℃ 延伸 30 s,30 个循环。PCR 产物用 5% 聚丙烯酰胺电泳($C=3\%$)30 min。溴化乙锭 EB 显带,紫外照相。

结果表明,16S rDNA 被成功扩增,对溺死组织和水样均检测出浮游生物 DNA。其中,蓝藻基因组的 16S rDNA 特定片段扩增显著,而细菌、真菌、其他藻类无扩增产物。究其原因,蓝藻体积比硅藻小,更易地进入血液循环,进入内封闭器官。(图 10-7)

溺死样本的肺、肝和肾组织均为阳性,非溺死样本组织均为阴性,且蓝藻标准株 DNA 和溺死现场水样均为阳性。(图 10-8)

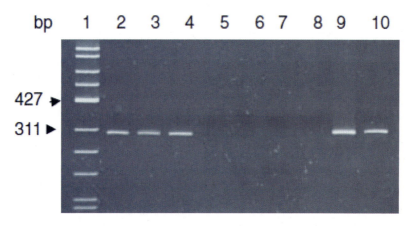

图 10-7　溺死和非溺死尸体肺、肝和肾组织样本 16S rDNA PCR 扩增产物聚丙烯酰胺凝胶电泳

泳道 1：DNA 大小标记（φX174DNA/Hinf1）；泳道 2—4：分别为溺死者的肺、肝和肾组织；泳道 5—7：分别为非溺死肺、肝和肾组织；泳道 8：阴性对照（蒸馏水）；泳道 9：蓝藻 DNA 样品；泳道 10：溺水点水样。

资料来源：Jian T, Uchigasaki S, Haseba T, et al. Direct and rapid PCR amplification using digested tissues for the diagnosis of drowning [J]. Electrophoresis, 2010, 31 (14): 2411-2415.

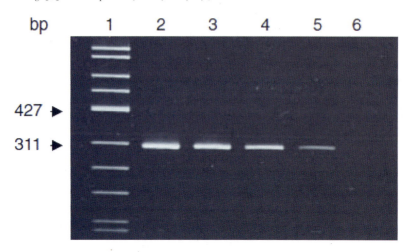

图 10-8　不同浓度蓝藻 16S rDNA PCR 扩增产物聚丙烯酰胺凝胶电泳结果

泳道 1：DNA 大小标记（φX174DNA/Hinf1）；泳道 2—6 分别为 10 ng、1 ng、100 pg、10 pg 和 1 pg 蓝藻 DNA，其 DNA 含量大于 10 pg 可被检出。

资料来源：Jian T, Uchigasaki S, Haseba T, et al. Direct and rapid PCR amplification using digested tissues for the diagnosis of drowning [J]. Electrophoresis, 2010, 31 (14): 2411-2415.

第二节　溺死相关细菌及靶基因

由于细菌（0.2～2 μm）比硅藻（2～20 μm，可在内脏和骨髓中发现）直径更小，更易在呛水时通过肺部进入人的体循环，一些细菌甚至可以在血液中生存和繁殖。据相关报道，世界某些地区已开展将水中细菌作为溺死指标。Mishulsky 的第一个相关报道,对恶臭假单胞菌和荧光假单胞菌的检测率有 44%(43/97 的受害者)。目前,主要研究的溺死相关细菌中,淡水细菌为气单胞菌(嗜水气单胞菌及杀鲑气单胞菌等)、粪便细菌(粪大肠杆菌以及粪链球菌),海水细菌为弧菌、发光杆菌。此外,人体自体细菌也是研究目标之一。在溺死过程中,溺液可冲刷人体喉部、口腔中的正常菌群,如唾液链球菌、血链球菌等,使之随溺液进入人体血液循环到达各脏器。

气单胞菌属于弧菌科,气单胞菌属。气单胞菌属根据有无运动力可分为两类:一类是嗜冷性、非运动性的气单胞菌,另一类为嗜温性、运动性的气单胞菌。嗜水气单胞菌属第二类,在气单胞菌属中是最重要的,它是气单胞菌的模式种属。

嗜水气单胞菌是两端钝圆,直形或略弯,革兰氏阴性、发酵的短杆菌,大小为 $(0.8\sim1.0)~\mu m\times(1.0\sim3.5)~\mu m$。大多数细菌能在 37 ℃生长,在液体培养基中具极生单鞭毛,能运动,无芽孢,无荚膜,兼性厌氧。生长的适宜 pH 为 5.5~9.0,最适生长温度为 25~30 ℃。在普通营养琼脂培养基上生长良好,菌落呈圆形,边缘整齐,表面湿润,隆起,光滑,半透明,乳白色至奶黄色。菌落的大小与培养时间及温度有关,菌落小的只有针尖大小,大的直径可达 3~4 mm。一般不产生色素,大多数菌株有溶血性,在血琼脂平板上形成 β 溶血环。培养产物的气味变化很大,有的没有,有的则气味很强。

一、溺死相关细菌形态学检测

2010 年,Kakizaki 等人检验一具浸没在海水中的高腐女性尸体,该尸体遭遇台风大雨后,腹部以及胸膜处都暴露在外环境,由于高腐及污染,尸体解剖以及硅藻检验都不能确定死因。硅藻检验显示尸体内在器官均为淡水硅藻,他们再采用方法,结果在尸体的各个器官检出邻单胞菌(淡水细菌),未检出海水细菌(弧菌,发光杆菌)。硅藻检验和细菌培养检验的结果都证明了该受害者溺死于低盐度的淡水或者咸淡水,而非溺于海水。

2011 年,Kakizaki 等人通过琼脂培养基培养,细胞色素氧化酶测试以及嗜水气单胞菌的同源分析,检验了 21 例浸没尸体以及 4 例位于水环境附近的非溺死尸体。结果为 2 例发现于浸没在海水或海水河口的尸体体内检出淡水细菌(气单胞菌)阳性,其中有 1 例尸体高腐,且硅藻检验证明这 2 具尸体先溺死于低盐度淡水随后漂至海水;另外 2 例浸没在水中尸体的血样中检出代表性细菌(气单胞菌、弧菌、发光杆菌)阴性,其中有 1 例尸体高腐;7 例发现于淡水的尸体体内检出气单胞菌阳性;4 例发现于海水的尸体体内检出弧菌和(或)发光杆菌阳性;4 例发现于陆地非溺死尸体体内的水生细菌检验结果为阴性。表明检出的浮游细菌反映呛入溺液的类型,水中的浮游细菌不容易入侵死后再被浸入水中的尸体。

水体浮游细菌只有部分能在溺死受害者体内存活甚至繁殖。海水溺死受害者体内的浮游细菌主要是弧菌属,发光杆菌属;淡水溺死受害者体内的浮游细菌是气单胞菌属。海中发现的其中 2 例受害者最终确定为淡水溺死,而后尸体漂入大海。这 2 例的细菌检验仅仅检出了气单胞菌属和邻单胞菌属(淡水浮游细菌类型),这说明了死后细菌入侵并不容易发生,因为在淡水溺死后漂入大海的溺死受害者的体内只发现淡水细菌,在推断过程里有助于缩窄溺死发生的地区。气单胞菌属是引起淡水中遇溺而送医院获救的幸存者肺炎的主要原因。实际案例中溺死受害者遗体的血液培养获得的嗜水气单胞菌是最常见的气单胞菌，也是最常见的浮游细菌。因此，除了明显的溺水死亡案例外，非溺水死亡而被抛尸至水中的尸体也可根据细菌检验结果推断死因。（图10-9）

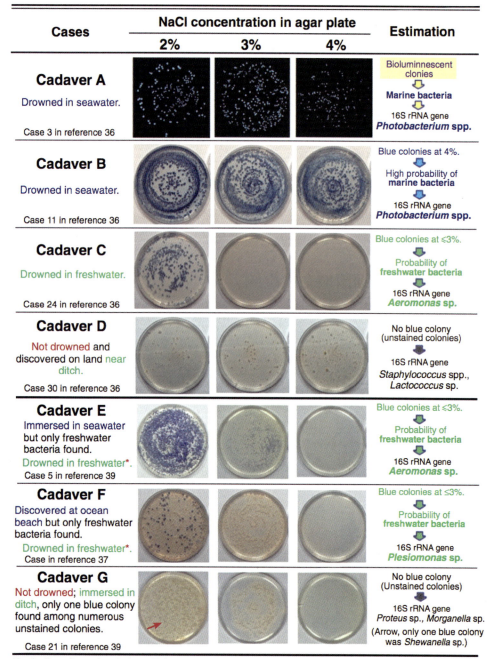

图10-9　利用筛选平板培养基筛选溺死受害者血液中的浮游细菌

资料来源：Kakizaki E, Kozawa S, Imamura N, et al. Detection of marine and freshwater bacterioplankton in immersed victims: post-mortem bacterial invasion does not readily occur[J]. Forensic Science International, 2011, 211（1）: 9-18.

此外，在居民区和附近的水体环境中，粪便细菌是普遍存在的。Lucci 等评估了这种细菌作为溺死过程呛水标识的可能性。通过 m-粪便大肠杆菌琼脂和 m-链球菌琼脂的筛选培养基，在所有 52 位溺死受害者中鉴定出粪便细菌。相反，在对照组中 30 个非溺死的受害者个体中没有发现粪便细菌。因此，也证实了溺死受害者血液中的粪便细菌是来自于水环境（外源），而不是来自于自身肠道的（内源）。

就敏感性而言，粪便细菌检验具有非常好的前景（可从溺死受害者筛选出携带粪便细菌的数量）。而死后微生物入侵肺部和进入体循环导致假阳性结果的可能性依然有待探讨。Lucci 等人另外检验 3 例非溺死受害者（2 例头颅损伤，1 例脑出血，而且尸体浸泡在水中的时间分别为 3 小时、3 天、4 天），从他们的心脏、股动脉和血管两侧中提取的血液样品并未培养出粪便细菌，而水样却能在 m-粪便大肠杆菌琼脂筛选培养基上培养出 25～28 CFU/100 mL 的菌落，在链球菌琼脂筛选培养基培养出 24～80 CFU/100 mL 的菌落。虽然仅检验了 3 个受害者，没有产生假阳性的结果，结果数据还不充分，但是，这些案例还是值得注意。

在血液中检验浮游细菌有以下优点：当肺部的硅藻密度过低时，浮游细菌检验依然准确有效，因为有报道使用水样表明硅藻的密度与浮游细菌的密度不是呈正相关的。另外，浮游细菌更小，入侵到人体循环比硅藻更加容易，而且，浮游细菌能在一定条件的血液中存活以及繁殖。这种方法易于操作，受到试剂和器皿的污染低，加上血液中的一小部分溺死相关细菌的繁殖，会竞争性抑制了其他死后入侵或者污染的细菌的繁殖。

二、溺死相关细菌基因检测

2009 年，Suto 等建立了一种新颖的 PCR 方法来检验 19 例 3 天内溺死尸体的心血样本中细菌的基因。他们设计了 SL1、SN1、AH1 3 对引物，分别来检验 19 例溺死案件中受害者（死后 3 天之内）的唾液链球菌、血红链球菌（通常存在于人体喉咙中）以及嗜水气单胞菌（遍布于淡水）。结果表明，在所有血样中检验出 SL-DNA，在部分血样中检验出 AH-DNA，这种 PCR 方法有高度的特异性和敏感性，可用于溺死诊断。（表 10-4）

表 10-4　SL1、SN1、AH1 3 对引物引物序列

引物名	序列（5′→3′）	产物大小/bp
SL1-Forward	CCAGCGGTACCAAAGGTAAA	223
SL1-Reverse	GCACTCATCCAATTGTCACG	
SN1-Forward	GGAAGAAACGGGTGTCGTAA	152
SN1-Reverse	AAGGCGCCTTCCAGACTGATA	
AH1-Forward	GAACGACGCCTATCAGGAA	201
AH1-Reverse	ACGGAGATAACGGCAATCAG	

PCR 反应体系（25 μL）：1 μL DNA 模板，1 μL 引物（各 10 μm），10.5 μL 无核酸酶水，12.5 μL GoTaq GreenMaster Mix（Promega，Wisconsin，USA）。扩增条件：SL1

和 SN1，94 ℃ 预变性 10 min，94 ℃ 变性 30 s，53 ℃ 退火 30 s，72 ℃ 延伸 30 s，38 个循环，最后 72 ℃ 再延伸 10min；AH1，94 ℃ 预变性 10 min，94 ℃ 变性 30 s，61 ℃ 退火 30 s，72 ℃ 再延伸 30 s，35 个循环，最后 72 ℃ 再延伸 10 min。10 μL PCR 产物进行 2% 琼脂糖凝胶电泳。

结果：19 例溺死 3 天内的尸体的心血样本中都检测到了 SL-DNA，有几例含有 AH-DNA。在心血和气管拭子样本中检测到 SL-DNA，而在现场采集的水样中则没有。这些结果表明，SL 通过呼吸道入侵血液。SN 较 SL 的检出率低，可能是样本中 SN 菌的数量少于 SL 菌。另外，使用常规的酸消解方法进行分析和硅藻 PCR 方法检测浴缸中溺死者，没有发现浮游生物，但是我们用于检测唾液链球菌 DNA 的 PCR 方法心血样本中 SL-DNA 呈阳性（表 10-5）。

表 10-5　常规的酸消解方法进行硅藻分析和 PCR 方法鉴定浮游生物 DNA 的结果

	心血	37 ℃ 孵育过夜的心血	气管	肺	肝
酸消化	N.T.	N.T.	N.T.	−	−
浮游生物 DNA EG1	−	N.T.	N.T.	−	−
SK1	−	N.T.	N.T.	−	−
细菌 DNA SL1	+	+	+	N.T.	N.T.
SN1	−	−	+	N.T.	N.T.
AH1	−	−	+	N.T.	N.T.

注：− 表示阴性；+ 表示阳性；N.T. 表示未检测。

新型 PCR 方法对唾液链球菌，血红链球菌（通常存在于人体喉咙中）的 DNA 具有特异性和敏感性，对不含自然水体浮游生物的水中溺死的情况非常有用。

2009 年，Aoyagi 等人认为水生细菌用于诊断溺死比浮游生物是更有效的标记，在于其在自然环境中的体型更小，数量更多，更容易从肺部进入系统循环到达内封闭的组织器官。

针对气单胞菌设计两对引物，引物序列见表 10-6。

表 10-6　气单胞菌引物

引物名	序列（5′→3′）	产物大小/bp
Forward（first PCR）	TAA AGG GAA ATA ATG ACG GCG	249
Reverse（first PCR）	GGC TGT AGG TAT CGG TTT TCG	
Forward（nested-PCR）	GGG AGA AGA GCT CCA TCA AG	182
Reverse（nested-PCR）	GTT GGT GGC CTT GTC GTA CT	

PCR 反应体系（25 μL）：2.5 mM $MgCl_2$，0.2 mM dNTP（各 2.5 mM）混合物缓冲液，0.5 μL 引物，0.025 U/μL Taq 聚合酶，2 μL DNA 模板。扩增条件：95 ℃ 预变性 5 min；95 ℃ 变性 30 s，59 ℃ 退火 30 s，72 ℃ 延伸 30 s，30 个循环；最后 72 ℃ 再延伸

7 min。琼脂糖凝胶电泳：PCR 扩增产物通过在 2% 琼脂糖凝胶中电泳分离并通过溴化乙锭染色显现。

针对水生的温和气单胞菌（Aeromonas sobria）的特异性 DNA 片段，PCR 检测 32 例淡水溺死案例的保存血液样本。结果见图 10-10 和图 10-11。

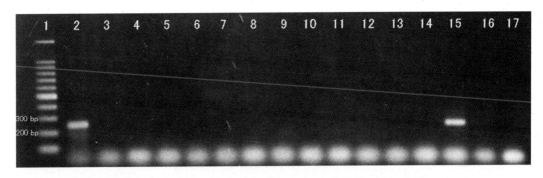

图 10-10　用 2% 琼脂糖凝胶进行第一轮 PCR 后的电泳结果

泳道 1：100 bp DNA ladder；泳道 2：阳性对照；泳道 3、4、5、6、7、8、9、10、11、12、13、14、15、16 分别为案例 1、2、3、4、5、6、7、8、9、10、11、12、13、14；泳道 17：阴性对照。案例 13 和案例 31（数据未显示）观察到 249 bp 的 PCR 产物。

资料来源：Aoyagi M, Iwadate K, Fukui K, et al. A novel method for the diagnosis of drowning by detection of Aeromonas sobria with PCR method [J]. Leg Med (Tokyo), 2009, 11 (6): 257-259.

图 10-11　用 2% 琼脂糖凝胶进行巢式 PCR 后的电泳结果

泳道 1：100 bp DNA ladder；泳道 2：阳性对照；泳道 3、4、5、6、7、8、9、10、11、12、13、14、15 分别为案例 1、2、3、4、5、6、7、8、9、10、11、12、14；泳道 16：阴性对照；泳道 17：不含 DNA 模板的阴性对照。

资料来源：Aoyagi M, Iwadate K, Fukui K, et al. A novel method for the diagnosis of drowning by detection of Aeromonas sobria with PCR method [J]. Leg Med (Tokyo), 2009, 11 (6): 257-259.

在 32 个溺死在淡水的案件的保存血样中，采用 PCR 方法来检测温和气单胞菌（一种广泛存在于淡水的细菌）的特异性 DNA。27 例为阳性结果，只有 5 例为阴性结果。阴性结果的原因可能是血样储存时间过久或死亡间隔（从溺死到发现尸体）太短。结果表明，检测温和气单胞菌特异性 DNA 可应用于诊断溺死。

2012 年，Uchiyama 等针对 3 种淡水细菌（气单胞菌、弧菌、发光杆菌）设计了 9

对引物和探针（表10-7至表10-9），用 TaqMan 多重实时荧光定量 PCR 法来检验溺死相关脏器中气单胞菌属的存在与否。

表10-7 3对气单胞菌引物和探针

引物名	序列（5′→3′）	产物大小/bp
Aa-Forward	AAT GCC TGG TAT ACC CAT CCG	
Aa-Reverse	TAC GGC CCG ATG ACG AAG	65
Aa-Probe	FAM-CCG AAC TGG AAC CAC A-BHQ-MGB	
Ag-Forward	GTT CCA CTT CAC CAC MGA GCA G	
Ag-Reverse	GTT GTT GGT GAA GCA GTA RAC CC	96
Ag-Probe	NED-AAC GAY GCC TAT CAG GAA-BHQ-MGB	
Ac-Forward	CGC ACA TAC GAG CTC ACC TCC	
Ac-Reverse	GTG ATT CAT GTA TTG CTG GGC G	90
Ac-Probe	Cy5-ACA AGA TTG CCA AGG TGG ACT ATC GCGC-BHQ	

表10-8 3对弧菌引物和探针

引物名	序列（5′→3′）	产物大小/bp
Vk-Forward	GAT GCT GAA GCT GCA CAA GTG	
Vk-Reverse	GGA AAT CTT GGT TAT CAA TGC TTT C	85
Vk-Probe	FAM- ATC GTG AAA GTC ATC AAC-BHQ-MGB	
Vt-Forward	CCT TGG ATT CCA CGC GTT ATT	
Vt-Reverse	ATC TGA CGG AAC TGA GAT TCC G	94
Vt-Probe	NED- ATT TGC GTA CTG CTG TTT A-BHQ-MGB	
Vv-Forward	ATC ATG AAT AAA ACT ATT ACG TTA CTT AGT GCA TT	
Vv-Reverse	GCT TCT TAC TTG AGA GGC ACT GAC C	114
Vv-Probe	Cy5-CTC ACG CTG CCG AGC CAA CAT TGT-BHQ	

表10-9 3对发光杆菌引物和探针

引物名	序列（5′→3′）	产物大小/bp
Pu-Forward	CAG ACG TCC AGC CTA ATG TTG A	
Pu-Reverse	CTT CGC CTG CCA CAA CTT C	63
Pu-Probe	FAM-ATT GTT ATC GGT CCC GGT AC-BHQ-MGB	
Ps-Forward	TGA AGA ACG CTG ACG GCT CT	
Ps-Reverse	AAC AGT TAG TAG CGG AGT TAC GCC	98
Ps-Probe	NED-TTG CCC AAT CAC AGA AGA-BHQ-MGB	
Pl-Forward	TTA GAT CAA ATG TCA AAA GGC CG	
Pl-Reverse	TTG TAC CAT CCA TAA TCA TGG TGT G	142
Pl-Probe	Cy5-TTG GTG TTG TGC GTG GCT TGT ACC AC-BHQ	

PCR 反应体系（25 μL）：1×TaqMan 基因表达主混合物（Applied Biosystems），10 μm 引物，5 μm 探针，1 μL（100 ng）细菌基因组 DNA 模板（或 IPC）。

7500 实时 PCR 系统（Applied Biosystems）的扩增条件：预变性 50 ℃ 2 min，95 ℃ 10 min，95 ℃ 15 s，58 ℃ 1 min，40 个循环。

方法的灵敏度与特异性见图 10 – 12 和图 10 – 13。

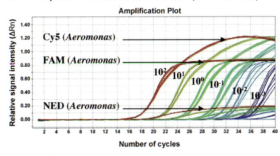
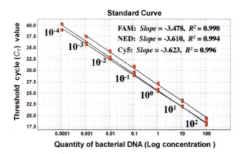
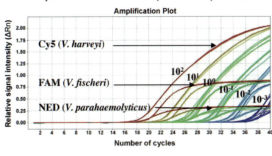
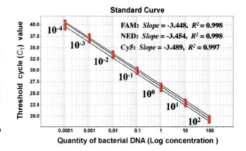
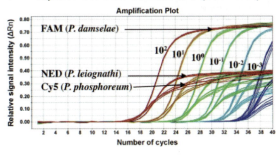
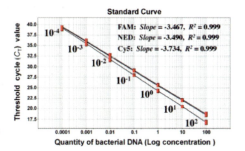

图 10 – 12　三组三重 TaqMan PCR 检测 8 种浮游细菌的灵敏度

a. 嗜水气单胞菌和杀鲑气单胞菌（aerA，gyrB 和 chiA）；b. 费氏弧菌（katA）、副溶血性弧菌（toxR）和哈维氏弧菌（vhh）；c. 美人鱼发光杆菌（ureC）、鳆发光杆菌（sodB）和磷青霉（luxA）。10 倍梯度连续稀释的 DNA 标准品 1～7 的浓度分别为 10^2 ng/mL、10^1 ng/mL、1 ng/mL、10^{-1} ng/mL、10^{-2} ng/mL、10^{-3} ng/mL 和 10^{-4} ng/mL。

资料来源：Uchiyama T, Kakizaki E, Kozawa S, et al. A new molecular approach to help conclude drowning as a cause of death: simultaneous detection of eight bacterioplankton species using real-time PCR assays with TaqMan probes [J]. Forensic Science International, 2012, 222（1 – 3）：11.

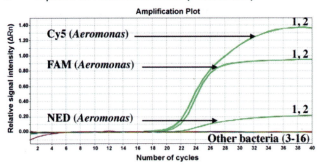

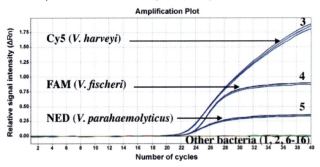

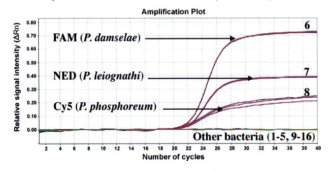

图 10-13 3 组三重 TaqMan PCR 检测的特异性

1. 嗜水气单胞菌；2. 杀鲑气单胞菌；3. 费氏弧菌；4. 副溶血弧菌；5. 哈维氏弧菌；6. 美人鱼发光杆菌；7. 鳗发光杆菌；8. 明亮发光杆菌；9. 曼利斯敦氏菌；10. 希瓦氏菌藻类；11. 大肠杆菌；12. 弗氏枸橼酸杆菌；13. 粪肠球菌；14. 普通变形杆菌；15. 荧光假单胞菌；16. 恶臭假单胞菌。

资料来源：Uchiyama T, Kakizaki E, Kozawa S, et al. A new molecular approach to help conclude drowning as a cause of death：simultaneous detection of eight bacterioplankton species using real-time PCR assays with TaqMan probes [J]. Forensic Science International, 2012, 222 (1-3): 11.

以上述引物检验 13 例淡水溺死尸体的血样、内脏器官以及相应的水样，与此同时，辅以硅藻检验法以及琼脂糖培养法来联合鉴定溺死，结果表明，PCR 法诊断 11 例阳性，硅藻检验法 8 例阳性。

2015 年，Rutty 等使用 Uchiyama 设计的 TaqMan 探针检测浮游细菌应用于溺死诊断。PCR 反应体系（20 μL）：1 × SensiFast™ Probe No-ROX mix，8 pM 引物，4 pM 探

第十章 溺死相关浮游生物DNA检测

针，5 μL DNA。以靶向浮游细菌基因组DNA作为阳性对照。实时荧光定量PCR扩增条件：95 ℃预变性 5 min；95 ℃ 10 s，58 ℃ 50 s，40个循环。

多重TaqMan实时荧光定量PCR法检验20例成人和儿童水中尸体（4个浴池、12个淡水、2个海水和2个咸淡水），这20例死者中有16例鉴定为溺死，荧光定量PCR法检测为阳性符合这一结论。在其他非溺水死亡的4个案例中，荧光定量PCR检测结果为阴性。该方法为快速溺水诊断提供了一个辅助方法。

浮游生物DNA检测技术具有更快速方便的技术特点，但是此类技术目前尚不够成熟。随着研究的不断深入，一定会有越来越多的浮游生物基因被挖掘出来，相关的技术方法将成为溺死诊断的新方法。

第三节　溺死相关浮游生物基因的检测技术

用PCR检测技术对尸体的不同器官中含有的浮游生物与水中含有的浮游生物进行检测，可利用分子分类的浮游生物基因通过下面不同的检测技术与方法对水中浮游生物进行鉴定（通用流程如图10-14），从而更迅速直观的分析得出结果。

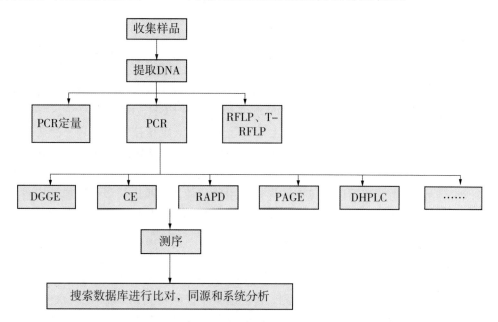

图10-14　分子生物学检测水中浮游生物技术流程

RT-PCR：quantitative real-time PCR，实时荧光定量PCR；DGGE：denatured gradient gel electrophoresis，变性梯度凝胶电泳；CE：capillary electrophoresis，毛细管电泳；PAGE：polyacrylamide gel electrophoresis，聚丙烯酰胺凝胶电泳；RFLP：restriction fragment length polymorph，限制性片段长度多态性；T-RFLP：terminal-restriction fragment length polymorphism，末端限制性片段长度多态性；DHPCL：denaturing high performance liquid chromatography，变性高效液相色谱；RAPD：randomly amplified polymorphic DNA，随机扩增多态性DNA。

1. PCR - 变性梯度凝胶电泳技术（polymerase chain reaction-denatured gradient gel electrophoresis，PCR-DGGE）

DGGE 是一种把大小相同但碱基序列组成不同的 DNA 片段分开的技术。不同碱基组成的 DNA 片段具有不同的解链温度，当将大小相同的 DNA 片段在含有变性剂梯度的聚丙烯酰胺凝胶中进行电泳时，由于对变性剂的耐受程度的不同，导致不同的 DNA 片段在其相应的变性剂浓度下进行部分解链，解链后的 DNA 分子迁移速度急剧下降，不同的 DNA 片段滞留在凝胶的不同位置，从而将其分开。

提取浮游生物的基因，用特定的引物进行 PCR 扩增，扩增后的产物（最好为 200～700 bp）进行变性梯度凝胶电泳，不同 DNA 片段滞留的位置不同，通过对图谱分析来鉴定藻类。例如，Berglund 等用两对群特异性引物对 25 株金藻及 6 种微型浮游生物的 18S rDNA 基因进行 PCR，两对引物都有较好的特异性，用 DGGE 对 PCR 产物进一步分析，自然样品中的浮游生物的主要条带均属于金藻。

DGGE 技术的优化，DGGE 过程中有一个高温解链的过程，为了避免双链 DNA 分子完全解链，在引物的 5′端引入一个 30～50 bp 的 GC 夹，形成人工的高温解链区，从而提高检测的精度；也可以对电泳的时间和变性剂的浓度进行优化，先用 WINMELT 软件对扩增片段低熔解区域的 T_m 值进行估算，并根据 T_m 值对每种藻的变性剂浓度进行计算，得出的数值在它的左右各选相差 2 个单位进行实验，从而选出一个适合的条件进行后续的实验；也可以设计多对引物综合分析进行鉴定或者一种引物扩增的结果用几种技术一起来进行分析。

随着研究的不断深入，人们在此基础上，又发展出了恒定变性凝胶电泳（CDGE），瞬时温度梯度电泳（TTGE）和温度梯度凝胶电泳（TGGE）用以进行藻类的分子鉴定。

2. 实时荧光定量 PCR 技术（quantitative real-time PCR，qPCR）

qPCR 技术是在 PCR 定性技术基础上发展起来的核酸定量技术。它是一种在 PCR 反应体系中加入荧光基团，利用荧光信号积累实时监测整个 PCR 进程，最后通过标准曲线对未知模板进行定量分析的方法。

针对某浮游生物的基因设计出高特异性的引物，使用 qPCR 技术扩增检测案件检材全基因组 DNA，若 Ct（cycle threshold，Ct 值）≤35，且呈现典型的扩增曲线，则为阳性结果；若 $Ct>35$，或者无扩增信号，则为阴性结果。例如，Tengs 等比较了多个 Gymnodinium galatheanum Braarud 株系的 SSU rDNA 和色素体 DNA 序列，发现后者较前者高变，并以此为依据设计了种特异性探针，建立了该藻的 qPCR 检测技术，该技术能高度特异性的对自然水样中的藻种进行检测，检测的最小极限得到 2.5 个/毫升水样。

qPCR 技术的优化。先用普通的 PCR 仪检测引物对目标浮游生物是否有特异性，并且一定要使用针对某一浮游生物种类设计的高特异性引物。由于不同的 DNA 提取方法对的结果有很大差别，因此，需优化 DNA 的提取方法，从而发挥 qPCR 技术的最大效能。qPCR 技术具有特异性强，灵敏度高等优势，但存在检测成本高，荧光探针保存时间短等不足。

3. 限制性片段长度多态性聚合酶链技术（polymerase chain reaction-restriction fragment length rolymorphism，PCR-RFLP）和末端限制性片段长度多态性技术（terminal-restriction fragment length polymorphism，T-RFLP）

PCR-RFLP 技术是指用特异设计的 PCR 引物扩增目标，然后对扩增产物进行酶切处理，再检测其多态性。由于不同藻株基因组的限制性内切酶的酶切位点不同，其酶切片段的大小发生了变化，而这种变化可以通过特定图谱或探针杂交进行检测，从而比较不同藻株的 DNA 水平的差异，并对藻株进行分类。Lu 等用此法对一些蓝藻的 cpcBA 基因进行分析后发现，通过 HinfⅠ、Ddef、Aluf、Taqf 四种酶切图谱能清楚地辨别出藻种，并认为这种方法能快速鉴定出蓝藻类别。

大多的 PCR-RFLP 是通过通用引物扩增检测的，但不同的物种扩增条件存在差异，所以，用标准株设计正交实验来对扩增条件和酶切反应中的条件进行优化，建立不同藻类最适合的 PCR-RFLP 条件。

T-RFLP 技术是指用 16S rRNA 的保守区段设计通用引物，用荧光物质标记其中一个引物的 5'末端，提取待分析的样品总 DNA，作为模板进行 PCR 扩增，将产物用相应的限制性内切酶消化，自动测序仪检测消化的 PCR 产物，比对标准株 PCR 扩增产物，从而可以比较不同藻株，并对藻株进行分类。T-RFLP 存在一定的技术限制性，在结果图谱中，一个荧光峰至少代表一个或几个亲缘关系比较近的种株，并不太清楚具体的峰来自 1 个或 2 个物种，并且不同酶消化，结果会产生不同差异，因此单一方法只能是一个大致的推测，并不是确定的结果，所以还需要结合其他方法进行进一步的确定。

4. 随机扩增多态性 DNA 标记 PCR 技术（random amplified polymorphic DNA-polymerase chain reaction，RAPD-PCR）

利用一系列约 10 个核苷酸长度的随机序列寡核苷酸作为引物，以生物基因组 DNA 作为模板进行 PCR 扩增，将扩增产物进行凝胶电泳，通过电泳结果来分析 DNA 序列的多态性及目的藻类的种属，Neilan 等用此方法分析了产毒蓝藻的特点，并得出理想的结果，此技术可用于藻类种属鉴定。

RAPD 也存在一定的技术限制性，由于 RAPD 的重复性不佳，需要增加样本量和细致标准化操作来解决问题，还可以回收凝胶上具有种特异性的条带，测定序列沿模板方向延长产物的长度来提高特异性，通过电泳分离的片段大小鉴定不同的种或属。并且这种技术需要在无菌条件下进行。

5. PCR 结合变性高效液相色谱 DHPLC 技术（polymerase chain reaction-denaturing high performance liquid chromatography，PCR-DHPLC）

DHPLC 是利用样品分子和离子对固定相亲和力的差异，在以流动相洗脱时不同大小或者不同序列的核苷酸片段分子在固定相上移动速率不同而达到分离的目的。PCR 结合 DHPLC 技术是新近发展起来的高灵敏度、高通量检测新技术，将 DNA 样品注入并在缓冲液携带下通过专用的 DNA 分离柱，得到分离的待检藻类的特有基因序列，设计 PCR 引物进行扩增，以 DHPLC 技术可分离核酸扩增片段，能快速、高通量检测藻类。余政梁等采用 PCR-DHPLC 法检测硅藻 SSU 基因，评估其在溺死诊断中的应用价值。

6. PCR 毛细管电泳技术（polymerase chain reaction-capillary electrophoresis，PCR-CE）

毛细管电泳（CE）是一类以毛细管为分离通道，以高压直流电场为驱动力的新型液相分离技术。将 PCR 结合毛细管电泳，用以快速鉴定物种 DNA。首先以特异性引物对藻类进行扩增，然后采用毛细管电泳系统对扩增片段进行分析，扩增 DNA 产物因片段大小差异而分开，再与标准株结果比对，从而大致确定为所属藻种（属）。由于扩增出来的相同大小的片段可能不只包括一个单纯的种属，所以还需要进一步测序等技术进行确认。

7. PCR–聚丙烯酰胺凝胶电泳技术（polymerase chain reaction-polyacylamide gel electrophoresis，PCR-PAGE）

聚丙烯酰胺凝胶是由丙烯酰胺（acrylamide，Acr）单体相互聚合成多条长链，再与 N,N–甲叉双丙烯酰（methylene-bisacrylamide，Bis）在引发剂和加速剂的作用下交联而成的凝聚胶多孔聚合物。凝胶孔径的大小可通过控制单体和交联剂的浓度来调节，从而满足不同分子量物质的分离要求。由于不同的 DNA 分子质量不同，根据 DNA 条带迁移率不同来区别。把从浮游生物中提取的 DNA 通过 PCR 扩增后，再进行 PAGE，将 PCR 产物片段谱带与标样数据库对比，从而确定所属藻种（属）。

PCR-PAGE 也存在一定的技术限制性，PCR-PAGE 检测技术虽然检测成本低，但如果仅判断凝胶上的谱带大小，若产物条带较弱，扩增片段大小近似时，该技术的分辨力就受到局限。

8. 宏基因组分析技术（megagenomics analysis）

使用 454–焦磷酸测序的宏基因检测技术等新一代测序技术，能更全面地鉴定广谱微生物。Eiji Kakizaki 等曾使用 Roche 的焦磷酸 454 测序平台对来自 2 个溺死受害者的血液和各种器官的进行了宏基因分析，检出各种水生浮游生物的 DNA，包括蓝藻的细菌，及硅藻、隐藻、硅藻鞭纲、金藻纲和共球藻纲的藻类。在这些浮游生物中，水生细菌如气单胞菌属和弧菌占了绝对优势，这表明浮游细菌可作为呛水的优秀指标。因为宏基因组检验成本高，数据分析尚未成熟，所以还需要深入研究溺死浮游生物的相关基因，才能推动宏基因组测序的规模应用。

除了以上的主要技术方法外，还有例如被成功用于蓝藻分类的长串联重复单位（LTR）和短串联重复单位（STR）技术等。因此，在应用过程中，要根据不同检测技术的优势，结合使用，方可快速准确地对藻类进行分类。

第四节　溺死相关浮游生物基因操作方法

水中尸体的死因诊断，传统检测方法不够灵敏且耗时，采用分子生物学技术检测尸体不同脏器中含有的水生浮游生物进行溺死诊断，具有多种检测方法，结果相对可靠，辅助加强证据力度，有较好的法医学应用前景。

一、PCR-DGGC 法检测浮游生物 16S rDNA

2008 年，何方刚等通过 PCR-DGGE 法检测浮游生物 16S rDNA，分析扩增产物的 DGGE 谱图得出不同水域水样扩增产物存在明显差异：溺死动物肺组织与相应溺水地点水样的扩增产物有显著相似性，与非溺死地点水样扩增产物差异显著。结果表明，PCR-DGGE 法检测浮游生物 16S rDNA 具备可用于溺死诊断的潜力，而且可通过比较推断溺死地点，在法医学溺死诊断中有较好的应用前景。通过藻类特异性引物对组织样本中基因组 DNA 进行扩增，对扩增产物进行 DGGE 谱图分析，可降低 PCR 杂质影响，更准确和有效地体现溺死者脏器内藻类分布。

针对浮游生物 16S rDNA 基因设计特异性引物，采用 PCR-DGGE 法检测试验动物兔脏器样本中的浮游生物，将其与水样检测结果对比，进行溺死地点推断。

（一）材料

1. 试剂

Percoll 溶液、5% Chelex-100、6% 聚丙烯酰胺、7 M 尿素、甲酰胺、0.5% 溴酚蓝、0.5% 二甲苯青、70% 丙三醇、Premix Taq 酶（Takara）、超纯水。

2. 样本

（1）藻类：铜绿微囊藻（*Microcystis aeruginosa*），梅尼小环藻（*Cyclotella meneghiniana*），水华鱼腥藻（*Anabaena flos-aquae*），黏球藻（*Gloeocapsa*）。

（2）试验兔组织：30 只大白兔（肺、肝、肾），雌雄不限，随机分配，分为 3 组，包括溺死组（$n=12$），死后抛尸（$n=12$），对照组（$n=6$）。

（3）水样：湖北省武汉市东湖、墨水湖和月湖

（二）方法

1. 引物

采用 Nubel 等报道的扩增浮游生物 16S rDNA 的引物，由上海生工生物技术服务有限公司合成，引物序列如表 10 – 10。

表 10 – 10　扩增浮游生物 16S rDNA 序列引物

引物名称	引物序列
CYA-F	5′-GGGGATYTTCCGCAATGGG-3′
CYA-R（a）	5′-GACTACTGGGGTATCTAATCCCATT-3′
CYA-R（b）	5′-GACTACAGGGGTATCTAATCCCTTT-3′

2. 浮游生物的分离及其 DNA 的提取

（1）浮游生物分离。根据 Terazawa 等报道的方法进行改良。取 8 mL Percoll 溶液与 2 mL 组织匀浆液或心血混匀后，转移至 10 mL 离心管中，离心后吸去上层组织层，在下层液体加入一定体积的超纯水混匀，再离心。弃上清液，向沉渣中加入 5 mL 超纯水，

重新悬浮。最后，弃上清液，沉淀用于 DNA 提取。

（2）DNA 提取。向沉淀中加入 5% Chelex-100 180 μL，-80 ℃冷冻 30 min，取出后立即于 56 ℃水浴箱中解冻，重复冻融 1 次，然后按常规 Chelex-100 法提取 DNA。

3. PCR 扩增

PCR 反应体系（10 μL）：200 μmol/L dNTPs，50 mmol/L KCl，10 mmol/L Tris-HCl（pH 8.3），1.5 mmol/L MgCl₂，CYA 引物浓度 0.5 μmol/L，TaqDNA 聚合酶，模板 DNA 2 μL。

PCR 扩增条件：95 ℃预变性 2 min，94 ℃变性 45 s，60 ℃退火 50 s，72 ℃延伸 1 min，38 个循环，最后，72 ℃再延伸 10 min。

4. 梯度凝胶电泳检测

扩增产物用 2%琼脂糖凝胶分离后溴化乙锭显色。DGGE 检测采用 Bio-Rad 公司的 DCode 通用突变检测系统。变性梯度凝胶采用 6%的聚丙烯酰胺，变性剂浓度范围为 20%～60%。扩增产物加入等体积的 DGGE 载样缓冲液混匀，当 1×TAE 电泳缓冲液升温至 60 缓时上样。电泳条件：150 V 60 ℃电泳 6 h，电泳后常规银染显带。

（三）结果

1. 浮游生物 16S rDNA 基因定性分析

YA 引物扩增的产物大小为 487 bp（含 GC 夹），各组检测结果见图 10-15。

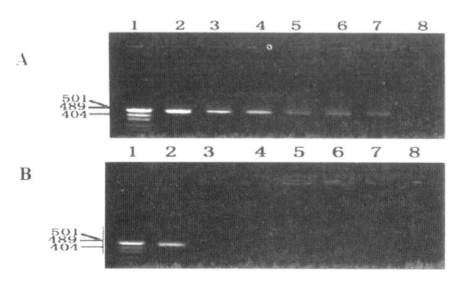

图 10-15 溺死组（A）和对照组（B）不同组织浮游生物 16S rDNA 扩增产物琼脂糖电泳

泳道 1：PUC 19DNA/Msp I marker；泳道 2：水样；泳道 3~7：分别为肺、肝、肾、心血和脑组织；泳道 8：阴性对照。

资料来源：何方刚，黄代新，刘良，等. PCR-DGGE 法检测浮游生物 16S rDNA 在溺死鉴定中的应用 [J]. 中国法医学杂志，2008（4）：234-237.

2. 试验兔组织脏器检测结果

试验结果表明：溺死组（12 只）肺、肝、肾、血和脑的检出率分别为：100%、

83%、75%、83%和42%。死后抛尸组（12只）肺、肝、肾、血和脑的检出率分别为100%、83%、75%、83%和42%。对照组（6只）肺、肝、肾、血和脑结果均为阴性。

3.3 DGGE检测结果

以武汉地区常见的浮游生物——梅尼氏小环藻、铜绿微囊藻、水华鱼腥藻、黏球藻经CYA引物扩增的产物混合物作为分子标记。不同地点水样和溺死动物肺组织中浮游生物的检测结果见图10-16。

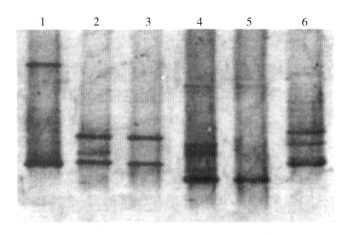

图10-16　不同样本中提取产物的DGGE电泳结果

泳道1：不同藻种扩增产物混合物（上带：黏球藻；下带：铜绿微囊藻、水华鱼腥藻和梅尼氏小环藻）；泳道2、4、6：分别为墨水湖、东湖和月湖水样；泳道3、5：分别为墨水湖和东湖溺死动物肺组织浮游生物扩增产物。

资料来源：何方刚，黄代新，刘良，等. PCR-DGGE法检测浮游生物16S rDNA在溺死鉴定中的应用[J]. 中国法医学杂志，2008（4）：234-237.

本实验中，在有浮游生物存在的样本中，均能扩增出487 bp的16S rDNA基因片段（图10-15），经DGGE分析后显示出多条带（图10-16），即各个样本的产物中存在数个长度相同但碱基序有差异的片段，表明样本中有多种浮游生物存在。

通过对产物DGGE电泳条带的多样性分析表明：①不同水域水样扩增产物存在明显差异（图10-16中的2、4和6）。②溺死动物肺组织与相应溺水地点水样中产物有显著的相似性（图10-16中的2和3，4和5），与非溺死地点水样中的产物差异显著。

结果表明，用PCR-DGGE技术检测浮游生物16S rDNA不仅有助于定性诊断溺死，而且通过比较可以推断溺死地点。

二、PCR-CE法检测藻类16S rDNA基因用于溺死诊断

目前普遍认为16S rDNA是功能与结构上一保守基因，但区分一些物种序列之间的差异性不够充分。此外，16S rDNA还用于调查自然环境中藻类的存在以及其丰富度。

2015年，李鹏等通过PCR-CE法检测藻类16S rDNA基因用于溺死诊断。

（一）材料

实验动物分组 35只大白兔由广东省动物实验中心提供，雌雄不限，质量2.4~3.4 kg，

随机分成 3 组：生前入水组（$n=15$）、死后入水组（$n=15$）和对照组（$n=5$）。

在南沙虎门大桥处，将生前入水组实验兔置笼中，沉入海水下 0.5 m，5 s 后提出水面 10 s，再重新沉入相同海水深处，重复上述步骤直至实验兔溺死，死后在水下 0.5 m 处浸泡 24 h；死后入水组采用空气栓塞法处死后，置于相同水深浸泡 24 h 后取出；对照组采用空气栓塞法处死后不做任何处理。

样本收集：①取溺死地点水样 500 mL，实验兔肺脏、肝脏、肾脏各 3 g，−40 ℃ 冰箱保存。②微波消解－真空抽滤－电镜扫描检测过的 20 例水中尸体的肝脏样本 20 份由广州市刑事科学技术研究所提供（每例水中尸体采集 1 份肝脏样本，共 20 份肝脏样本，其中 14 份硅藻阳性）。③硅藻——直链藻（*Melosira*）、小环藻（*Cyclotella* sp.）、舟形藻（*Navicula* sp.）、菱形藻（*Nitzschia* sp.）、针杆藻（*Synedra radians*）由中国科学院水生生物研究所提供；蓝藻——铜绿微囊藻（*Microcystis aeruginosa*）；绿藻——小球藻（*Chlorella*）由暨南大学赤潮与水生生物学研究中心提供。白色念珠菌（*Candida albicans*）（真菌），肉毒梭状芽孢杆菌（*Clostridium botulinum*）（细菌）由广州市微生物研究所提供。

（二）方法

1. 藻类、细菌及真菌 DNA 的提取

水样 2 mL，12 000 r/min 离心 15 min，去上清液；组织样本约 500 mg 剪碎加入 PowerBead Tubes 中，同时加入 10 μL 蛋白酶 K（20 mg/mL），恒温混匀仪 56 ℃，2 h，95 ℃，8 min。使用 PowerSoil™ DNA Isolation Kit 试剂盒提取组织中藻类，7 种已知藻类、细菌及真菌 DNA。

2. PCR 扩增

使用引物扩增藻类 16S rDNA 特异性片段，引物对序列如表 10−11。

表 10−11　扩增藻类 16S rDNA 引物

引物名称	引物序列
359-F	5′-GGGGATYTTCCGCAATGGG-3′
781-R（a）	5′-GACTACTGGGGTATCTAATCCCATT-3′
781-R（b）	5′-GACTACAGGGGTATCTAATCCCTTT-3′

PCR 反应体系（25 μL）：12.5 μL Premix Tap，上下游引物各 1 μL（10 μmol/L，下游引物即 781R（a）与 781R（b）等浓度、体积混合），9.5 μL 无离子水，1 μL DNA 模板。PCR 扩增条件：94 ℃ 预变性 5 min，94 ℃ 变性 30 s，60 ℃ 退火 30 s，72 ℃ 延伸 40 s，35 个循环，最后 72 ℃ 再延伸 10 min。

3. PCR 扩增产物检测

5 μL 扩增产物经 8% 聚丙烯酰胺凝胶（3%）电泳后银染显带。本实验中使用毛细管电泳（CE）技术测量 7 种藻类 DNA 经 PCR 扩增后的产物大小。LIZ500 内标 0.3 μL，9 μL 甲酰胺，1 μL PCR 产物混合后作为毛细管电泳上样样品。

4. 统计学分析

采用 SPSS 13.0 统计软件进行统计分析。组间率的比较用 χ^2 检验，$P<0.05$ 为差异具有统计学意义。

（三）结果

1. 引物特异性验证

使用引物扩增 7 种藻类 DNA 后，PCR 产物经 PAGE 电泳银染显示结果为阳性且产物片断大小相似，约 420 bp（图 10-17）。

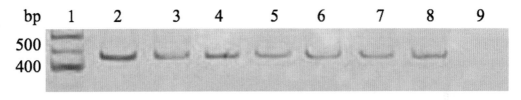

图 10-17　7 种藻类 PCR 产物银染电泳结果

泳道 1：1 000 bp Marker；泳道 2~8：分别为铜绿微囊藻、直链藻、菱形藻、针杆藻、舟形藻、小球藻、小环藻；泳道 9：空白对照。

资料来源：李鹏，徐曲毅，陈玲，等. 检测藻类 16SrDNA 特异性片段在溺死诊断中的应用［J］. 南方医科大学学报，2015，35（8）：1215-1218.

引物扩增人基因组、兔基因组、真菌基因组、细菌基因组电泳银染结果为阴性，显示本文所用引物针对溺死相关藻类基因组具有较好的特异性（图 10-18）。

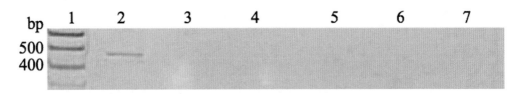

图 10-18　引物对人、实验兔、真菌、细菌基因组特异性验证

泳道 1：1 000 bp Marker；泳道 2~6：分别为阳性对照、人基因组 DNA、兔子基因组、真菌基因组、细菌基因组；泳道 7：空白对照。

资料来源：李鹏，徐曲毅，陈玲，等. 检测藻类 16SrDNA 特异性片段在溺死诊断中的应用［J］. 南方医科大学学报，2015，35（8）：1215-1218.

2. 生前入水组及各组实验兔脏器中藻类 PCR 扩增结果

生前入水组（$n=15$）、死后入水组（$n=15$）和对照组（$n=5$）肺、肝、肾的检材中提取的藻类 DNA 在相同条件下经本文引物 PCR 扩增，银染显带，藻类 16S rDNA 检出率结果见表 10-12。生前入水组与死后入水组各种脏器间阳性率具有统计学差异（$P<0.05$）。

表10-12　各组实验兔不同组织器官检出例数与阳性率

分组	检出例数（阳性率）		
	肺	肾	肝
溺死组（$n=15$）	15（100%）	13（86%）	13（86%）
死后入水组（$n=15$）	2（13%）	0（0）	0（0）
对照组	0（0）	0（0）	0（0）

3. PCR法检测20份经MD-VF-Auto SEM检测过的水中尸体肝脏样本结果

20份样本中19份样本两种方法检测结果一致（表10-13）。结果显示，本文引物能同时检测其他与溺死相关藻类，具有较高的阳性率、灵敏度及特异性，操作简便、易于推广，在溺死诊断中有良好的应用前景。

表10-13　PCR法与MD-VF-Auto SEM法检测水中尸体脏器样本藻类检测结果

样本编号	MD-VF-Auto SEM	PCR
1	+	+
2	-	-
3	+	+
4	+	+
5	-	-
6	+	+
7	-	-
8	+	+
9	+	+
10	+	+
11	+	+
12	-	-
13	+	+
14	+	+
15	+	+
16	+	+
17	+	+
18	-	+
19	+	+
20	+	+

注：+表示阳性，-表示阴性。

三、PCR – DHPLC 法检测硅藻 SSU 基因用于溺死诊断

2013 年，余政梁等将 60 只实验兔随机分为生前溺死（水中溺毙）、死后入水（空气栓塞致死后入水）、对照组（空气栓塞致死后不做处理），取溺死人体脏器组织检材提取硅藻 DNA，PCR 扩增硅藻特异的核糖体小亚基（SSU）片段，用琼脂糖凝胶电泳检测、DHPLC 检测分析。结果显示，6 份硝酸消化法检测阴性的溺死人体器官组织检材经 PCR 及琼脂糖凝胶电泳检出 5 例阳性。生前溺死组肺、肝、肾硅藻检出率分别为 100%、90%、85%，死后入水组仅肺检出硅藻（15%），对照组各组织均为阴性；生前溺死组检出率明显高于死后入水组（$P < 0.05$）。10 份溺死人体器官组织检材采用 DHPLC 法检出硅藻种类明显多于微波消解 – 扫描电镜法（$P < 0.05$）。脏器检出硅藻种类与溺死点水样一致。表明采用 PCR – DHPLC 法检测硅藻 SSU 基因，有助于溺死诊断和溺死地点的推断，具有法医学应用价值。

（一）材料

1. 试剂

PowerSoil™ DNA Isolation Kit 试剂盒（MO BIO），蛋白酶 K（Qiagen），Premix Taq 酶（Takara），5×TBE 缓冲液，琼脂糖，溴化乙锭。

2. 样本

（1）60 只实验兔分为生前溺死组、死后入水组和对照组，每组均 20 只，提取各组兔子肺、肝、肾边缘部位组织各 3 g，置于 –40 ℃冰箱保存。

（2）6 份硝酸消化法检测硅藻为阴性的溺死人体肾组织检材，由广州市刑事科学技术研究所及南方医科大学司法鉴定中心提供。

（3）10 份溺死人体肝、肾组织检材，由广州市刑事科学技术研究所提供。

（4）对照样本：广州珠江段 5 种最常见硅藻样本直链（*Melosira*）、小环藻（*Cyclotella* sp.）、舟形藻（*Navicula* sp.）、菱形藻（*Nitzschia* sp.）、针杆藻（*Synedra radians*）由中国科学院水生生物研究所提供；3 种海水中常见非硅藻藻类甲藻类（*Scrippsiella trochoidea*）、扁藻类（*Platymonas elliptica*）、原甲藻类（*Prorocentrales*）由暨南大学赤潮与海洋生物学研究中心提供；人基因组 DNA、兔基因组 DNA 由南方医科大学医学遗传学教研室提供；提取溺死地点水样、3 种非硅藻藻类水样各 5 mL。

（二）方法

1. DNA 的提取

取水样 2 mL，12 000 r/min 离心 10 min，组织样本各取 0.5 g，剪碎备检。使用 MoBio PowerSoil™ DNA Isolation 强力土壤 DNA 提取试剂盒（深圳市安必胜科技有限公司），提取 DNA（无需纯化）。

2. PCR 扩增

采用 LAURA 等报道的引物扩增硅藻 SSU 基因，引物序列见表 10 – 14。

表 10 −14 硅藻 SSU 基因引物

引物名	序列	产物大小/bp
Dia-516R	CTC ATT CCA ATT GCC AGA CC	380
A145f	CCG TAG TAA TTC TAG AGC TAA TA	

注：引物由上海生工生物工程技术服务有限公司合成。

PCR 反应体系（50 μL）：0.2 mmol/L dNTPs，3 mmol/L $MgCl_2$，2 条引物浓度均为 10 μmol/L，0.1 U/μLTaq DNA 聚合酶，2×PCR 缓冲液，模板 DNA 1 μL（模板浓度为 10 μg/mL）。PCR 扩增条件：94 ℃预变性 2 min，94 ℃变性 30 s，53 ℃退火 45 s，72 ℃延伸 45 s，35 个循环，最后，72 ℃再延伸 15 min。

3. PCR 产物检测

所有扩增产物用均用 2%琼脂糖凝胶分离后溴化乙锭显色。其中，生前溺死组大白兔与溺死点水样扩增产物结果再使用 DHPLC 法检测。

（三）结果

各对照样本经本文方法进行 PCR 扩增，产物经电泳和溴化乙锭显色，结果见图 10 −19，硅藻 SSU 基因扩增产物大小为 380 bp。非硅藻类及兔、人基因组 DNA 未检出扩增产物。

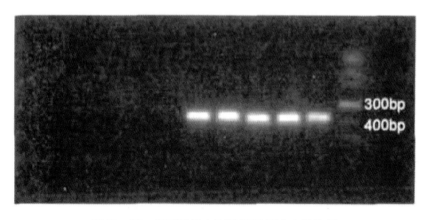

图 10 −19 各对照样本检测 PCR 产物电泳结果

从右至左依次为：舟形藻、针杆藻、菱形藻、直链藻、小环藻、原甲藻类、扁藻类、甲藻类、兔基因组 DNA、人基因组 DNA。

资料来源：余政梁, 刘超, 胡孙林, 等. PCR-DHPLC 法检测硅藻 SSU 基因在溺死鉴定中的应用［J］. 中国法医学杂志, 2013（6）：457 −460.

6 份经硝酸消化法检测硅藻为阴性的溺死人体器官组织检材，5 份检出硅藻 SSU 基因扩增产物（380 bp），见图 10 −20。

生前溺死组、死后入水组和对照组大白兔肺、肝、肾边缘部位组织检材，经本文方法进行 PCR 扩增，产物经电泳和溴化乙锭显色，结果硅藻 SSU 基因检出率见表 10 −15。

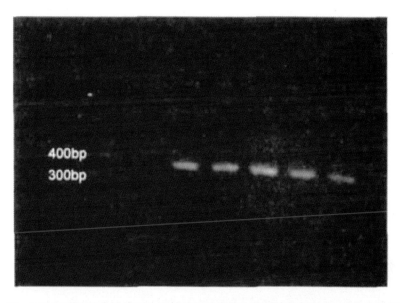

图 10-20 6 份经硝酸消化法检测为阴性结果的溺死人体器官组织检材 PCR 产物电泳结果
资料来源：余政梁，刘超，胡孙林，等. PCR-DHPLC 法检测硅藻 SSU 基因在溺死鉴定中的应用 [J]. 中国法医学杂志，2013（6）：457-460.

表 10-15 各组实验兔不同组织器官硅藻检出例数与检出率

组织器官	例数	检出例数（检出率）		
		生前溺死组	死后入水组	对照组
肺	20	20（100%）	3（15%）	0（0）
肝	20	18（90%）	0（0）	0（0）
肾	20	17（85%）	0（0）	0（0）

经 χ^2 检验，生前溺死组肺、肝、肾硅藻检出率明显高于死后入水组，且有统计学差异（$P<0.05$）。

以参数优化的 DHPLC 法对广州珠江段 5 种最常见硅藻 PCR 产物进行检测结果见图 10-21。生前溺死组大白兔与溺死点水样对比检测结果可见，10 份溺死人体器官组织检材用 DHPLC 法可检出多种检验硅藻（图 10-22 和图 10-23）。

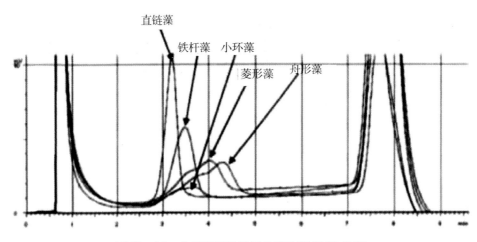

图 10-21　广州珠江段常见 5 种硅藻 DHPLC 峰

资料来源：余政梁，刘超，胡孙林，等. PCR-DHPLC 法检测硅藻 SSU 基因在溺死鉴定中的应用 [J]. 中国法医学杂志，2013（6）：457-460.

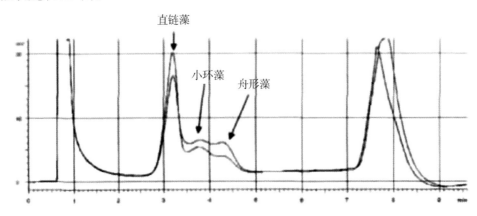

图 10-22　溺死兔子 1 肺脏与溺死地点水样检出硅藻 DHPLC 峰

资料来源：余政梁，刘超，胡孙林，等. PCR-DHPLC 法检测硅藻 SSU 基因在溺死鉴定中的应用 [J]. 中国法医学杂志，2013（6）：457-460.

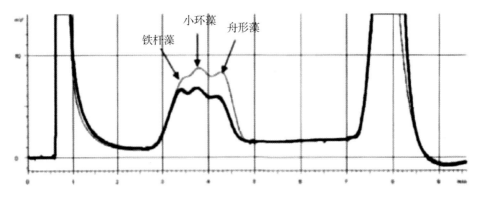

图 10-23　溺死兔子 2 肺脏与溺死地点水样检出硅藻 DHPLC 峰

资料来源：余政梁，刘超，胡孙林，等. PCR-DHPLC 法检测硅藻 SSU 基因在溺死鉴定中的应用 [J]. 中国法医学杂志，2013（6）：457-460.

四、PCR-CE 法检测硅藻 *rbc*L 基因用于溺死诊断

我们建立了基于硅藻叶绿体 *rbc*L 基因的特异性引物检测溺死尸体组织样本中硅藻的 *rbc*L 特异性基因片段的 PCR-CE 方法,扩增已知浮游藻及相关菌标准株,观察其引物特异性。利用该方法,确定组织样本中硅藻的特异性 *rbc*L 特异性基因片段,推断水中尸体死因。

(一)材料

1. 试剂

PowerSoil™ DNA Isolation Kit 试剂盒(MO BIO)、蛋白酶 K(Qiagen)、二硫苏糖醇 DTT(Promega)、Premix Taq 酶(Takara)、甲酰胺(Thermo Fisher Scientific)、CC5ILS500(Thermo Fisher Scientific)、超纯水、POP4 胶(Thermo Fisher Scientific)、EDTA、Qubit dsDNA HS Assay Kit(Thermo Fisher Scientific)

2. 样本

(1)溺死相关的 21 种标准藻株:斜生栅藻(*Scenedesmus obliquus*)、镰形纤维藻(*Ankistrodesmus falcatus*)、蛋白核小球藻(*Chlorella pyrenoidosa*)、普通小球藻(*Chlorella vulgaris*)、念珠藻(*Nostoc*)、单岐藻(*Tolypothrix*)、柔细束丝藻(*Aphanizomenon gracile*)、鱼腥藻(*Anabaena* sp.)、产毒微囊藻(*toxic Microcystis*)、铜绿微囊藻(*microcystis aeruginosa*)、变异直链藻(*Melosira varians*)、小环藻(*Cyclotella* sp.)、舟形藻(*Navicula* sp.)、菱形藻(*Nitzschia* sp.)、针杆藻(*Synedra radians*);衣藻(*Chlamydomonas*)、土壤藻(*Soil algae*)、四列藻(*Tetraselmistetrathele*)、骨条藻(*Skeletonema*)、脆杆藻(*Fragilaria* sp.)、假鱼腥藻(*Pseudanabaena* sp.)。

5 种浮游水生标准菌株:嗜水气单胞菌(*Aeromonas hydrophila*)、杀鲑气单胞菌(*Aeromonas salmonicida*)、维氏气单胞菌(*Aeromonas veronii*)、温和气单胞菌(*Aeromonas sobria*)、鲇爱德华氏菌(*Edwardsiella ictaluri*)标准菌株。

3 种人体共生标准菌株:白色念珠菌(*Candida albicans*)、大肠杆菌(*Escherichia coli*)、长双歧杆菌(*Bifidobacterium longum*)标准菌株。

(2)尸体组织样本:选取 35 例案件尸体(3 例陆地正常死亡尸体,2 例水中发现非溺死尸体,30 例溺死尸体)肺脏、肝脏和肾脏组织样本作为 PCR-CE 法检测样本。除肺脏外,按至少在尸体的肝脏或肾脏任一组织中硅藻 *rbc*L 基因检测阳性,计算硅藻 *rbc*L 基因检验的总阳性率(%)。

(二)方法

1. DNA 的提取与定量

组织样本约 0.5 g 剪碎,加入 600 μL PowerBead Tubes 裂解液,再添加 10 μL PK 和 10 μL DTT,恒温混匀仪参数设置温度 56 ℃,转速 1 400 r/min,振荡 2 h 后取出再添加 10 μL PK、10 μL DTT,继续振荡 1 h;使用 PowerSoil™ DNA Isolation Kit 试剂盒提取组织中藻类、21 种标准藻株、5 种浮游水生标准菌株及 3 种人体共生标准菌株 DNA。

Qubit 荧光定量仪定量方法：用 Qubit dsDNA HS Buffer 将 Qubit dsDNA HS Reagent 稀释 200 倍配成工作液待用，取 10 μL 标准品加 190 μL 工作液，取 5 μL 提取的 DNA 模板加 195 μL 工作液，振荡 2～3 s 混匀，室温、避光孵育 2 min，上机检测。

2. PCR 扩增

正向引物 5′ 端添加 FAM 荧光，由上海生工生物工程技术服务有限公司合成。（表 10-16）

表 10-16 引物 ND-*rbc*L 序列

引物名	序列（5′→3′）	产物大小/bp
F	CTC AAC CAT TCA TGC G	197
R	CTG TGT AAC CCA TAA C	

PCR 反应体系（20 μL）：10 μL PremixTaq，上下游引物各 0.75 μL（10 μmol/L，7.5 μL 超纯水，1 μL 模板 DNA。PCR 扩增条件：94 ℃预变性 10 min，94 ℃变性 55 s，47 ℃退火 1 min，72 ℃延伸 55 s，35 个循环，最后，72 ℃再延伸 7 min。

3. CE 检测扩增产物

取 1 μL PCR 产物，1 μL CC5LIS500 内标，10 μL 甲酰胺混合后，作为上样样品，进形 CE 片段分析。

4. PCR 产物测序

选取 CE 检测为阳性的所有水中尸体肺脏、肝脏和肾脏样本的 PCR 扩增产物，由上海生工生物工程技术服务有限公司测序，结果与 NCBI 数据库比对。

（三）结果

使用引物 ND-*rbc*L 对 21 种标准藻株、5 种浮游水生标准菌株、3 种人体共生标准菌株和人类 DNA 进行扩增。其中，舟形藻、菱形藻、小环藻、变异直链藻、针杆藻和骨条藻 6 种硅藻的 CE 检测结果为阳性，DNA 片段为 197 bp，其他为阴性。取 1 μL PCR 产物，1 μL CC5LIS500 内标，10 μL 甲酰胺混合后，作为上样样品，进形 CE 片段分析，得到 197 bp 的片段峰图，谱图如图 10-24。

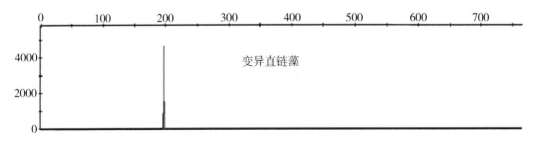

图 10-24 毛细管电泳检测峰谱图

第十章 溺死相关浮游生物 DNA 检测

PCR – CE 方法检测 35 例尸体（3 例陆地正常死亡尸体，2 例水中发现非溺死尸体，30 例溺死尸体）的组织样本，肺脏、肝脏和肾脏硅藻检出率分别为 100%、63.3% 和 53.3%，检测总阳性率为 83.3%。

选取 CE 检测为阳性的所有水中尸体肺脏、肝脏和肾脏样本的 PCR 扩增产物，由上海生工生物工程技术服务有限公司测序，结果与 NCBI 数据库比对。阳性样本（肺部）的测序结果为：ACCTACTACAGCACATTGCTTTAGCATACTCAGCACGTTTGTATACTTCTT-CCATAGTAGCAGCTGTGATGTTTAAGTATGAACCTTTAACTTCACCGGTTGCAGCGGATGCA-CGGTTAATACCTTCTAAACAATTTAAGAAACGTTCTCTCCAACGCATAAAGAATTGAGA。（图 10 – 25）

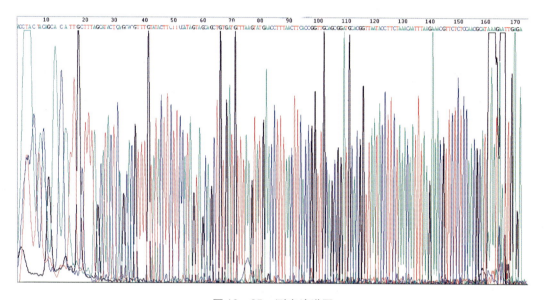

图 10 – 25　测序峰谱图

测序结果经 Blast 比对，与小环藻的叶绿体 *rbc*L 基因匹配度最高，与 Genbank 中 DQ514827.1、JF923132.1 等硅藻 *rbc*L 基因同源性达 96%。

在尸体解剖严格控制污染的条件下，如尸体样本（肝脏和肾脏）检测 ND-*rbc*L 基因结果为阳性，且其扩增产物测序后与 NCBI 数据库比对，根据同源性确定尸体样本（肝脏和肾脏）中含有硅藻的特定基因 ND-*rbc*L，进而确定死因为溺死。

五、实时荧光定量 PCR（qPCR）检测硅藻 UPA 基因用于溺死诊断

UPA 基因是叶绿体 23S rRNA 基因的 V 结构域，长度约 370 bp，具有较高的分辨率，适用于硅藻基因检验，我们针对硅藻 UPA 基因保守区域设计特异性引物以检测水中尸体组织脏器中的硅藻，建立了基于硅藻 UPA 基因的特异性引物检测溺死尸体组织样本中硅藻的 UPA 特异性基因片段的（qPCR）方法，扩增已知浮游藻及相关菌标准

株,观察其引物特异性。利用该方法,确定组织样本中硅藻的特异性 UPA 特异性基因片段,推断水中尸体死因。

(一) 材料

1. 细菌样本

人体共生菌、长双歧杆菌(*Bifidobacterium longum*)。大肠杆菌(*Escherichia coli*),浮游细菌:杀鲑气单胞菌(*Aeromonas salmonicida*)、维氏气单胞菌(*Aeromonas veronii*)、温和气单胞菌(*Aeromonas sobria*)。由广东省微生物研究所提供。

2. 藻类样本由中国科学院水生生物研究所提供

(1) 硅藻:直链藻(*Melosira*)、小环藻(*Cyclotella* sp.)、舟形藻(*Navicula* sp.)、菱形藻(*Nitzschia* sp.)、针杆藻(*Synedra radians*)。

(2) 绿藻:蛋白核小球藻(*Chlorella pyrenoidosa*)、普通小球藻(*Chlorella vulgaris*)、斜生栅藻(*Scenedesmus obliquus*)、镰形纤维藻(*Ankistrodesmus falcatus*)。

(3) 蓝藻:念珠藻(*Nostoc*)、单岐藻(*Tolypothrix*)、柔细束丝藻(*Aphanizomenon gracile*)、鱼腥藻(*Anabaena* sp.)、产毒微囊藻(*toxic Microcystis*)、铜绿微囊藻(*microcystis aeruginosa*)。

3. 尸体组织样本

32 例尸体组织样本(肺、肝、肾),其中生前溺水尸体 28 例,死后抛尸 1 例,陆地死亡尸体 3 例,由广州市刑事科学技术研究所提供。

(二) 方法

1. 引物设计

在 GeneBank 中检索所有硅藻 UPA 基因序列,输入 DNAStar 软件中进行序列同源性比较分析,同源序列输入 Primer Express 3.0 进行引物设计(表 10 - 17)。

表 10 - 17 UPA99 引物序列

引物名	序列(5′→3′)	产物大小/bp
UPA99-F	GGA AAC GTA CAA AGG TTT CC	99
UPA99-R	GTC GCT GCA CGA CTT GTA GG	

注:引物由上海生工生物工程技术服务有限公司合成。

2. DNA 的提取

指数增长期的藻类和菌种标准株各取 150 μL,尸体发现地点水样取 3 mL,剪碎的 32 例尸体组织样本(肺、肝和肾)0.5 g,离心收集细胞,分别加入含有 10 μL 的蛋白酶 K(Qiagen 公司)的 PowerBead Tubes 中,恒温混匀仪 56 ℃,2 h。根据 PowerSoil™ DNA Isolation Kit(深圳安必胜科技有限公司)试剂盒说明书提取藻类和菌种标准株,28 例尸体发现地点水样,32 例尸体肺、肝和肾的 DNA,-20 ℃ 分装保存待检。

3. 引物特异性验证

以人体共生菌(大肠杆菌、双歧杆菌)、浮游细菌(杀鲑气单胞菌、维氏气单胞菌、温和气单胞菌)、硅藻(针杆藻、舟形藻、直链藻、小环藻、菱形藻)、绿藻(蛋白核小球藻、普通小球藻、斜生栅藻、镰形纤维藻)、蓝藻(念珠藻、鱼腥藻、单岐藻、柔细束丝藻、产毒铜绿微囊藻、不产毒铜绿微囊藻)的基因组 DNA 为模板进行 qPCR 反应,以超纯水为阴性对照,验证引物 UPA99 的特异性。

4. 实时荧光定量 PCR 检测实际案例

PCR 反应体系(20 μL):SYBR Premix Ex Taq Ⅱ(2×)10 μL,正向引物(10 μmol/L)0.8 μL,反向引物(10 μmol/L)0.8 μL,ROX Reference Dye 0.4 μL,DNA 模板 2 μL,灭菌双蒸水 6 μL。扩增条件:95 ℃ 预变性 30 s;95 ℃ 3 s,60 ℃ 30 s,40 个循环;熔解曲线分析 95 ℃ 15 s,58 ℃ 1 min,95 ℃ 15 s。

检测标准:若 $Ct ≤ 35$,且呈现典型的扩增曲线,则为阳性结果;若 $Ct > 35$,或者无扩增信号,则为阴性结果。

(三) 结果

1. 引物特异性验证结果(图 10-26)

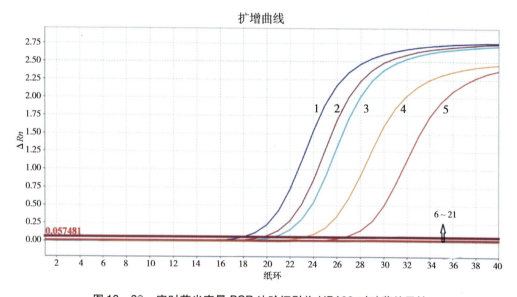

图 10-26 实时荧光定量 PCR 法验证引物 UPA99 对硅藻特异性

1. 小环藻;2. 菱形藻;3. 舟形藻;4. 针杆藻;5. 直链藻;6~20. 人体共生菌(大肠杆菌、双歧杆菌),浮游细菌(杀鲑气单胞菌、维氏气单胞菌、温和气单胞菌),绿藻(蛋白核小球藻、普通小球藻、斜生栅藻、镰形纤维藻),蓝藻(念珠藻、鱼腥藻、单岐藻、柔细束丝藻、产毒铜绿微囊藻、不产毒铜绿微囊藻);21. 超纯水(空白对照)。

由图 10-26 可见,只有 5 种硅藻出现扩增,对其他细菌和非硅藻藻类没有扩增曲线,对扩增产物进行测序,将测序所得序列在 NCBI 进行 BLAST 比对,比对结果图 10-27 显示,与硅藻门海链藻属 UPA 基因匹配度最高,同源性达 100%。表明上述引物可对硅藻进行特异性扩增。

Sequences producing significant alignments:

Select: All None Selected:0

Alignments Download GenBank Graphics Distance tree of results

Description	Max score	Total score	Query cover	E value	Ident	Accession
Dinophysis acuminata isolate 153 23S ribosomal RNA gene, partial sequence; plastid	292	292	100%	1e-75	100%	KP826908.1
Dinophysis acuminata isolate 152 23S ribosomal RNA gene, partial sequence; plastid	276	276	100%	1e-70	98%	KP826907.1
Dinophysis acuminata isolate 151 23S ribosomal RNA gene, partial sequence; plastid	270	270	100%	6e-69	97%	KP826906.1
Thalassiosira sp. A11 LG-2014 23S ribosomal RNA gene, partial sequence; chloroplast	270	270	100%	6e-69	97%	KJ671862.1
Thalassiosira curviseriata strain 1 23S ribosomal RNA gene, partial sequence; chloroplast	270	270	100%	6e-69	97%	KJ671857.1
Stephanopyxis turris strain 4 23S ribosomal RNA gene, partial sequence; chloroplast	270	270	100%	6e-69	97%	KJ671854.1
Skeletonema marinoi strain 17 23S ribosomal RNA gene, partial sequence; chloroplast	270	270	100%	6e-69	97%	KJ671849.1

图 10－27　引物 UPA159 扩增产物测序 Blast 比对结果

2. 实际案件检验结果

对 28 例溺死和 4 例非溺死死者的肺、肝、肾以及尸体发现地水样，利用本实验设计的硅藻特异性引物分别进行 qPCR 法检测。在 4 例非溺水死亡案例中均未检出 UPA 基因。在溺死案例中，对肺、肝、肾的硅藻检出率依次为 89.3%、71.4% 和 64.3%，总检出率是 82.1%，尸体发现地点水样的硅藻检出率也达到 82.1%。

尸体解剖时，在严格控制污染的条件下，如尸体样本（肝脏和肾脏）检测 UPA 基因结果为阳性，且其扩增产物测序后与 NCBI 数据库比对，根据同源性确定尸体样本（肝脏和肾脏）中含有硅藻的特定基因 UPA，进而确定死因为溺死。

六、PCR－CE 检测嗜水气生单胞菌 AH 基因用于溺死诊断

我们使用针对该菌 *gyr*B 基因特异性引物，采用 PCR 毛细管电泳检测分析，淡水溺死受害者脏器样本中的嗜水气单胞菌分子生物学检验方法，作为淡水溺死诊断的辅助指标。

（一）材料

18 种标准株和人基因组 DNA，包括衣藻（*Chlamydomonas*）、土壤藻（*Soil algae*）、四列藻（*Tetraselmistetrathele*）、假鱼腥藻（*Pseudanabaena* sp.）、骨条藻（*Skeletonema*）、脆杆藻（*Fragilaria* sp.）、满江红鱼腥藻（*Anabaena azollae*）、扁藻（*Tetraselmis*）、舟行藻（*Navicula* sp.）、小环藻（*Cyclotella* sp.）、菱形藻（*Nitzschia* sp.）、针杆藻（*Synedra radians*）、直链藻（*Melosira varians*）、硅鞭金藻（*Chlorella*）的标准藻株均购自中国科学院水生生物研究所；微囊藻（*Microcystis*）、小球藻（*Distephanus*）的标准藻株购自暨南大学赤潮与水生生物学研究中心；白色念珠菌（*Candida albicans*）和嗜水气单胞菌（*Aeromonas hydrophila*）的标准菌株购自广东省微生物研究所，人基因（女）和人基因（男）。

（二）方法

1. 引物

利用 *gyr*B 的引物，扩增检测嗜水气单胞菌的 *gyr*B 基因。引物序列如表 10－18。

表 10-18　AH 引物序列

引物名	序列 (5′→3′)	产物大小/bp
AH-F	GAA CGA CGC CTA TCA GGA AG	195
AH-R	ACG AGA TAA CG GCA ATC AG	

2. DNA 的提取

分别取各案件肺、肝、肾组织 0.5 g 剪碎加入 PowerBead 管中，加入 10 μL 蛋白酶 k (20 mg/mL)，置恒温混匀仪 56 ℃ 2 h 后，静置于 −20 ℃ 10 min，和 98 ℃ 10 min。按照 PowerSoil™ DNA Isolation Kit 试剂盒说明提取检材全基因组 DNA。

3. 引物特异性验证

引物分别对 18 种标准株和人基因组 DNA 进行 PCR 扩增，包括衣藻、土壤藻、四列藻、假鱼腥藻、骨条藻、脆杆藻、满江红鱼腥藻、扁藻、舟行藻、小环藻、菱形藻、针杆藻、直链藻、硅鞭金藻、微囊藻、小球藻、白色念珠菌、嗜水气单胞菌、人基因（女）、人基因（男）。将 PCR 产物进行 PAGE 电泳检测。

4. 实际案例检测

PCR 反应体系 (20 μL)：10 μL Premix Taq 酶，上下游引物各 0.75 μL (10 μmol/L)，7.5 μL 去离子水，1 μL 模板 DNA。PCR 扩增条件：94 ℃ 预变性 10 min；94 ℃ 变性 30 s，61 ℃ 退火 30 s，72 ℃ 再延伸 30 s，35 个循环，最后 72 ℃ 再延伸 10 min。

电泳参数设置：进样时间 18 s，进样电压 1.2 kV，进样电压 15 kV，电泳时间 40 min。点击 Applied Biosystem Data Collection 软件，在 Plate Manager 新建一个表，将 96 孔板中样本的对应信息输入表格。取 9 μL 甲酰胺，1 μL CC5ILS500 内标和 1 μL 扩增产物混匀后，加入 96 孔板相应位置，平板离心 30 s。电泳结束后，用 Gene mapper ID v3.2 软件对结果进行分析，当 $RFH > 200$ 时认为是阳性。

（三）结果

1. 引物特异性验证结果（图 10-28）

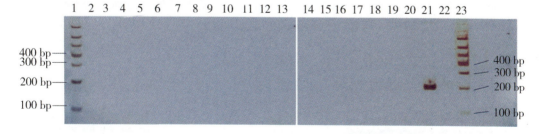

图 10-28　PCR-PAGE 法验证引物 AH 对嗜水气单胞菌 DNA 的特异性

泳道 1：DL 1000 Marker；泳道 2：衣藻；泳道 3：土壤藻；泳道 4：四列藻；泳道 5：假鱼腥藻；泳道 6：骨条藻；泳道 7：脆杆藻；泳道 8：满江红鱼腥藻；泳道 9：扁藻；泳道 10：人基因（女）；泳道 11：人基因（男）；泳道 12：舟行藻；泳道 13：小环藻；泳道 14：菱形藻；泳道 15：针杆藻；泳道 16：直链藻；泳道 17：小球藻；泳道 18：微囊藻；泳道 19：硅鞭金藻；泳道 20：白色念珠菌；泳道 21：嗜水气单胞菌；泳道 22：Blank；泳道 23：DL 1000 Marker。

图10-28结果表明，人、16种藻类以及白色念珠菌的DNA扩增后，未检出阳性片段，仅以嗜水气单胞菌标准株基因组DNA为模板，表明该引物对嗜水气单胞菌具有良好特异性。

2. 实际案例检测结果

PCR-CE检验结果表明：4例陆地自然死亡案件尸体的样本检测结果均为阴性；还有死后入水尸体样本检测结果均为阴性，仅对应水样检测阳性；而其余36例淡水溺死尸体的肺脏、肝脏、肾脏、尸体发现地水样检出率分别为97.2%，75.0%，61.1%和61.1%。

对检测结果为阳性的扩增产物进行测序，测序结果为：GCAGACTTGGCCTTCTTGCTG-TAGTCCTCTTTGTCCATGTAGGAGTTGAGGGTACGGGTCAGCGCGGTACGGAAGCCCACCAGG-TGGGTGCCGCCATCACGCTGCGGAATGTTGTTGGTGAAGCAGTAC ACCCCTTC。（图10-29）

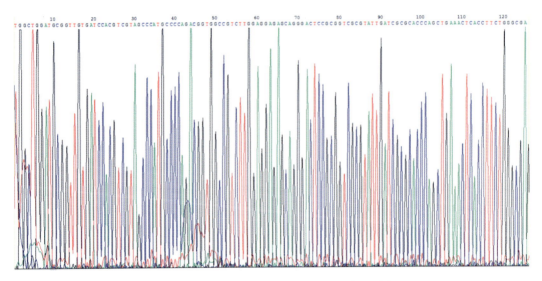

图10-29 AH引物检测案件阳性扩增产物测序

测序结果经Blast比对，与嗜水气单胞菌的 *gyr*B 基因匹配度最高，与Genbank中KY652258.1、KU193780.1等嗜水气单胞菌的 *gyr*B 基因同源性达100%。（图10-30）

图10-30 引物AH扩增产物测序Blast比对结果

尸体解剖时，在严格控制污染的条件下，如尸体样本（肝脏和肾脏）检测嗜水气单胞菌 gyrB 基因结果为阳性，且其扩增产物测序后与 NCBI 数据库比对，根据同源性确定尸体样本（肝脏和肾脏）中含有嗜水气单胞菌 gyrB 的特定基因 gyrB，进而确定死因为溺死。

七、利用高通量 454 焦磷酸测序方法检测水生细菌宏基因组多样性的溺死诊断

2007 年，已经归于 Roche Diagnostics 公司的 454 Life Sciences 发布了基因组测序系统——Genome Sequencer FLX System（GS FLX）；2009 年，Roche 发布了台式测序仪 GS Junior System。GS FLX+System 的读序列长度为 750～1 000 bp，而 GS Junior System 的读长则为 400 bp。每次运行需要跑 24 h，得到的数据量约为 0.7 Gb。Roche 454 平台测序原理是采用一种焦磷酸测序技术（pyrosequencing），它将 DNA 合成过程中每一个聚合上的 dNTP 聚合成功的信号转化为荧光素的光信号，通过检测光信号的有无及强度实现实时测定 DNA 序列的目的。主要有三个流程：DNA 文库制备、乳液 PCR（emulsion PCR，em PCR）和微型滴度板（pico titer plate，PTP）测序。

2012 年，Eiji Kakizaki 等利用 454 平台对 2 例尸体样本（淡水溺死和海水溺死各 1 例）中血液和器官中的水生微生物的多样性进行了研究。

详细技术方案：针对 V7 和 V8 的保守区域，设计水生微生物 16S rDNA 基因通用性引物，扩增文库，分析 454 焦磷酸测序结果，推断溺死。

基因组 DNA 提取纯化：组织样本装在 2.0 mL 管子里，以不锈钢均浆仪（mT-12；Taitec，Koshigaya，Japan）均浆。取 100～200 mg 均浆液体、2 mL 血液样本分别以 QIAamp DNA 纯化试剂盒（Qiagen，Hilden，Germany）提取全部基因组 DNA。水样（淡水 200 mL，海水 400 mL）基因组 DNA 使用 Water RNA/DNA 纯化试剂盒（Norgen，Ontario，Canada）提取纯化。

（一）材料

1. 血液样本

1 例淡水溺死尸体（2 mL），1 例海水溺死尸体（2 mL）。

2. 尸体组织样本

案例 1 为淡水溺死尸体（100 mg），案例 2 为海水溺死尸体（200 mg）。

（二）方法

1. 引物设计

以覆盖水生微生物的最大检测多样性的原则，设计通用引物：①能区分种族和家族的多变区域；②不仅能扩增细菌的 16S rRNA，还包括蓝藻、硅藻的叶绿体基因。以大肠杆菌高变区 1 081～1 406 bp（V7 和 V8）的侧翼区域设计引物（1 098F 和 1 388R）设计以下引物。正向引物的结构：5′接头 A 序列+样本特异条码序列（multiplex identifiers，MIDs 1-8）+16S rRNA 基因正向引物（1098F）3′；反向引物的结构：5′接头 B 序列+16S rRNA 基因反向引物（1388R）3′。（表 10-19）

表 10-19 16SrRNA 宏基因组测序的引物、接头盒样本特异条码序列

引物名称	标本	引物全序列		
		复合鉴定系统（条码序列）	引物序列	454-接头序列
正向引物				
1098F-MID1	水	5'-CCATCTCATCCCTGCGTGTCTCCGACTCAG	-ACGAGTGCGT-	ATGTTGGGTTAAGTCCCG-3'
1098F-MID2	左心血	同上	-ACGCTCGACA-	同上
1098F-MID3	右心血	同上	-AGACGCACTC-	同上
1098F-MID4	股静脉血	同上	-AGCACTGTAG-	同上
1098F-MID5	右肺	同上	-ATCAGACACG-	同上
1098F-MID6	左肺	同上	-ATATCGCGAG-	同上
1098F-MID7	肾	同上	-CGTGTCTCTA-	同上
1098F-MID8	肝	同上	-CTCGCGTGTC-	同上
反向引物				
1388R		5'-CCTATCCCCTGTGCCTTGGCAGTCTCAG	—	-TGACGGGCGGTGTGTACAA-3'

2. PCR 扩增与文库准备

(1) PCR 反应体系（50 mL）。PCR 缓冲液，10 pM dNTP 混合物，25 pM 引物 0.025 U 高保真 DNA 聚合酶（PrimeSTAR GXL DNA polymerase；Takara Bio Inc., Otsu, Japan），确保大量富含 GC 模板 DNA 得到良好的扩增。每个反应添加纯化模板 DNA（25～300 ng）。PCR 扩增参数：98 ℃ 10 s，55 ℃ 15 s，68 ℃ 1 min，35 个循环。

(2) 以含溴化乙锭的 2% 琼脂糖胶进行 PCR 产物的大小和纯度评估。根据试剂供应商提供的文库建立方案进行扩增产物的纯化和定量。以 MID1-8 条码标记的 8 种同样浓度的样本建立文库，并以 454 焦磷酸二代测序仪分析。

(3) 454 焦磷酸二代测序仪测序与数据分析

用 GS FLX Titanium series 试剂盒进行 454 焦磷酸测序。样本 DNA 文库被乳化，以 PicoTiterPlates on the Genome Sequencer FLX system（Roche, Mannheim, Germany）进行测序。

(4) 序列去除数据噪声后，并在 Microbial Ecology（QIIME）软件中进行序列分析。<200 bp 或 >1 000 bp 的序列、分值 <25，含有不准确条码序列或缺少反向引物序列的歧义碱基（N）等较差的序列将被过滤。根据 10-nt 条码序列对剩余的序列进行筛选。

选用 97% 的同源性作为筛选归集门槛，达到同源性要求的序列将被归集到可行性种属单元（operational taxonomic units, OTUs）。使用 Chimera Slayer 去除嵌合的读序列（reads）。每个 OTUs 的代表性序列使用 Ribosomal Database Project classifier（RDP classifier, v10.2）系统软件以默认参数进行分类。该软件能将细菌的 16S rRNA 序列迅速和准确分类，其分类结果与伯杰原核生物分类手册中种属分类一致。RDP classifier, v10.2 系统软件结合 Basic Local Alignment Search Tool（BLAST）能够区分叶绿体或是蓝藻的序列。

（三）结果

由图 10-31 和图 10-32 测序结果可以看到，在溺死受害者的血液中和封闭的内循环器官中均能检出各种来自水生环境外源微生物，如传统的蓝藻的拟甲色球藻（*Chroococcidiopsis*）、色球藻（*Chrococcus*）、绿藻的小球藻（*Chlorella*）、单胞菌等。案例 1 中，气单胞菌属（*Aeromonas*）和邻单胞菌属（*Plesiomonas*）在呛入的水中微生物中占主要成分，伴随着包西氏菌属（*Bosea*）、纤毛菌属（*Leptothrix*）、爱德华菌属（*Edwardsiella*）的检出，表明了死者呛入的水为淡水。案例 2 中，弧菌（*Vibrio*）、光合细菌（*Photobacterium*）在吸入的水中微生物中占主要成分，伴随着 *Delfitia*、假单胞属（*Pelomonas*）、乡间布菌属（*Buttiauxella*）、水栖菌属（*Enhydrobacter*）、海洋单胞菌属（*Marinomonas*）、嗜冷单胞菌属（*Psychromonas*）的检出，表明了死者呛入的水为海水。

随着越来越多浮游生物基因被发表，可为物种鉴定提供进一步便利，推动溺死相关浮游生物的种群鉴定，有助于诊断溺死，甚至推断落水点，为溺死案件的诊断发挥更大的作用。

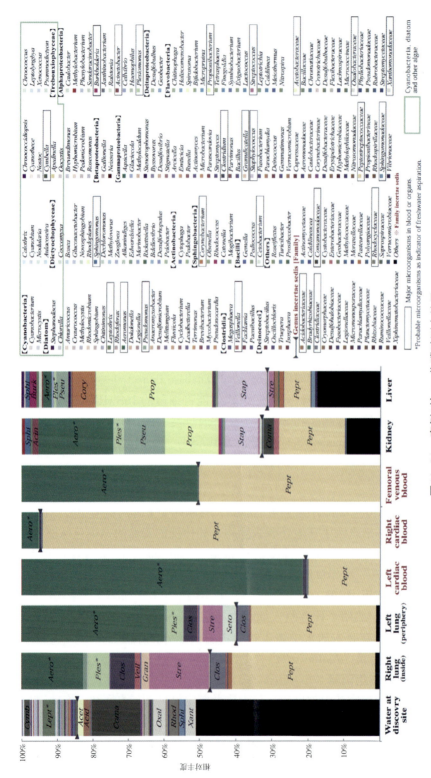

图10-31 案例1的454焦磷酸测序结果

资料来源：Kakizaki E, Ogura Y, Kozawa S, et al. Detection of diverse aquatic microbes in blood and organs of drowning victims: first metagenomic approach using high-throughput 454-pyrosequencing [J]. Forensic Science International, 2012, 220(1-3):135-146.

第十章 溺死相关浮游生物 DNA 检测

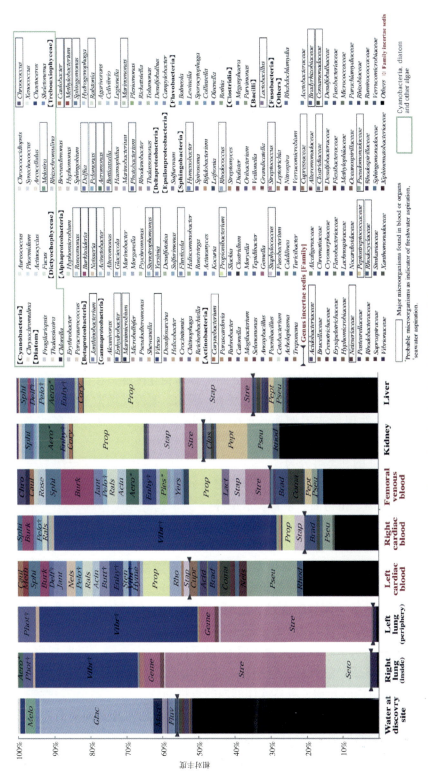

图10-32 案例2的454焦磷酸测序结果

资料来源：Kakizaki E, Ogura Y, Kozawa S, et al. Detection of diverse aquatic microbes in blood and organs of drowning victims: first metagenomic approach using high-throughput 454-pyrosequencing [J]. Forensic Science International, 2012, 220(1-3):135-146.

（徐曲毅 刘超 刘向东 彭帆）

171

第十一章 水中尸体相关微量物证

微量物证是指与犯罪活动有关，能认定犯罪事实，需要专门的仪器进行检验鉴定的量小体微、易被遗忘、易被丢失和污染的物证。如前所述，硅藻可作为一种溺死指示物，在水中尸体死因诊断和溺死地点推断中具有重要作用，某些情形下，硅藻还可作为一种关联受害人、犯罪嫌疑人和现场，帮助认定或排除犯罪嫌疑人及查明犯罪事实的一种微量物证。本章对与水中尸体有关的微量物证的种类和来源，在侦查破案和法庭诉讼中的作用，以及勘查、提取和检验方法进行阐述。

第一节 水中尸体相关微量物证的种类和来源

法国物证技术专家爱德蒙-洛卡德指出，只要两个客体相互接触，在接触面就会形成物质交换现象，这就是著名的洛卡德物质交换原理。因此，案件现场微量物证出现概率极高，水中尸体相关案件现场亦不例外。水中尸体相关微量物证种类繁多，来源广泛。

水中尸体相关微量物证的种类可分为：

（1）自然物质。如骨骼、血迹、硅藻、花粉、泥土、水草等。

（2）农产品。如动物油、植物油、粮食、水果等。

（3）工业产品。如炸药、火药、油脂、涂料、纤维、纸张、塑料、橡胶、金属等。

水中尸体相关微量物证主要来源有：

（1）现场及其周围。发现尸体处、可疑落水地点、抛尸案件中的杀人现场和抛尸处各种微小的生物（如硅藻、花粉、孢子）和非生物（如泥土、玻璃、金属屑），现场周围路上或草丛中留有的物品（如轮胎橡胶、涂料、纤维、油污）等均可能成为重要的微量物证。

（2）水中尸体。来源于水中尸体的微量物证包括尸体上的附着物、手所抓异物、指甲内异物、包尸物（如绳子、塑料袋、行李箱）上的附着物、水中尸块或骨骼中的DNA、尸体呼吸道或消化道内的异物、脏器或体液内的毒物等。

（3）犯罪嫌疑人。来源犯罪嫌疑人的微量物证包括犯罪嫌疑人身上和随身物品及住所和活动场所内物品上沾附的血迹、纤维、毛发、硅藻、孢粉等。

第二节　水中尸体相关微量物证的作用

水中尸体相关微量物证可为确定死者身份、查明死因，判断案件性质提供依据，为侦查破案提供线索和方向，为司法诉讼提供证据。下面结合案例介绍水中尸体相关微量物证的作用。

一、水生生物物证

水生生物种类很多，有各种微生物、藻类、水生高等植物、无脊椎动物和脊椎动物。在溺死诊断方面，理论上，溺死尸体组织中存在任何来源于溺液的水生生物都可用作溺死指示物。然而，法医学实验室多采用硅藻检验，这与硅藻的多个重要特性有关，其中包括硅藻硅质外壳的稳定性以及在水体中的丰富性，而其他微生物如纤毛虫、甲藻等，其细胞膜纤弱，不能承受常用的、反应剧烈的分离提取过程。随着技术发展，将来其他水生生物也可能成为具有实用价值的溺死指示物。例如，近年来，国外有学者对淡水和海水中均广泛存在的某些细菌的溺死诊断价值和检验方法进行研究，发现它们是很有前景的溺死指示物。此外，犯罪分子作案时水生生物可能被转移至其身上或物品上，因此水生生物对确定犯罪嫌疑人、查明犯罪事实也有重要的证据价值。

［案例1］

1996年5月，美国纽约州阿尔斯特县的哈德逊河里发现一具俯卧在木质堤岸的女尸。经确认，死者是一名居住于河边的58岁市民。尸检时发现，颊黏膜表皮有撕裂伤，下嘴唇有擦挫伤，四肢有新鲜擦伤痕，颈部软组织局灶性出血，舌骨左大角骨折，右肺重1 050 g，左肺重900 g，肺切面有泡沫性液体渗出。

毒物分析结果显示血中含有苯海拉明（浓度为1 100 ng/mL，远超治疗量）。警方将死者股骨、哈德逊河的水样以及死者家中浴缸内的水样送检作硅藻检验。

同时，警方调查发现，与死者生前同居的63岁男子和其侄子有重大嫌疑。免予起诉的请求被答应后，头号嫌疑人（即与死者生前同居的63岁男子）的侄子供述了两人共同作案的过程：他们在家中用药物将被害人麻醉，然后驱车至哈德逊河边，将被害人扔入河中。之后发现被害人在水中苏醒并挣扎求生，头号嫌疑人跳入河中将其溺死。

警方进一步找到被头号嫌疑人隐藏的作案时的钱包和鞋子。

经检验，股骨骨髓中检出2种硅藻。哈德逊河的水样中检出大量硅藻，其种类超过30种，其中包括股骨骨髓中所检出的2种。浴缸内水样中检出3种以上硅藻，但与股骨骨髓中所检出硅藻种类完全不同。钱包和鞋子的冲洗液中均检出了哈德逊河所含的硅藻。

最终，头号嫌疑人被裁定犯二级谋杀罪和四级教唆罪，判25年监禁。该案例中，硅藻检验在以下三方面发挥了作用：

（1）溺死诊断。尽管死者体内苯海拉明的浓度很高，但其仍是生前入水。

（2）推断死亡地点。死者溺死于哈德逊河，而非家中的浴缸。

（3）关联犯罪嫌疑人。头号嫌疑人物品上检出与犯罪现场相同种类的硅藻，表明其与犯罪现场有关。

[案例2]

20世纪90年代初，某军区后勤大院内的藕塘中发现一具女尸，经法医检验，死者系生前被人捂嘴、扼颈致机械性窒息死亡。经勘查，发现藕塘水面上漂浮着一层浮萍（直径仅3 mm）。技术人员分析，案犯将死者拖下水，其衣裤上极可能沾有这种植物。对多名嫌疑人检查后，发现战士黄某的鞋底泥土中含有数片浮萍，又在黄某的衣服中发现了干枯的浮萍。经检验，发现提取的浮萍与藕塘中的浮萍大小、形状、色质均一致，结合其他侦查结果认定是黄某作案。

二、泥土物证

泥土与人们的生活关系密切，水中尸体相关的犯罪现场，案犯的鞋底或衣物、作案工具、包尸物可能附着一定量的泥土，通过泥土检验可以帮助查明案件性质、作案地点、作案工具、犯罪嫌疑人职业特征等。

[案例]

1991年，美国康纳狄格州郊区一池塘边，多名青少年对正在钓鱼的两名青年男子进行殴打，并将他们拖入水中使其溺水。一名被害人成功挣脱，并救了同伴。警方经数小时调查后，抓获了3名嫌疑人。为将嫌疑人与犯罪现场进行关联，调查人员提取了被害人的运动鞋和嫌疑人的运动鞋。所提取的鞋上均沾有污泥，对被害人运动鞋上的污泥、嫌疑人运动鞋上的污泥和现场的污泥进行硅藻检验，结果表明，三者所含的硅藻种类及各种类相对含量均一致，从而为"被害人的运动鞋和嫌疑人的运动鞋上的污泥均来源于池塘"的结论提供了证据。

三、DNA物证

应用DNA检验技术对水中尸体或尸块进行检验，可确定尸体身份、尸源，如在女性尸体上（内）检出男性DNA成分，还可帮助确定犯罪嫌疑人、案件性质及划定侦查范围。

[案例]

某日凌晨，某海域发现一具女性尸体。经法医检验，尸体下身赤裸，上身穿T恤及文胸，颈部有明显勒痕，双手、脚部和背部有少许擦伤，全身尸斑未形成。法医初步判断死亡原因为勒颈造成的机械性窒息，死亡时间6 h以内。勘查人员提取了死者双手指甲、乳头拭子、阴道拭子和颈部索沟拭子。阴道拭子经抗人精金标试纸条试验为阴性，做进一步的DNA检验也未检出男性谱带。指甲垢上的DNA为死者所留。尸体乳房拭子和颈部索沟拭子的DNA分型获得了嫌疑人和死者的混合分型，进一步用混合样品分离法分离出嫌疑人高某的DNA分型。据此迅速抓捕高某。在证据面前，高某交代了其使用避孕套与郝某发生关系并将郝某掐死后抛尸入海的犯罪事实。

四、微量金属物证

某些水中尸体案件的现场勘查中可发现微量金属物证。一些金属物证（如金属颗粒或碎片）可通过肉眼观察发现，而更微小的金属物证（如射击残留物、电击伤处金属沉积物、钝器伤处金属微粒），则需采用专门的工具或仪器才能识别。

[案例]

2000年某日，在一水塘内发现一无名成年女尸，尸体覆盖稻草。尸体高度腐败，呈"巨人观"，全身表皮触之即脱，手足皮肤呈手、袜套样脱落，肉眼观察两处皮肤左颈部及右颌下部两处皮肤异常，病理切片检验显示高度腐败，大部分组织结构破坏，但残存组织符合电流斑特征性改变。结合现场分析、尸体检验、硅藻检验、毒化检验、病理检验等结果，鉴定死因为电击死，案件性质为他杀抛尸。破案后证实：死者系被其丈夫乘其不备用捕鱼器（直流稳定输出电压104 V）的两个电极引出的导线电击左颈部、右颌下部致其死亡后抛尸入水。

在该案例中，根据尸检时发现皮肤左颈部及右颌下部两处皮肤异常，对其进行病理切片检查，较为成功地发现了该起电击谋杀案。然而，该案若进一步利用扫描电镜能谱分析技术对所述的异常皮肤检验，则可为判断电击死提供更充分的证据。

电击时，皮肤与导线金属接触形成电弧（温度高达2 500～3 000 ℃），导体金属溅射致大量微粒沉积在皮肤组织表面或嵌入内部，与皮肤组织结合牢固，不易脱落，且不因尸体腐败而分解，利用扫描电镜能谱法分析皮肤电击处可迅速检出导线金属微粒（图11-1）。

与电击皮肤形成金属沉积物类似，人体被近距离射击时，在皮肤创口表面及内部也会沉积大量射击残留物（常含铅、锡、锑、钡等特征元素）（图11-2），它们与皮肤组织结合牢固，亦不因尸体腐败而分解，因此在怀疑枪击伤时，建议提取创口组织用扫描电镜能谱法分析以确认。

五、塑料物证

塑料是一种以合成或天然的高分子化合物为主要成分，在一定的温度和压力条件下，可塑制成一定形状，当外力解除后，在常温下仍能保持其形状不变的材料。水中尸体相关现场或周围常可发现一些塑料物证，如包裹尸体的塑料布或塑料袋、捆绑尸体的塑料绳；一些交通肇事后抛尸入水的案件中，在交通肇事现场可发现塑料灯罩碎片。通过塑料检验，可为侦查提供方向和线索。

[案例]

某日，在京珠高速一匝道旁的水沟内发现一具尸体。现场为高速公路出口匝道约20 m旁的水沟内。水沟内水深40 cm。水沟堤壁与出口匝道垂直距离为6 m，中间及外围均有灌木绿化带。尸体仰卧，头朝向高速路，脚朝路外侧水沟堤壁，呈"大"字形

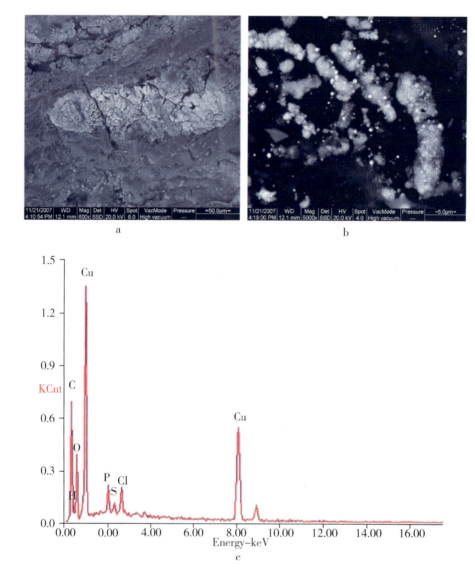

图 11-1　皮肤电击处的导线金属沉积物

a. 堆积状的导线金属沉积物（扫描电镜，600×）；b. 放大后的导线金属微粒（扫描电镜，5 000×）；c. 导线金属微粒的能谱图。

漂浮在水上。经检验，尸体为女性，高度腐败，体表多处软组织消失，骨骼外露，全颅崩裂。提取死者肝组织、胃壁作毒物化验均未检出常见农药、鼠药和安眠药等成分。勘查时，在水沟附近高速公路护栏的凹槽内发现几处陈旧的甩溅状血迹和疑为车辆塑料外壳碎片等重要物证。现场护栏上的可疑血迹经比对证实为死者血。调查人员重点排查在现场发生事故、与现场遗留塑料碎片品牌一致的车辆，很快发现 23 天前的凌晨，现场有一辆与现场塑料碎片同一品牌的小客车翻倒。经审讯，该车司机供述了犯罪事实：当晚喝酒后连夜赶路，经过现场时撞死死者并导致汽车翻倒，后将尸体移到旁边的水沟内。

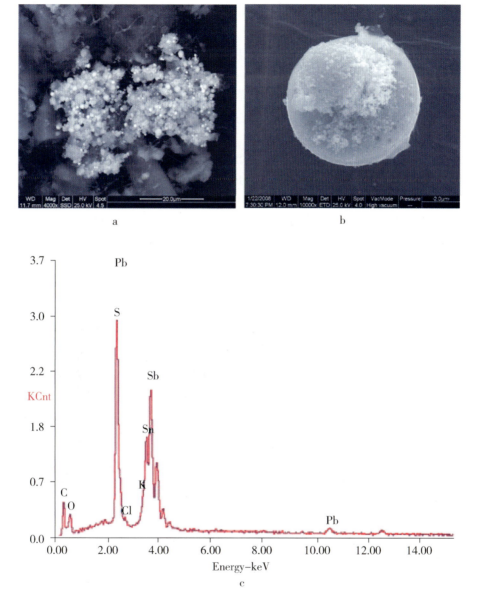

图 11-2　皮肤组织上的射击残留物

a. 堆积状的射击残留物（扫描电镜，4000×）；b. 单个射击残留物颗粒（扫描电镜，10 000×）；c. 射击残留物的能谱图。

六、纤维物证

纤维是指具有一定长径比的细长柔软的高分子化合物，一般直径只有几微米，最大到几十微米，长径比为几百甚至几千倍。按来源一般分为两类，即天然纤维和化学纤维。天然纤维有植物纤维（如棉、麻）、动物纤维（如动物毛发和绒毛、禽类的羽绒和羽毛、蚕丝）。化学纤维指经化学方法处理加工得到的纤维。纤维及纺织品与人们的生活息息相关，由于外力、磨损、静电等原因，纤维容易从织物上脱落或者在物体之间发生转移，因此在案件现场出现概率很高，水中尸体相关案件中也常可提取到纤维物证。

[案例1]

1986年12月29日，英国19岁少女艾莉森被强奸杀害后扔入伦敦以东的一条河里。17天后，其尸体被人发现，警方从死者的皮夹克、衬衣和牛仔裤上发现13根可能来自于凶手衣物的纤维。4个月后，另一名少女玛尔耶（15岁）的尸体被人发现。死者双手被一条不常见的棕色带子绑着。调查表明，这种由纸搓制而成的带子的牌子为Somyarn，由兰开夏一家工厂生产，但这种带子1982年就停产了。经过半年多的侦查，警方逮捕了犯罪嫌疑人达菲，在其住处的楼梯下找到一卷牌子为Somyarn的棕色带子。

技术人员对从艾莉森衣物上提取的13根附着纤维与从达菲穿过的30件衣服中提取的纤维样本进行比对检验，结果表明前者与达菲穿过的衣服纤维相符，而达菲家中搜到的棕色带子也与捆绑玛尔耶的带子完全相同，从而为证明达菲杀害两名少女的犯罪事实提供了重要证据。1988年，法院认定了达菲谋杀该两名少女及强奸另外30多名妇女的罪行。

[案例2]

20世纪80年代，某市发生一起强奸杀人抛尸案，一名小学女生被案犯强奸杀害后抛入水井中。侦查人员在某郊区垃圾场找到被害人生前所穿的裤子，裤子上沾附着一些泥土，其中夹杂有家禽的羽毛和粪便。经技术人员鉴定，羽毛是鸡的羽毛。据此，侦查人员将侦查范围确定为养鸡场和鸡贩子。破案后证实，犯罪嫌疑人确实是一名鸡贩子。

七、涂料（或油漆）物证

涂料（或油漆）是一种高分子有机化工原料，可通过不同的施工工艺涂覆在物件表面，形成黏附牢固，具有一定强度、连续的固态薄膜（称为涂膜、漆膜或涂层）。涂料物证是各类案件中常见的一种微量物证。

[案例]

2008年1月，某公路左侧河道的不同位置先后发现一具尸体的躯干、四肢和头颅。经法医检验，死者为女性，约40岁，死因系扼颈窒息死亡。显然，该案为一起性质恶劣的杀人、分尸、抛尸案件。勘查时，在尸体肩部等处皮肤表面，发现一些黑色物质，然而现场及周围均未发现该物质，怀疑是犯罪嫌疑人作案过程中所留。经检验，黑色物质为未固化成膜的油漆。租住在距发现尸体位置约2 km的油漆工因此成为嫌疑对象，然而调查发现，这位油漆工不具备作案时间，因为其在死者被害前就已回老家。警方进一步了解到，房东张某与死者系情人关系，其在该油漆工回老家后，对房屋进行了装修。侦查人员于是将张某列为重点嫌疑人，并对该房屋进行了全面细致的勘查。尽管房屋经过装修，勘查人员最终还是在厕所的排水管上发现一块黑色物质。经检验，厕所排水管上发现的黑色物质与死者身上提取的黑色物质完全相同。在证据面前，张某供述了作案过程：其先在该房屋内将被害人掐死，再将尸体拖至厕所肢解，随后将尸块扔进河里,考虑到分尸现场可能留有血迹,其将厕所冲洗干净并请施工队将厕所地面抹上水泥,并将墙面重新粉刷了一遍。

八、孢粉物证

孢子和花粉是植物的生殖细胞,具有坚固的外壁,耐酸碱、耐高温。由于花粉体积小、质量轻、随风飘散,所以土壤和水体中往往存在孢粉。孢粉可像硅藻一样随溺液进入溺死者的脏器组织,因此,也可作为一种溺死指示物。有时,在直接或间接误食有毒植物中毒者的消化道或胃中可检出有毒植物的孢粉,该情况下孢粉是中毒的有力证据。而在一些他杀溺死、死后抛尸案件中,孢粉也可能出现在犯罪分子的衣物上或鞋子上附着的泥土中,可起到确定犯罪嫌疑人、证实犯罪的作用(图11-3)。

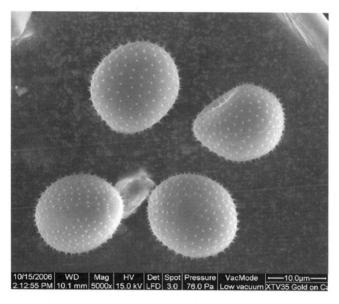

图11-3 某案中附着在案犯裤脚上的花粉

九、其他微量物证

微量物证种类繁多,除上述物证外,毛发、玻璃、橡胶、涂料、陶瓷、水泥、油脂、蝇蛆和蛹壳等均可能成为水中尸体相关案件侦破的重要微量物证,在此不逐一叙述。值得一提的是,一些日常生活不常见、在特定条件下出现的物质具有十分重要的证据价值。例如,上述英国艾莉森、玛尔耶被害案中已停产、牌子为Somyarn的棕色带子,对认定案犯起到了关键作用。又如,笔者在一宗水中尸体相关案件的物证检验中,发现该无名尸体身上的皮带附着少量胶状物,经仪器分析确定该胶状物为一种石油化工中间产物,由于该胶状物非成品,日常生活中罕见,分析死者很可能与石油化工生产有关,办案单位据此确定侦查范围,破案后证实死者系某石油化工厂工人。此外,应注意,水中尸体相关案件的侦查中,应结合现场勘查、尸检、调查情况和其他相关证据,对各种微量物证综合应用,才能最大限度地发挥其作用。

第三节　水中尸体相关微量物证的发现、提取和检验

由于尸体腐败,工作环境恶劣,水中尸体相关案件的现场勘查和尸体检验难度大,现场勘查人员、尸体检验人员应具备任何微小物质都可能成为微量物证的意识,全面细致地勘查和检验,才可能发现与犯罪有关的微量物证。发现微量物证后,应采用合适的方法提取,并将其送至专门的实验室由检验人员采用科学的检验技术和方法进行检验,才能发挥微量物证的价值。目前,我国在微量物证发现、提取、送检、检验方面正逐步建立标准化程序和方法。实践中,应尽量按标准化程序和方法操作,确保微量物证客观真实、合法有效。

一、水中尸体相关微量物证的发现

如前所述,现场及其周围、水中尸体及犯罪嫌疑人是水中尸体相关微量物证主要来源,是搜寻、发现微量物证的重点对象。

(1) 勘查现场及其周围时,应重点寻找:

1) 怀疑为死者留下的物证。如死者的衣、裤、鞋子、遗书、药片、攀爬痕迹、血迹、毛发、纤维等。

2) 怀疑为犯罪嫌疑人留下的物证。犯罪嫌疑人在现场活动时,其毛发、所穿衣服的纤维、衣服附着物(如电焊工的工作服上常附着金属焊渣,图 11-4)、鞋底上原先沾附的微物(如泥土、杂草、工作环境中具有的矿渣、金属屑)、抽烟后丢弃的烟蒂、作案工具的残留物等可能被遗落在现场。

3) 怀疑为交通工具留下的物证。如车辆轮胎的橡胶颗粒、油漆碎片、塑料、玻璃、金属屑、油污等。

4) 不常见物质。如物理化学性质特殊的泥土,不常见植物的花粉、孢子、果肉、茎根等。现场及其周围含有的不常见物质若出现在犯罪嫌疑人身上或其物品上,则能为锁定犯罪嫌疑人提供重要依据。

(2) 对水中尸体检验时,重点寻找:

1) 死者体内、体外的异物。注意发现死者的头发、耳孔、穿着的衣物上和手、足指甲缝及呼吸系统等脏器中的微量泥沙、硅藻、水草、微生物及其他可疑微物。

2) 包裹、盛装尸体(或尸块)的物品(如绳子、塑料袋、行李箱)上的附着物。如泥土、纤维、毛发、血迹等。

3) 尸体创口处物质。例如,枪击创口常含有射击残留物,电击创口常含有导线金属微粒,碎尸块断面常含有作案工具(如刀、锯)的金属碎屑。有些情况下,需通过 X 射线检查或 CT 检查寻找体内的金属物证(如弹头)。

第十一章 水中尸体相关微量物证

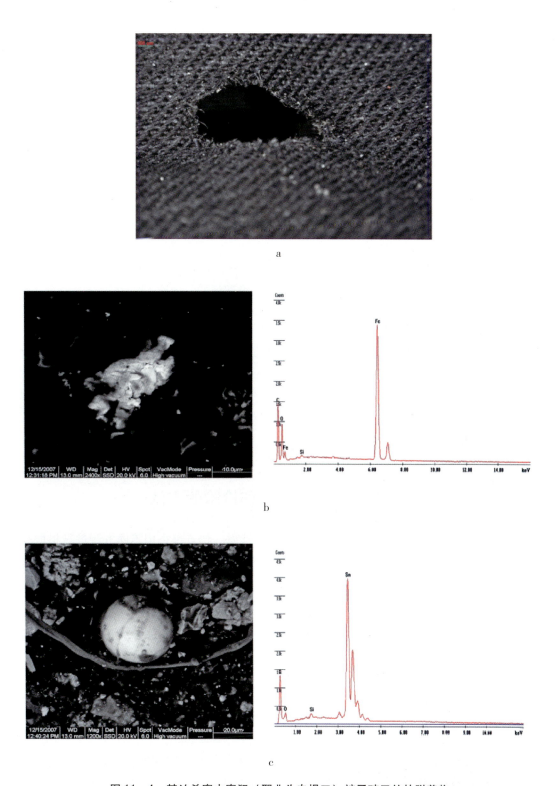

图11-4 某凶杀案中案犯（职业为电焊工）裤子破口处的附着物
a. 裤子上的破口；b. 破口处的铁微粒（扫描电镜和能谱图）；c. 破口处的锡微粒（扫描电镜和能谱图）。

4）尸体脏器或体液内的毒物。

5）DNA物证。如水中尸块、牙齿、骨骼的DNA，遗留在女性死者衣裤上、阴道内、乳房上的犯罪分子的DNA。

(3) 应重点寻找以下来源于犯罪嫌疑人的微量物证：

1）犯罪嫌疑人的DNA。

2）附着在犯罪嫌疑人衣服、鞋、随身物品、作案工具等上的微量物证，如硅藻、花粉、纤维、毛发、血迹等。

3）犯罪嫌疑人住所和活动场所内与犯罪相关的微量物证。

二、水中尸体相关微量物证提取注意事项

发现物证后，应按有关法律规定、标准、工作规定提取，一般应注意以下六点：

（1）及时提取物证，提取前先进行照相、录像取证。

（2）凡一证多用的物证，提取前法医、痕检、理化等专业技术人员要互相照应，共同研究后按一定顺序提取。

（3）提取、包装物证的同时，应作详尽记录（物证名称、所处环境、知情人对物证的反映和陈述等）。

（4）避免污染，提取工具每提取一次都必须进行清洗或更换，包装容器和材料须干燥、洁净。

（5）不同的物证应分别包装并贴上标签。

（6）妥善保管物证。合适条件下保存物证，防止物证被损坏、灭失、污染、偷换。

三、水中尸体相关微量物证提取和检验的方法

由于微量物证种类繁多，应根据物证类型、性质、特点等采用不同方法进行提取和检验。下面简述一些常见水中尸体相关微量物证的提取和检验方法，具体操作过程以及其他物证的提取和检验方法可参阅相关文献。

（一）硅藻检验物证

硅藻检验物证包括现场水样、死者脏器、嫌疑人衣物或其他物品，其提取和检验方法见本书前述相关内容。

（二）DNA检验物证

水中尸体相关案件中的DNA检验物证通常有血液（痕）、精液（斑）、毛发、唾液、鼻涕、皮肤、脏器组织、骨骼等。其提取和检验方法如下。

1. 检材提取

（1）血液（痕）、精液（斑）、唾液、鼻涕等液体类检材的提取。

1）根据液体类检材遗留位置的不同，可采用收集、擦拭、吸附等方法提取。

2）采用收集方法提取液体类检材时，应在提取后置于经无菌处理的容器内，密封后低温保存。

3）采取擦拭、吸附的方式提取液体类检材时，应根据斑迹的大小，选择大小适当的转移用载体提取。

4）将液体类检材制成斑迹时，应在阴凉通风、可防止污染处自然晾干，禁止暴晒或加热烘干。

5）采取擦拭、吸附的方式提取易携带的物品（如避孕套）上的液体类检材时，应同时提取整件物品，在阴凉干燥处晾干后置于透气的纸质物证袋中室温或冷藏保存。

（2）毛发的提取。

1）现场发现的毛发应分别提取、独立包装，并记录下提取部位。禁止多根毛发混装。

2）从被害人身体上提取脱落毛发时，必须提取被害人的血样作为比对样本。

3）提取潮湿的毛发时，应先晾干后置于透气的纸质物证袋中，室温保存。

（3）软、硬组织的提取。

1）离体的小块组织应整块提取。

2）皮肤组织、肌肉组织、脑组织、软骨组织、指甲等提取后应置于洁净容器内，密封后 -20 ℃保存。

3）附着在小块骨组织上的软组织可一同提取，置于洁净容器内，密封后 -20 ℃保存。

4）附着在大块骨组织上的软组织可先将软组织剥离，与骨组织分别保存。

5）大块骨组织应冷冻保存，或晾干后装入透气的纸箱（盒）中在干燥环境下保存，同时定期检查，防止霉变。

6）特殊情况下，可采用酒精密封浸泡，室温保存各种组织。

（4）比对样本的提取。

1）比对样本的来源包括受害人以及其他与案件有关的人员，如案件中与被害人具有血缘关系的人员（直系亲属），或受害人可能使用过的物品，如衣物、牙刷、梳子等。

2）提取人员比对样本时，应提取血液（斑）或/和口腔上皮细胞，特殊情况需提取毛发作为比对样本时，应拔取带有完整毛囊的毛发 5～8 根，置于透气的纸质物证袋内保存。提取受害人可能使用过的物品（衣物、牙刷、梳子等），可原件提取，单独包装，送检后尽快检验。

2. 检验

不同种类的检材的前处理方法不同。在实际工作中，应根据检验要求、检材的形状和组成，选择合适的前处理方法（如 Chelex 提取法、硅珠提取法、过滤法）和检验方法（毛细管电泳法），以达到灵敏、快速、准确检测死者 DNA 及确定尸源，甚至发现可能遗留的犯罪线索的目的。

（三）纤维物证

1. 检材提取

根据纤维量、附着客体性质和存在部位，选择镊子夹取、AC 纸（醋酸纤维膜）或纤维提取专用胶纸粘取、抖落或吸尘器吸取方法提取。附着在尸体等客体上的少量或单根纤维，容易丢失，提取时需小心操作，可用纤维提取专用的胶纸粘取，勿用普通透明胶带或提取指纹用的胶带粘取，因为它们的黏胶成分会对纤维的检验造成干扰。

对显而易见的纤维束、整根线或整块布，用干净的镊子直接夹取。如不宜在现场提取纤维，可将附有纤维的客体固定在合适的容器内，整体送检。应注意提取嫌疑样本、标准品和有价值的样品。纤维物证的包装要洁净、牢固，防止污染、丢失。对于成束的纤维，可夹取后放在白纸中包装或放入玻璃或塑料容器内。对于微量纤维，用胶纸粘取后，将胶纸粘贴在载玻片上固定；或用镊子夹住，放在载玻片上，上盖盖玻片，四周用胶质或火棉胶封固。纤维物证一般在常温、干燥条件下保存，潮湿的纤维应自然晾干，防止霉变。

2. 检验

纤维物证的检验包括纤维检验和纺织品检验。

（1）纤维检验。是指对纤维内部结构、外观形态、化学和物理性质的检验。分为：

1）初检。包括外观检验、荧光检验和附着物检验。

2）化学检验。包括燃烧法、溶解法、热分解法、显色法。

3）仪器分析。包括显微镜法（生物显微镜法、偏振光显微镜法、扫描电镜法）、油浸双折射法、小角度激光散射法、红外光谱法、热分析法、裂解气相色谱法等。应根据纤维物证检材量的多少，采用不同的检验方法。

（2）纺织品检验。主要包括纱、线、绳、布、衣物等织品，一般均被染色。分为：

1）初检。分外观检验、荧光检验和附着物检验。

2）测量尺寸大小。如织物密度、厚度、经纬线密度等测定。

3）纺织纤维种类检验。按上述纤维检验方法检验。

4）混纺纤维定量检验。测定混纺率，方法包括热分析法、红外光谱法、溶解称量法等。

5）染料检验。萃取纤维染料后采用色谱法和光谱法进行检验，或直接采用纤维分光光度计进行色泽测定，进行比较检验。

6）无机成分测定。方法包括电子探针法、扫描电镜能谱法、原子吸收或发射光谱法、中子活化法等。

7）其他检验。如采用小角度激光散射法对纺织品磨损、洗涤等情况进行比对检验。

（四）微量金属物证

1. 检材提取

（1）对肉眼可见，具有一定形状和体积，易于提取、包装的金属物证可采取：

1）一般提取法。用镊子夹取，或抖落收集，或用工具分离收集，或直接提取附着客体。

2）磁铁吸引法。用磁铁隔层白纸将铁磁性金属屑吸至白纸上，翻转白纸，移走磁铁，将金属屑用纸包装好。

3）真空吸附法。采用真空吸附装置，将附着客体上的金属碎屑吸附至采集器上。

（2）对肉眼不可见、喷溅在客体上的微量金属物证，如射击残留物、电击形成的金属微粒，可采用：

1）粘取法。用对金属检验无干扰的粘胶粘取，如用专门的射击残留物提取器（含碳导电胶的铝台）粘取客体上的射击残留物。

2）擦拭法。若由于潮湿，不宜采用粘取法时，可用湿润的棉球擦拭客体以提取附着金属。

3）提取附着客体法。提取附着客体的整体或部分。例如，水中尸体枪创处或电击处，可切取创伤处的皮肤。提取、包装附着客体时，注意客体不同部位（尤其创口处）要隔开，勿交叉污染。

2. 检验

（1）物理检验。分为外观及物理特性检验、金相检验、非金属夹杂物测定等。

（2）化学检验。采用非水滴定法和高频感应炉燃烧红外吸收法测定碳等。

（3）仪器检验。测定金属中的元素及其含量，常用方法包括原子吸收或发射光谱法、电感耦合等离子体质谱（ICP-MS）法、扫描电镜能谱法、X射线荧光光谱法等。

对于肉眼不可见的金属物证，检验包括：

（1）外观形态检验。采用立体显微镜或扫描电镜，观察微量金属的形态、分布及特征。

（2）仪器检验。测定微量金属中的元素及其含量，常采用原子吸收或发射光谱法、ICP-MS法、扫描电镜能谱法等，其中扫描电镜能谱法是观察、分析附着客体上微量金属的有力手段，因其不仅可以观察金属微粒的形态、分布，而且可以分析其元素成分，例如，水中尸体枪创处或电击处生物组织经固定、脱水、干燥等处理后用扫描电镜能谱法检验，可直观地观察射击残留物或导线金属微粒在生物组织上的分布情况（图11-1和图11-2）。

（五）孢粉物证

1. 检材提取

水中尸体脏器组织中以及衣物等客体上的孢粉物证的提取方法与前述硅藻检验物证的提取方法相同，泥土中孢粉物证的提取方法见下述"（六）泥土物证"。

2. 检验

（1）分离。不同检材的分离方法不同。与分离脏器组织中硅藻的方法类似，利用孢粉的抗腐蚀性，采用醋酸酐或碱液破坏脏器有机质使孢粉分离。泥土中孢粉的分离方法是：先用盐酸溶解泥土中的碳酸钙，再用氢氧化钾溶液去除腐殖质，最后用氢氟酸去除硅质砂粒。

（2）富集。富集方法包括离心法、抽滤法和粘取法。经上述酸碱处理后的样品可通过离心或抽滤富集；对于衣物上的孢粉，可待衣物晾干后直接用带有导电胶的扫描电镜样品座粘取，或将衣物用纯水浸泡后，采用抽滤法富集。

（3）观察。离心法富集制得的玻片样品可用光镜观察，抽滤法富集的滤膜样品以及粘取法得到的样品可用扫描电镜观察。

（六）泥土物证

1. 检材提取

水中尸体相关案件中的泥土物证通常存在于尸体呼吸道、消化道内或附着在某客体（如衣服、尸体包装物、作案工具）上（图11-5）。常用的提取方法包括：

图11-5　某案中用于藏匿尸块的旅行箱（边缘处附着泥土）

（1）解剖提取法。解剖后吸取或舀取呼吸道、消化道内的泥沙。

（2）抖动法。提取时可以轻轻抖动客体，使其集中于干净的白纸或塑料袋内。

（3）粘取法。采用不影响泥土物证分析的胶纸（如火棉胶、AC 纸）粘取。

（4）剥刮法。用刀片把附着在客体上的泥土轻轻刮下。

（5）夹取法。用镊子夹取。

（6）吸附法。借助真空吸附装置或磁铁等将泥土物证吸附到采样器上。

（7）提取附着客体法。对现场不适宜直接提取的泥土物证，可提取附着客体的整体或部分。

提取的泥土物证可用纸包好送检。对于潮湿泥土，一般要在40 ℃下自然风干。

2. 检验

包括：

（1）外观检验。采用放大镜和各种显微镜（如立体显微镜、偏振光显微镜、扫描电子显微镜、电子探针等）观察泥土外观颗粒形态、颜色、掺杂物等。

（2）PH 测定。

有机物、无机物重量的测定。确定泥土中有机物和无机物的质量比。

（3）元素成分分析。测定泥土中的元素及其含量，常用方法包括原子吸收或发射光谱法、ICP-MS 法、扫描电镜能谱法、X 射线荧光光谱法等。

（4）有机成分检验。常用方法为红外光谱法。

（5）掺杂物检验。指对泥土中的植物残片、水泥、石灰、木屑、毛发、纤维、硅藻、孢粉等常见掺杂物的检验。掺杂物检验通常先采用各种样品前处理方法分离出掺杂物再用仪器分析法检验。

（七）油漆、塑料、橡胶物证

1. 检材提取

现场发现较完整的油漆、塑料、橡胶，可用竹质镊子夹取，对于客体上的附着物，可用手术刀刮取，不易分离提取时，可与客体一起提取。检材应盛装在洁净的容器或物证袋内。注意提取比对样品，比对样品应与检材分别包装盛放，避免污染。

2. 检验

油漆、塑料、橡胶均为高分子材料，它们的检验主要包括：

（1）初检。通过肉眼、放大镜、立体显微镜观察物证的外观特征。

（2）仪器分析。方法包括薄层色谱法、裂解气相色谱法、红外光谱法、扫描电镜能谱法、电子探针法、原子吸收或发射光谱法、ICP-MS 法、热分析法等。薄层色谱法、裂解气相色谱法、红外光谱法等用于物证的有机成分分析；扫描电镜能谱法、电子探针法、原子吸收或发射光谱法、ICP-MS 法等用于物证所含无机元素及其含量分析，其中，扫描电镜能谱法、电子探针法还可同时观察物证的微观形貌；热分析法主要用于鉴别油漆、塑料、橡胶的基本成分（即合成树脂）及比对检验，油漆、塑料、橡胶基本成分不同，或基本成分相同、生产工艺和添加成分不同，热分析曲线也不同。

（胡孙林　温锦锋）

第十二章 我国水域常见的硅藻类型

根据壳的形状和花纹排列方式,硅藻可分为两个纲:中心纲(Centriae)和羽纹纲(Pennatae)。

第一节 中心纲(Centriae)

中心纲硅藻的壳面为圆形,由一个圆衍生而来,或是在壳面中部呈现对称的中心。其肋和孔纹多呈放射状或似放射状排列,在此基础上,形状会有变化,可能存在三极或两极的形状。以下为我国主要水域溺死尸体中常见中心纲硅藻(按属名拼音顺序排序)的扫描电镜图谱。

一、冠盘藻属(*Stephanodiscus*)

冠盘藻属硅藻植物体为单细胞或连成链状群体,浮游;细胞呈圆柱形,少数为鼓形、柱形;壳面为圆形,平坦或呈同心波曲;壳面纹饰为成束辐射状排列的网孔,其内壳面有筛膜,壳面边缘处每束网孔为2~5列,向中部成为单列,在中央排列不规则或形成玫瑰纹区,网孔束之间具辐射无纹区,每条辐射无纹区或相隔数条辐射无纹区在壳套处的末端具一短刺,在电镜下可见在刺的下方有支持突,有时在壳面上也有支持突;带面平滑,具间生带。如图12-1(1)~(28)所示。

第十二章 我国水域常见的硅藻类型

图 12-1 冠盘藻属 (1) ~ (6)

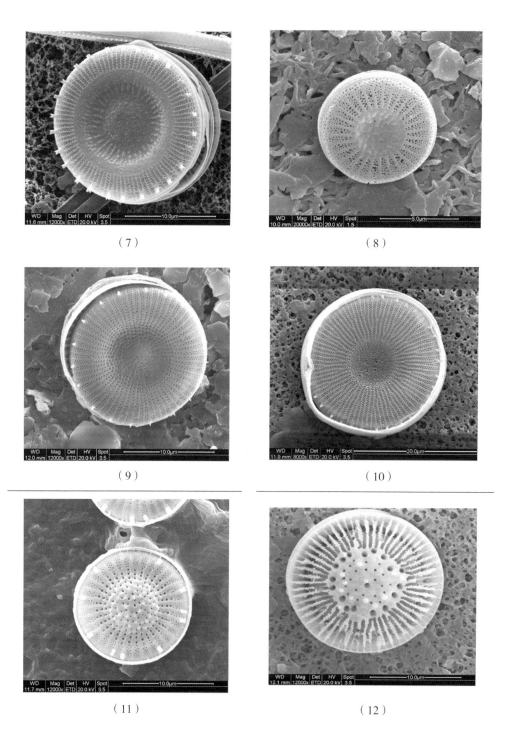

图 12-1 冠盘藻属 (7)~(12)

图 12-1 冠盘藻属 (13)～(18)

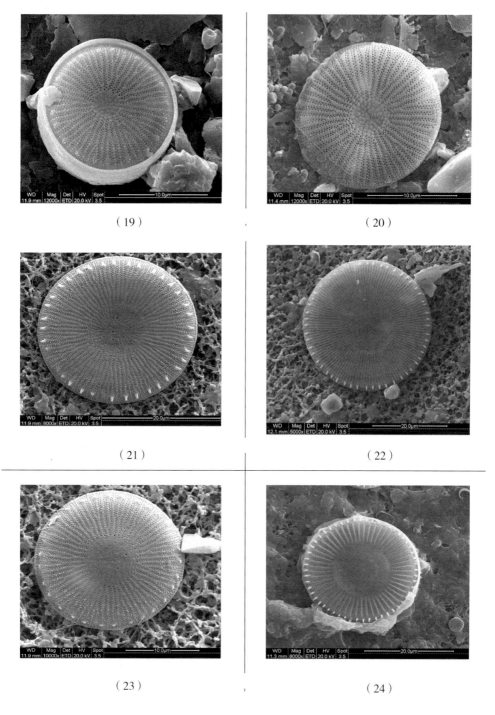

图 12-1　冠盘藻属（19）～（24）

第十二章 我国水域常见的硅藻类型

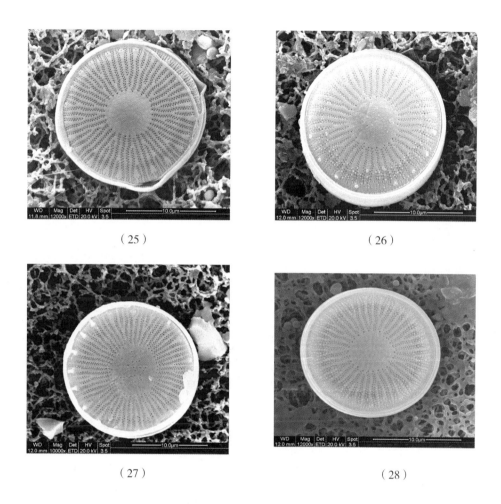

图 12-1　冠盘藻属 (25) ～ (28)

二、海链藻属（*Thalassiosira*）

海链藻属硅藻植物体由胶质丝连成链或包被于原生质分泌的胶质块中而形成不定形群体，极少为单细胞；壳体呈鼓形到圆柱形，带面常见领状的间生带；壳面呈圆形，表面突起、平坦或凹入，其上的网孔为六角形或多角形，呈直线状、辐射状、束状、辐射螺旋状或不规则排列，孔纹内层具有小穴的筛板。此属与圆筛藻属的主要区别是圆筛藻属的孔室具内中孔和外筛板。如图12-2（1）～（16）所示。

图12-2 海链藻属（1）～（4）

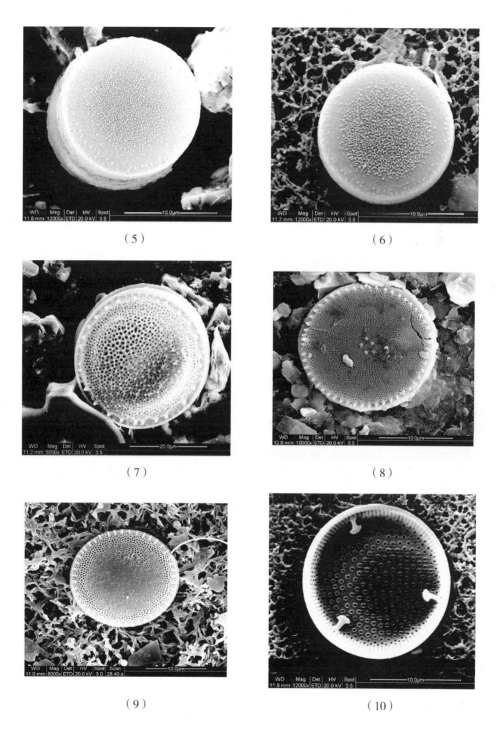

图 12-2 海链藻属 (5) ~ (10)

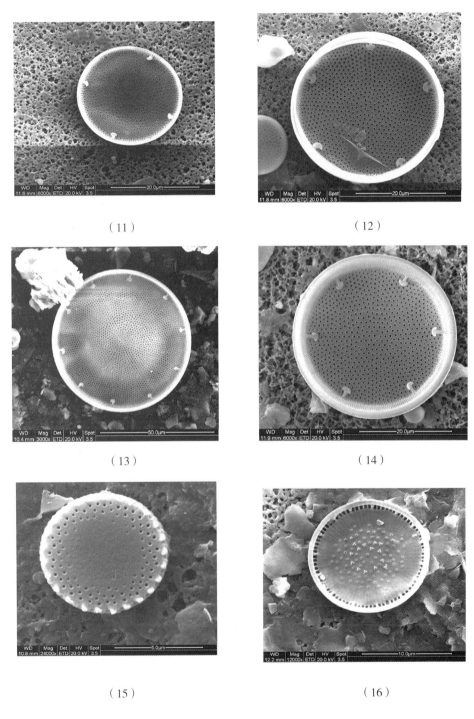

图 12-2 海链藻属 (11) ~ (16)

三、小环藻属（*Cyclotella*）

小环藻属硅藻植物体为单细胞或由胶质或小棘连接成疏松的链状群体，多为浮游；细胞呈鼓形；壳面呈圆形，极少数为椭圆形，呈同心圆皱褶的同心波曲，或与切线平行皱褶的切向波曲；纹饰分为边缘区和中央区，边缘区具辐射状线纹或布纹，中央区平滑或具点纹、斑纹，部分种类壳缘具小棘；色素体小盘状；带面平滑，多数种类无间生带，少数种类具间生带。如图12-3（1）～（28）所示。

图12-3　小环藻属（1）～（4）

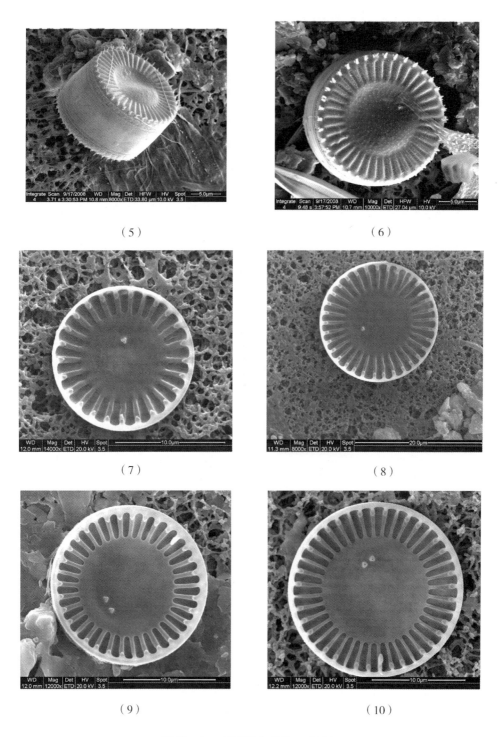

图 12-3　小环藻属 (5) ～ (10)

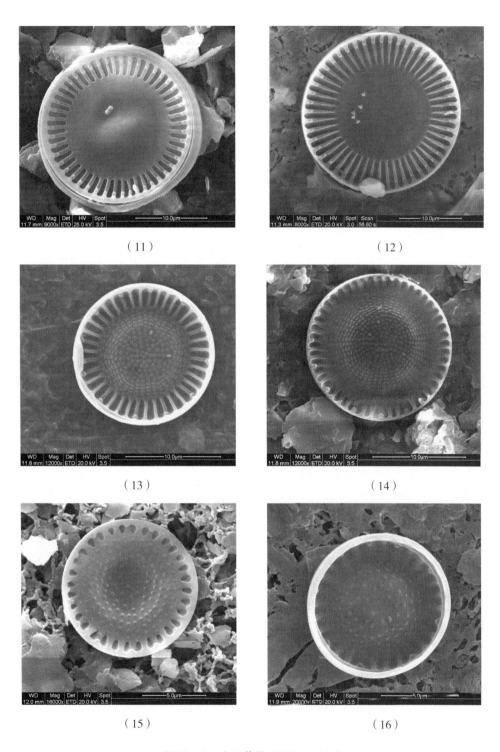

图 12-3 小环藻属（11）～（16）

图12-3 小环藻属（17）～（22）

图 12-3 小环藻属 (23) ~ (28)

四、圆筛藻属（*Coscinodiscus*）

圆筛藻属硅藻植物体为单细胞，浮游；壳体呈圆盘形或短圆柱形，常具环形或领形的间生带；壳面呈圆形，平坦或突起，或于中央略凹入，或同心波曲；壳面纹饰为呈辐射状排列或不规则排列的粗网孔纹，一般为六角形；壳缘周边具小棘。如图12-4（1）~（18）所示。

图12-4 圆筛藻属（1）~（4）

第十二章 我国水域常见的硅藻类型

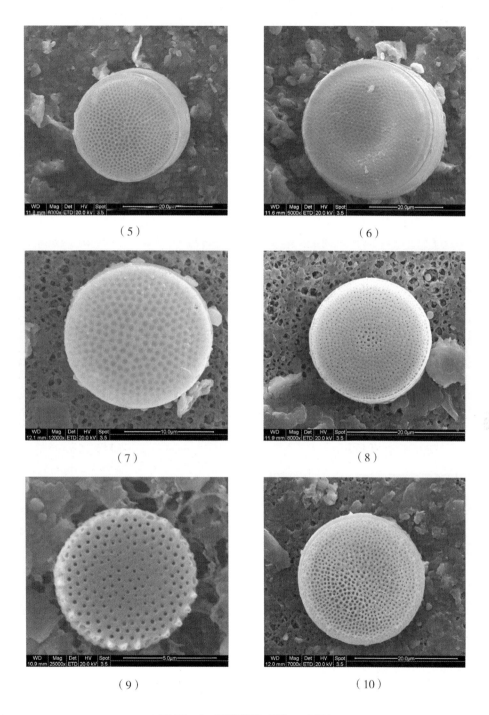

图 12-4 圆筛藻属 (5) ~ (10)

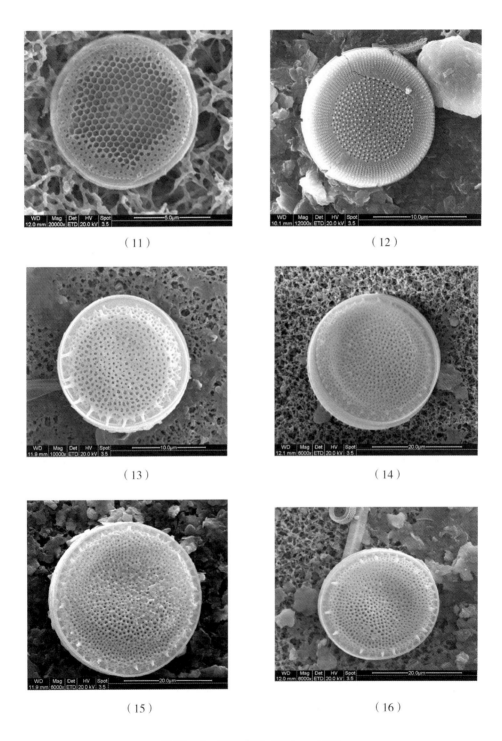

图12-4 圆筛藻属（11）～（16）

第十二章　我国水域常见的硅藻类型

（17）

（18）

图 12-4　圆筛藻属（17）～（18）

五、直链藻属（*Melosira*）

直链藻属硅藻植物体由细胞的壳面互相连成链状群体，多为浮游；细胞呈圆柱形，极少数呈圆盘形、椭圆形或球形；壳面呈圆形，平或凸起，有或无布纹，有的带有一条线形的环状缢缩，称为"槽沟"，环沟间平滑，其余部分平滑或具布纹，有两条环沟时，两条环沟间的部分称为"颈部"，细胞间有沟状的缢入部，称为"假环沟"；壳面常有棘或刺。如图 12-5（1）～（14）所示。

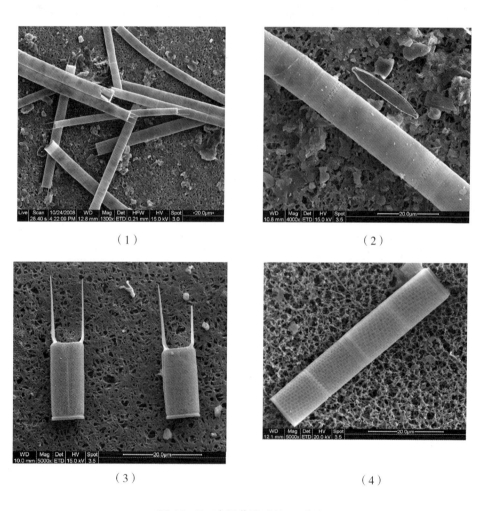

图 12-5　直链藻属（1）～（4）

图 12-5 直链藻属（5）～（10）

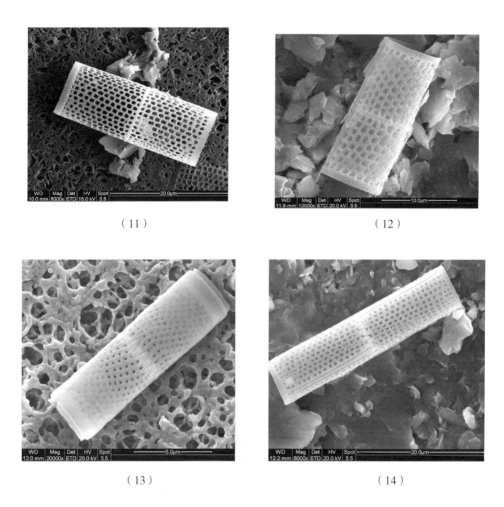

（11） （12）

（13） （14）

图 12-5 直链藻属（11）～（14）

第二节 羽纹纲（Pennatae）

羽纹纲硅藻的壳面总是伸长的，结构围绕着中轴。其肋骨系统如羽毛状，有一个比较明显的中内肋系统：一个中央龙骨和从其两侧伸展出的若干肋骨。以下为我国主要水域溺死尸体中常见羽纹纲硅藻（按属名拼音顺序排序）的扫描电镜图谱。

一、波缘藻属（*Cymatopleura*）

波缘藻属硅藻植物体为单细胞，浮游；壳面呈椭圆形、纺锤形、披针形或线形，呈横向上下波状起伏，上下两个壳面的整个壳缘由龙骨及翼状构造围绕，龙骨突起上具管壳缝，管壳缝通过翼沟与壳体内部相联系，翼沟间以膜相联系，构成中间间隙；壳面具粗的横肋纹，有时肋纹很短，使壳缘呈串珠状，肋纹间具横贯壳面的细的横线纹，横线纹明显或不明显；壳体无间生带，无隔膜；带面呈矩形、楔形，两侧具明显的波状皱褶。如图 12-6（1）~（8）所示。

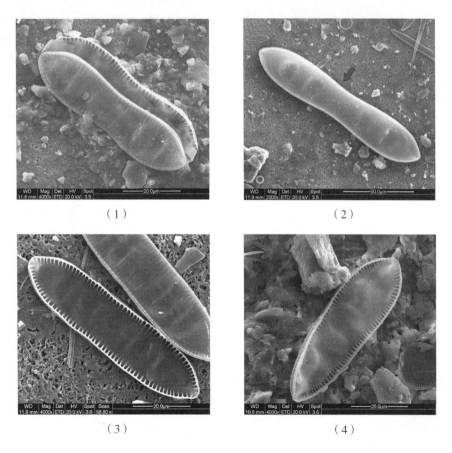

（1）　　　　　　　　　　（2）

（3）　　　　　　　　　　（4）

图 12-6　波缘藻属（1）~（4）

图 12-6 波缘藻属 (5) ~ (8)

二、布纹藻属（*Gyrosigma*）

布纹藻属硅藻细胞狭而扁；壳面呈"S"形；壳缝在壳中线上，也呈"S"形，从中部向两端逐渐尖细，末端尖或钝圆；中轴区狭，呈"S"形，中央节处略膨大；花纹为纵横线纹十字形交叉构成的布纹；带面呈披针形。如图12-7（1）～（12）所示。

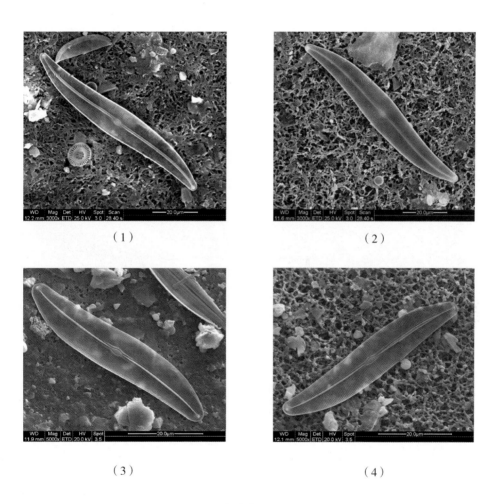

（1） （2）

（3） （4）

图12-7 布纹藻属（1）～（4）

图 12-7 布纹藻属 (5) ～ (10)

第十二章 我国水域常见的硅藻类型

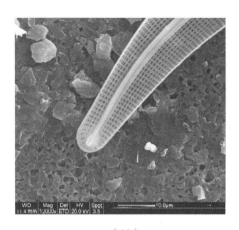

(11)

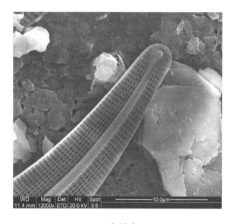

(12)

图12-7 布纹藻属（11）～（12）

三、窗纹藻属（*Epithemia*）

窗纹藻属硅藻植物体为单细胞，浮游或附着在基质上；壳面略弯曲，呈弓形、新月形，左右两侧不对称，有背侧和腹侧之分，背侧凸起，腹侧凹入或近于平直，末端钝圆或近头状；腹侧中部具 1 条"V"形的管壳缝，管壳缝内壁具多个圆形小孔通入细胞内，具中央节和极节，但在光学显微镜下不易看到；壳面内壁具横向平行的隔膜，构成壳面的横肋纹，两条横肋纹之间具 2 列或 2 列以上与肋纹平行的横点纹或窝孔状的窝孔纹，有些种类在壳面和带面结合处具一纵长的隔膜；带面呈长方形。如图 12-8（1）～（3）所示。

（1）

（2）

（3）

图 12-8　窗纹藻属（1）～（3）

四、脆杆藻属（*Fragilaria*）

脆杆藻属硅藻植物体由细胞互相连成带状群体，或以每个细胞的一端相连成"Z"状群体；壳面呈细长线形、长披针形、披针形到椭圆形，两侧对称，中部边缘略膨大或缢缩，两侧逐渐狭窄，末端钝圆、小头状、喙状；上下壳的假壳缝呈狭线形或宽披针形，其两侧具横点状线纹；带面呈长方形，无间生带和隔膜，但某些海生和咸水种类具间生带。如图12-9（1）～（10）所示。

图12-9 脆杆藻属（1）～（4）

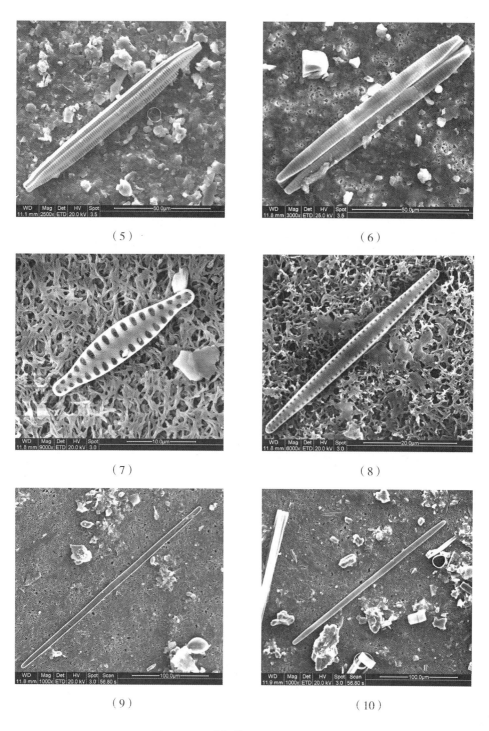

图 12-9　脆杆藻属（5）～（10）

五、等片藻属（*Diatoma*）

等片藻属硅藻植物体由细胞连成带状、"Z"形或星形的群体；壳面呈线形到椭圆形、椭圆披针形或披针形，有的种类两端略膨大；假壳缝狭窄，两侧具细横线纹和肋纹，黏液孔（唇形突）很清楚；带面呈长方形，具一到多条间生带、无隔膜。如图12-10（1）~（14）所示。

图12-10 等片藻属（1）~（4）

图 12-10　等片藻属（5）～（10）

第十二章 我国水域常见的硅藻类型

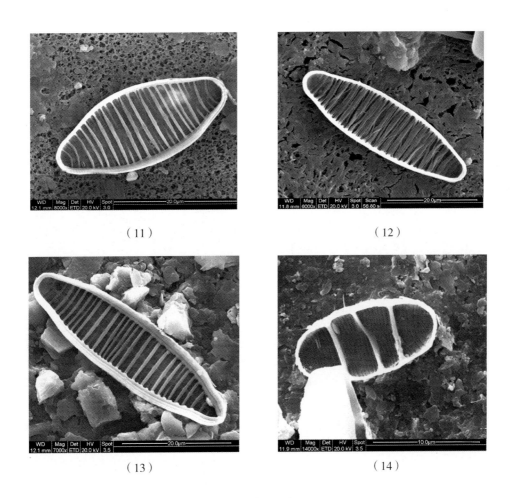

图 12-10 等片藻属 (11) ~ (14)

六、短缝藻属（*Eunotia*）

短缝藻属硅藻植物体为单细胞或细胞间互相连成带状群体；细胞呈月形、弓形，背缘凸起，拱形或呈波状弯曲，腹缘平直或凹入，两端形态、大小相同，每一端具1个明显的极节；上下壳面两端均具短壳缝，短壳缝从极节斜向腹侧边缘，无中央节，具横线纹，由点纹紧密排列而成；带面呈长方形或线形，常具间生带，无隔膜。如图12-11（1）~（12）所示。

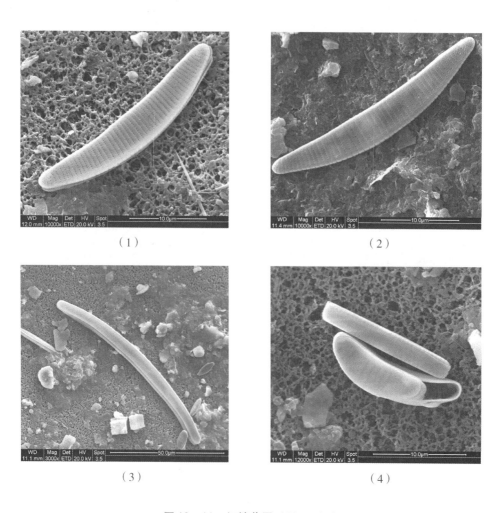

图12-11 短缝藻属（1）~（4）

第十二章 我国水域常见的硅藻类型

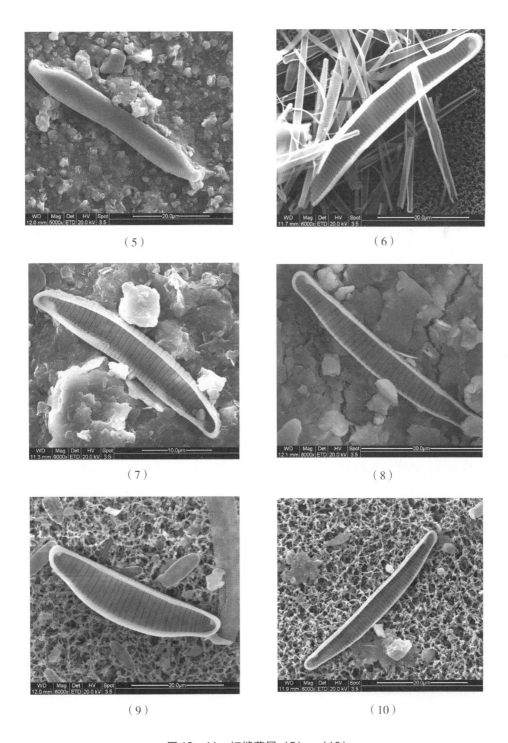

图 12-11 短缝藻属 (5) ~ (10)

221

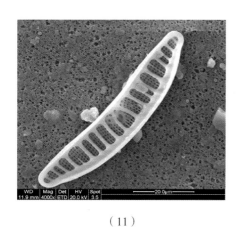
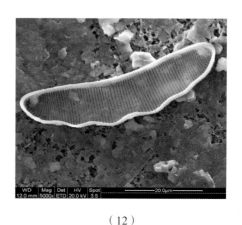

（11） （12）

图 12-11 短缝藻属（11）~（12）

七、辐节藻属（*Stauroneis*）

辐节藻属硅藻植物体为单细胞，少数连成带状的群体；壳面呈长椭圆形、狭披针形、舟形，末端头状，钝圆形或喙状，中轴区狭，壳缝直，极节很细，中央区增厚并扩展到壳面两侧，增厚的中央区无花纹，称为"辐节"；壳缝两侧具横线纹或点纹，略呈放射状的平行排列，辐节和中轴区将壳面花纹分成 4 个部分；具间生带，但无真的隔片，具或不具假隔片。如图 12-12（1）~（2）所示。

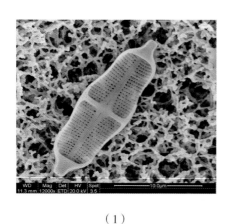
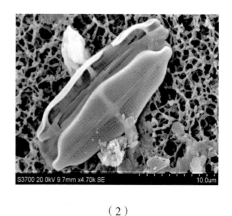

（1） （2）

图 12-12 辐节藻属（1）~（2）

八、菱板藻属（*Hantzschia*）

菱板藻属硅藻植物体为单细胞；细胞纵长，直或呈"S"形；壳面呈弓形、线形或椭圆形，一侧或两侧边缘缢缩或不缢缩，两端尖形、渐尖或近喙状；壳面一侧的边缘具龙骨突起，龙骨突起上具管壳缝，管壳缝内壁具许多通入细胞内的小孔，称为"龙骨点"，龙骨点明显，上下两壳的龙骨突起彼此平行相对，具小的中央节和极节；壳面具横线纹或点纹组成的横线纹；带面呈矩形，两端截形。如图 12-13（1）～（12）所示。

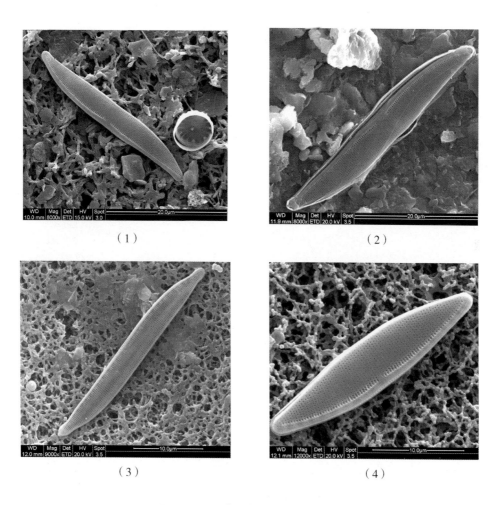

图 12-13　菱板藻属（1）～（4）

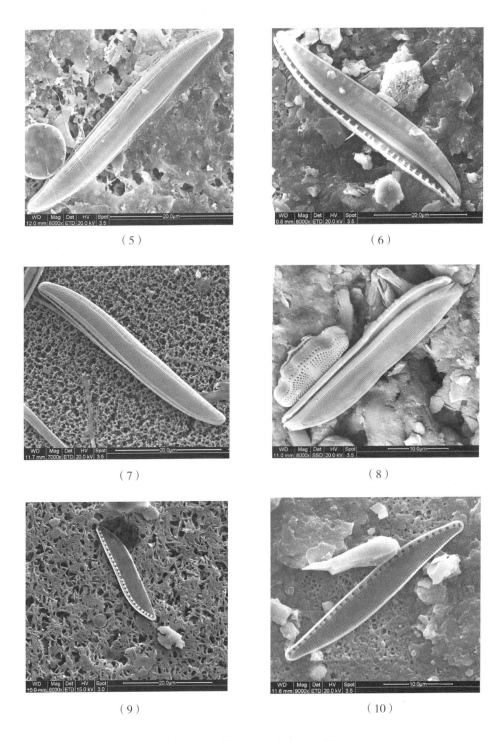

图 12-13 菱板藻属 (5) ~ (10)

第十二章 我国水域常见的硅藻类型

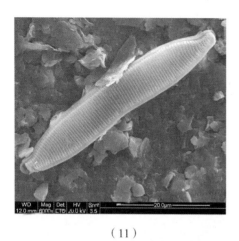

(11)

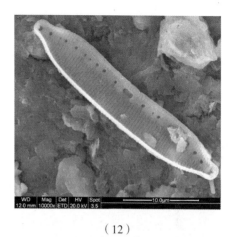

(12)

图 12-13 菱板藻属 (11) ~ (12)

九、菱形藻属（*Nitzschia*）

菱形藻属硅藻植物体多为单细胞，或形成带状或星状的群体，或生活在分枝或不分枝的胶质管中，浮游或附着；细胞纵长，直或呈"S"形；壳面呈线形、披针形，罕为椭圆形，两侧边缘缢缩或不缢缩，两端渐尖或钝，末端楔形、喙状、头状、尖圆形；壳面的一侧具龙骨突起，龙骨突起上具管壳缝，管壳缝内壁有许多通入细胞的龙骨点，龙骨点明显，上下两壳的龙骨突起彼此平行相对，具小的中央节和极节；壳面具横线；细胞壳面和带面不成直角，因此横断面呈菱形。如图12-14（1）～（18）所示。

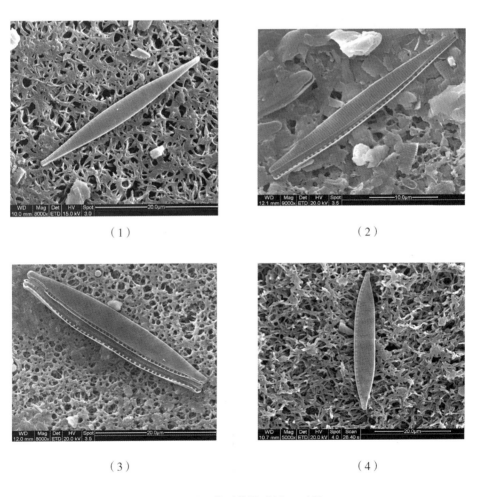

图12-14 菱形藻属（1）～（4）

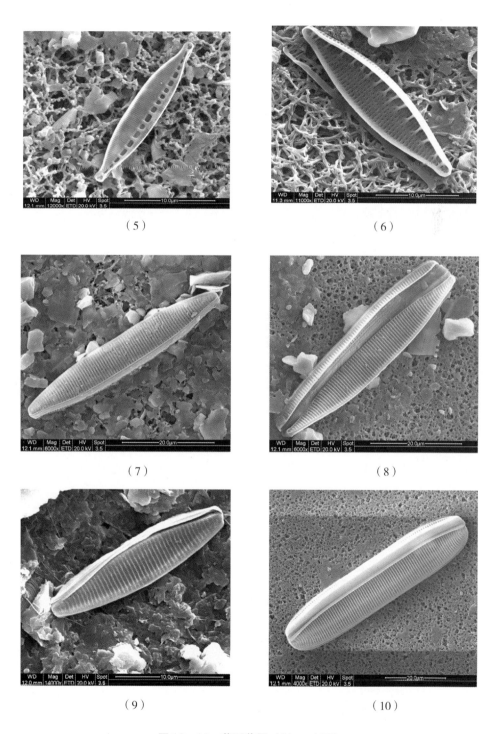

图 12-14 菱形藻属 (5) ~ (10)

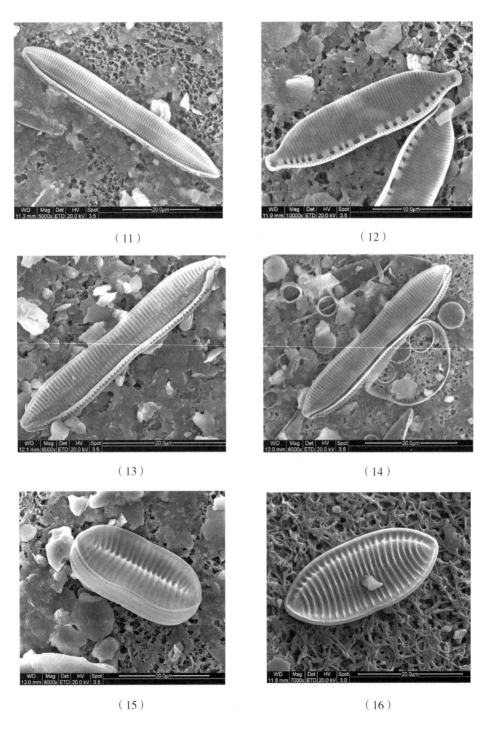

图12-14 菱形藻属（11）～（16）

第十二章 我国水域常见的硅藻类型

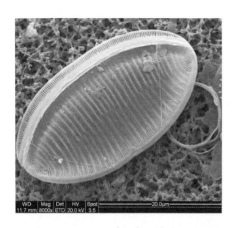

(17)

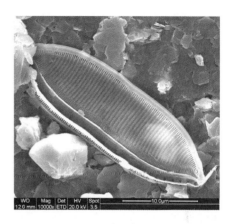

(18)

图 12-14 菱形藻属 (17)～(18)

十、卵形藻属（*Cocconeis*）

卵形藻属硅藻植物体为单细胞，以下壳着生在丝状藻类或其他基质上；壳面呈椭圆形、宽椭圆形，上下两个壳面的外形相同，花纹各异或相似，上下两个壳面有一个壳面具假壳缝，另一个壳面具直的壳缝，具中央节和极节；壳缝和假壳缝两侧具横线纹或点纹；带面横向弧形弯曲，具不完全的横隔膜。如图12-15（1）~（24）所示。

（1） （2）

（3） （4）

图12-15 卵形藻属（1）~（4）

第十二章　我国水域常见的硅藻类型

（5）　　　　　　　　　　　　　（6）

（7）　　　　　　　　　　　　　（8）

（9）　　　　　　　　　　　　　（10）

图 12-15　卵形藻属（5）～（10）

图 12-15 卵形藻属（11）～（16）

第十二章 我国水域常见的硅藻类型

(17)　　　　　　　　　　　(18)

(19)　　　　　　　　　　　(20)

(21)　　　　　　　　　　　(22)

图 12-15　卵形藻属（17）～（22）

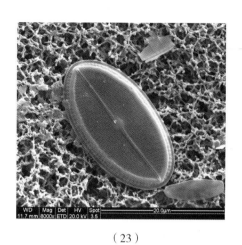 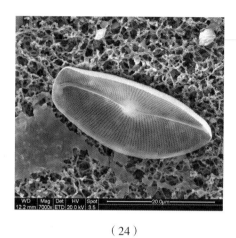

(23) (24)

图 12-15 卵形藻属 (23) ～ (24)

十一、美壁藻属（*Caloneis*）

美壁藻属硅藻植物体为单细胞；壳面呈线形、狭披针形、线形披针形、椭圆形或提琴形，中部两侧常膨大，壳缝直，具圆形的中央节和极节；壳缝两侧横线纹互相平行，中部略呈放射状，末端有时略斜向极节；壳面侧缘内具一到多条与横线纹垂直交叉的纵线纹；带面呈长方形，无间生带和隔片。如图12-16（1）～（4）所示。

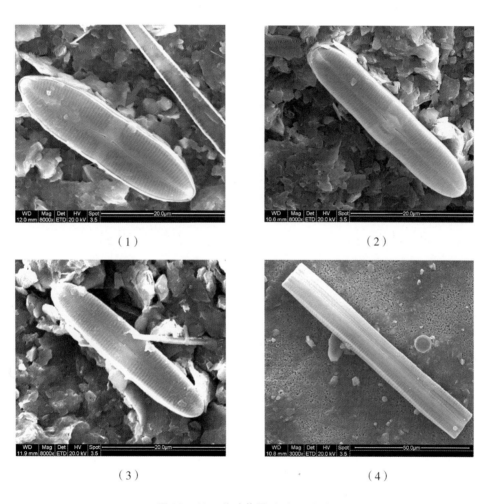

图12-16 美壁藻属（1）～（4）

十二、平板藻属（*Tabellaria*）

平板藻属硅藻植物体由细胞连成带状或"Z"形的群体；壳面呈线形，中部常明显膨大，两端略膨大；上下壳面均具假壳缝，假壳缝狭窄，两侧具由细点纹连成的横线纹；带面呈长方形，通常具许多间生带，间生带间具纵隔膜。如图12-17（1）～（6）所示。

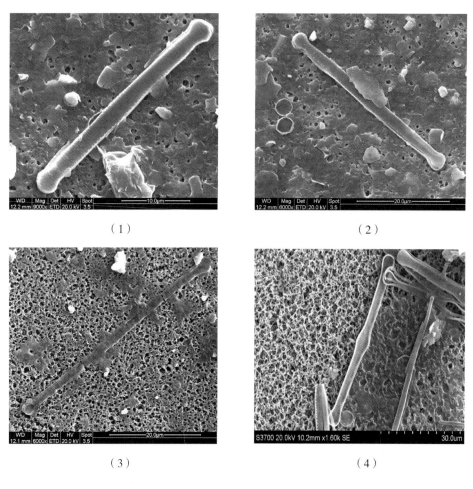

图12-17 平板藻属（1）～（4）

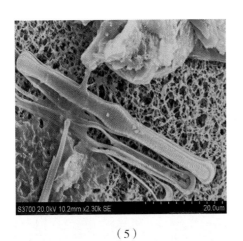
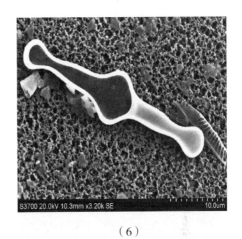

(5) (6)

图12-17 平板藻属(5)～(6)

十三、桥弯藻属（*Cymbella*）

桥弯藻属硅藻植物体为单细胞；壳面两侧不对称，明显有背腹之分，背侧凸出，腹侧平直或中部略凸出或略凹入，呈新月形、线形、半椭圆形、半披针形、舟形、菱形披针形，末端钝圆或渐尖；中轴区两侧略不对称，具中央节和极节；壳缝略弯曲，少数近直，其两侧具横线纹，一般壳面中间部分的横线纹比近两端的横线纹略微稀疏。如图 12 – 18（1）～（22）所示。

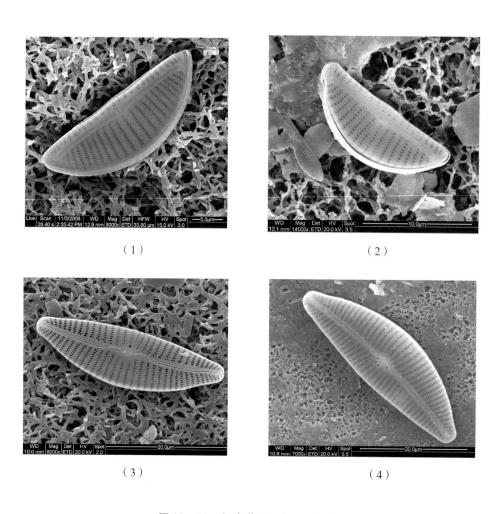

图 12 – 18 桥弯藻属（1）～（4）

图 12-18 桥弯藻属 (5) ~ (10)

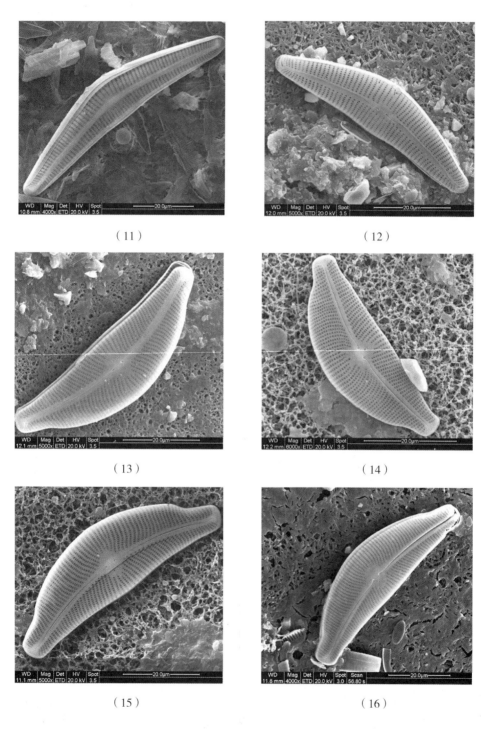

图 12-18 桥弯藻属 (11) ~ (16)

图12-18 桥弯藻属（17）～（22）

十四、曲壳藻属（*Achnanthes*）

曲壳藻属硅藻植物体为单细胞，或以壳面互相连接形成带状或梳状群体，以胶柄着生于基质上；壳面呈线形披针形、线形椭圆形、椭圆形、菱形披针形，上壳面凸出或略凸出，具假壳缝，下壳面凹入或略凹入，具典型的壳缝，中央节明显，极节不明显；壳缝和假壳缝两侧的横线纹或点纹相似，或一壳面横线纹平行，另一壳面呈放射状；带面纵长弯曲，呈膝曲状或弧形。如图 12-19（1）～（28）所示。

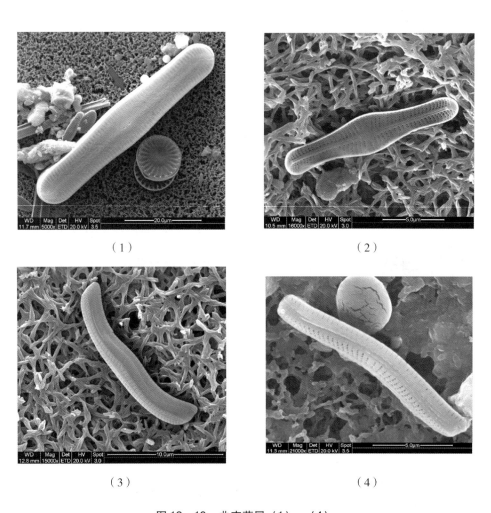

（1）　　　　　　　　　　　　（2）

（3）　　　　　　　　　　　　（4）

图 12-19　曲壳藻属（1）～（4）

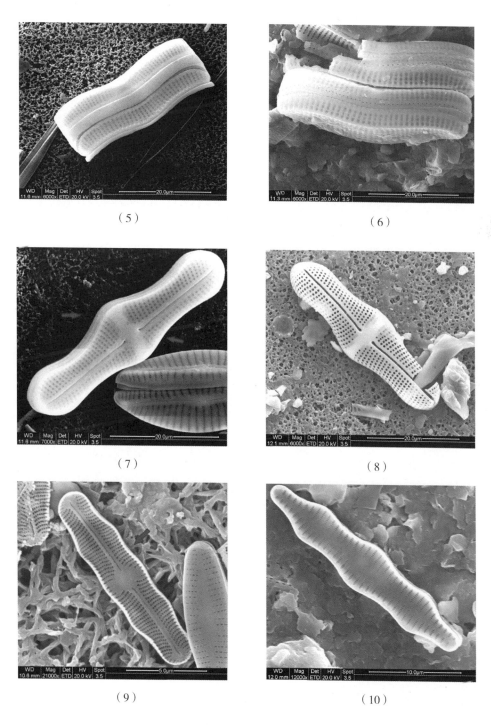

图 12-19 曲壳藻属 (5) ~ (10)

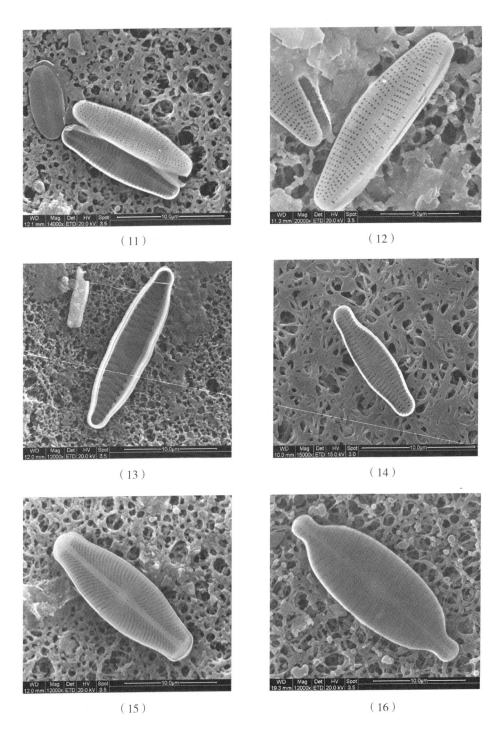

图 12-19 曲壳藻属 (11) ~ (16)

图 12-19　曲壳藻属 (17) ～ (22)

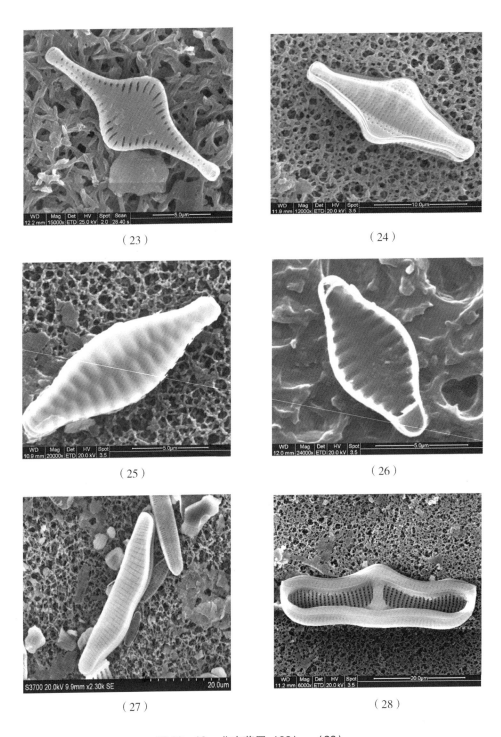

(23)

(24)

(25)

(26)

(27)

(28)

图 12-19　曲壳藻属（23）～（28）

十五、双壁藻属（*Diploneis*）

双壁藻属硅藻植物体为单细胞；壳面呈椭圆形、线形、卵圆形，末端钝圆；壳缝直，壳缝两侧具中央节侧缘延长形成的角状凸起，其外侧具宽或狭的线形到披针形的纵沟，纵沟外侧具横肋纹或由点纹连成的横线纹；带面呈长方形，无间生带和隔片。如图12-20（1）～（16）所示。

图12-20 双壁藻属（1）～（4）

图 12-20 双壁藻属（5）～（10）

图 12-20 双壁藻属 (11) ~ (16)

十六、双菱藻属（*Surirella*）

双菱藻属硅藻植物体为单细胞；细胞壳面呈披针形、线形、椭圆形，呈横向上下波状起伏或平直或弯曲，上下两个壳面的龙骨及翼状构造围绕整个壳缘；龙骨上具管壳缝，管壳缝通过翼沟与细胞内部相联系，翼沟间以膜相联系，构成中间间隙；壳面具横肋纹和横线纹；带面呈矩形，两侧平行或具明显的波状皱褶。如图12-21（1）～（24）所示。

图12-21 双菱藻属（1）～（4）

第十二章 我国水域常见的硅藻类型

图 12-21 双菱藻属 (5) ~ (10)

251

图 12-21 双菱藻属 (11) ~ (16)

第十二章 我国水域常见的硅藻类型

图 12-21 双菱藻属 (17) ~ (22)

（23）

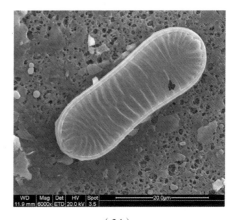
（24）

图 12-21 双菱藻属 (23) ～ (24)

十七、双眉藻属（*Amphora*）

双眉藻属硅藻植物体多数为单细胞，浮游或着生；壳面两侧不对称，明显有背腹之分，呈新月形、镰刀形，末端钝圆形或两端延长呈头状；中轴区明显偏于腹侧一侧，具中央节和极节；壳缝略弯曲，其两侧具横线纹；带面呈椭圆形，末端截形，间生带由点连成长线状，无隔膜。如图12-22（1）～（4）所示。

（1）　　　　　　　　　　　　（2）

（3）　　　　　　　　　　　　（4）

图12-22　双眉藻属（1）～（4）

十八、弯楔藻属 (*Rhoicosphenia*)

弯楔藻属硅藻植物体细胞纵轴异极，横轴同极，在壳环面观为弯曲的楔形，两端有隔片，壳面观呈棒状，或略呈棍形。壳面具点条纹。两壳面不相同，上壳面在纵轴上有一线状的拟壳缝，无中节，只在顶端存在一小部分壳缝；下壳面具完整的壳缝和中节，端节很小，不清楚。如图 12-23（1）～（6）所示。

图 12-23 弯楔藻属 (1)～(4)

 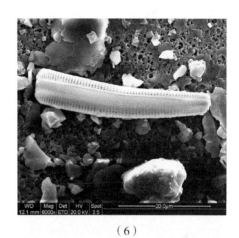

(5) (6)

图12-23 弯楔藻属 (5)～(6)

十九、异极藻属（*Gomphonema*）

异极藻属硅藻植物体为单细胞，或为不分枝或分枝的树状群体；细胞位于胶质柄的顶端，以胶质柄着生于基质上，有时细胞从胶质柄上脱落成为偶然性的单细胞浮游种类；壳面上下两端不对称，上端宽于下端，两侧对称，呈棒形、披针形或楔形；中轴区狭窄、直，中央区略扩大，有些种类在中央区一侧具一个或多个单独的点纹，具中央节和极节；壳缝两侧具由点位组成的横线纹；带面多呈楔形，末端截形，无间生带。如图 12-24（1）～（22）所示。

(1)　　　　　　　　　　　(2)

(3)　　　　　　　　　　　(4)

图 12-24　异极藻属 (1)～(4)

第十二章 我国水域常见的硅藻类型

（5）

（6）

（7）

（8）

（9）

（10）

图 12-24 异极藻属（5）～（10）

259

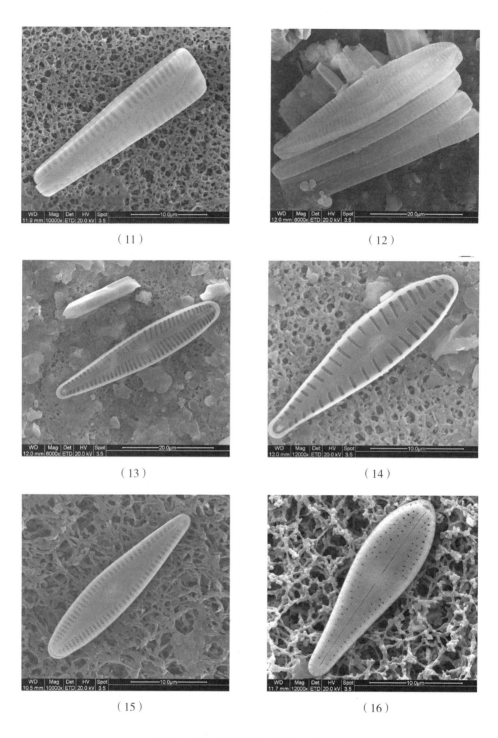

图 12-24 异极藻属 (11) ~ (16)

第十二章 我国水域常见的硅藻类型

(17)　　　　　　　　　(18)

(19)　　　　　　　　　(20)

(21)　　　　　　　　　(22)

图 12-24　异极藻属 (17) ～ (22)

二十、羽纹藻属（*Pinnularia*）

羽纹藻属硅藻植物体为单细胞或连成带状群体，上下左右均对称；壳面呈线形、椭圆形、披针形、线形披针形、椭圆披针形，两侧平行，少数种类两侧中部膨大或呈对称的波状，两端呈头状、喙状、末端钝圆；中轴区呈狭线形、宽线形或宽披针形，有些种类超过壳面宽度的 1/3，中央区呈圆形、椭圆形、菱形、横矩形等，具中央节和极节；壳缝发达，直或弯曲，或构造复杂形成复杂壳缝，其两侧具粗或细的横肋纹，每条肋纹是一条管沟，每条管沟内具 1～2 个纵隔膜，将管沟隔成 2～3 个小室，有的种类由于肋纹的纵隔膜形成纵线纹；一般壳面中间部分的横肋纹比两端的横肋纹略为稀疏（在种类的描述中，在 10 μm 内的横肋纹数指壳面中间部分的横肋纹数）；带面呈长方形，无间生带和隔片。如图 12-25（1）～（16）所示。

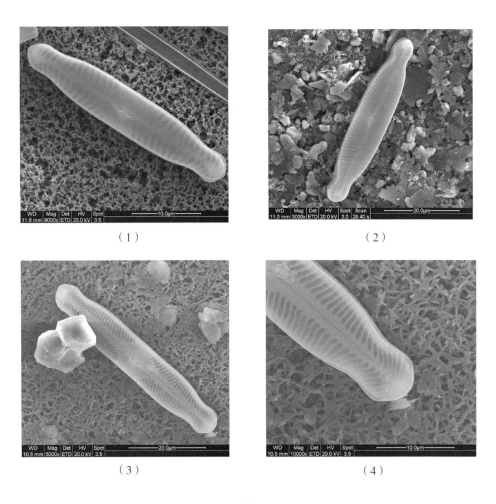

（1） （2）

（3） （4）

图 12-25 羽纹藻属（1）～（4）

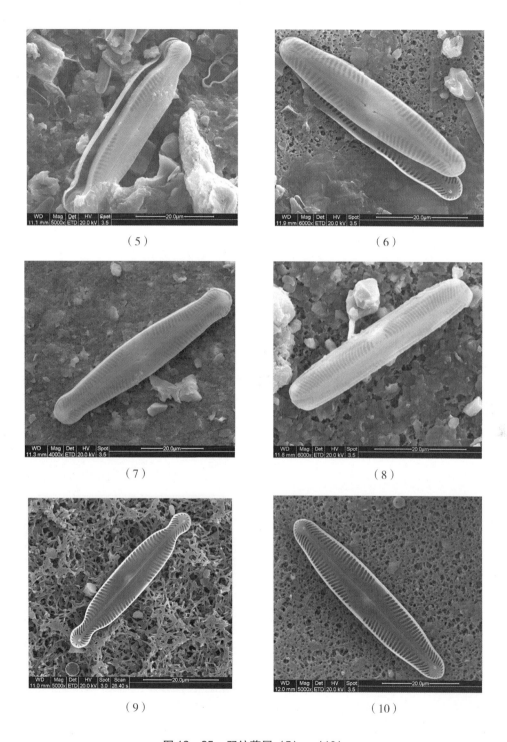

图12-25 羽纹藻属（5）～（10）

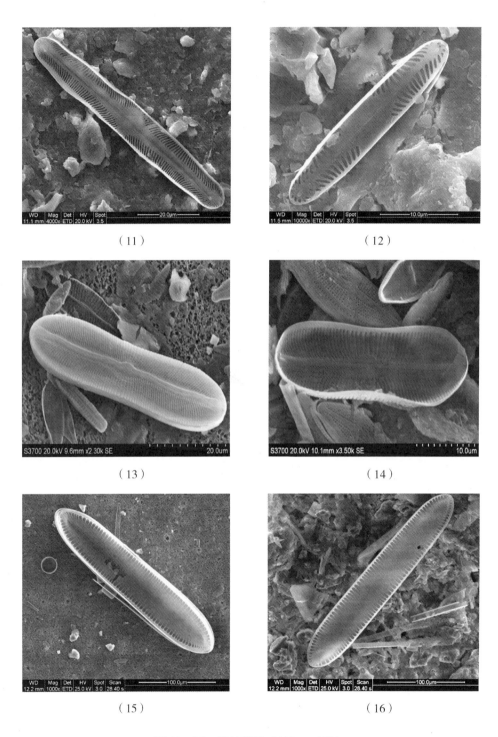

图 12-25 羽纹藻属 (11) ~ (16)

二十一、针杆藻属（*Synedra*）

针杆藻属硅藻植物体为单细胞，或丛生呈扇形，或以每个细胞的一端相连成放射状群体，罕见形成短带状，但不形成长的带状群体；壳面呈线形或长披针形，从中部向两端逐渐狭窄，末端钝圆或呈小头状；假壳缝呈线形，其两侧具横线纹或点纹，壳面中部常无花纹；带面呈长方形，末端截形，具明显的线纹带。如图 12 - 26（1）～（20）所示。

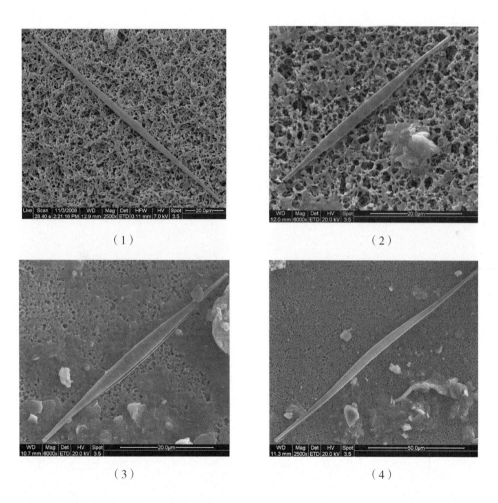

图 12 - 26　针杆藻属（1）～（4）

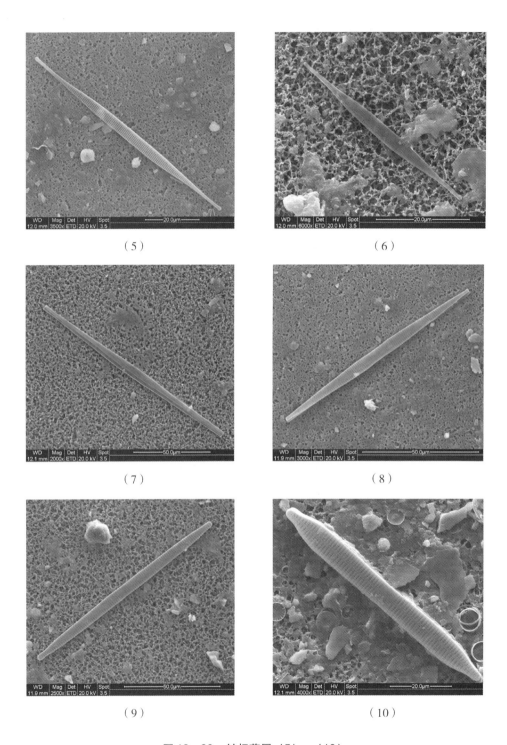

图 12-26 针杆藻属 (5) ~ (10)

第十二章 我国水域常见的硅藻类型

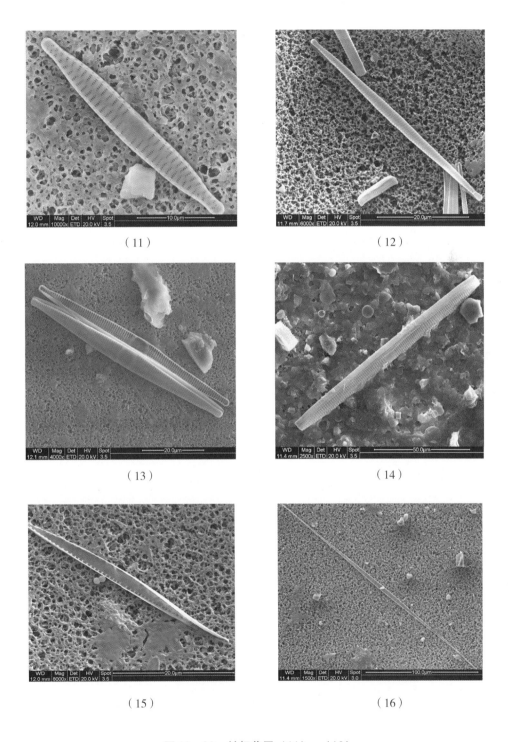

图 12-26 针杆藻属（11）～（16）

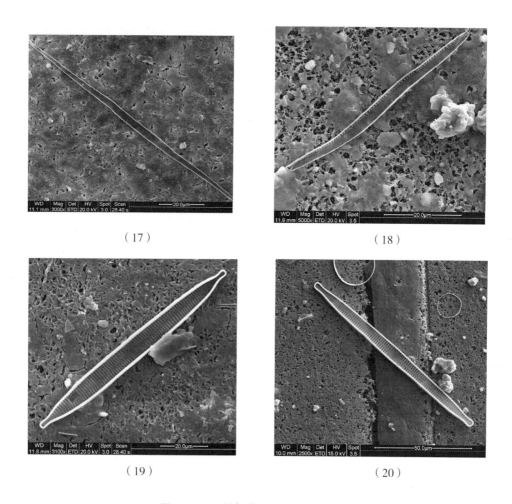

图 12-26 针杆藻属 (17) ~ (20)

二十二、舟形藻属（*Navicula*）

舟形藻属硅藻植物体细胞壳面呈线形、披针形、菱形或椭圆形，两侧对称，末端钝圆、近头状或喙状；中轴区狭窄，呈线形、披针形；壳缝呈线形，具中央节或极节，中央节呈圆形或椭圆形，有的种类极节呈扁圆形；壳缝两侧具点纹组成的横线纹或布纹、肋纹、窝孔纹，一般壳面中间部分的线纹略稀疏。如图12-27（1）～（30）所示。

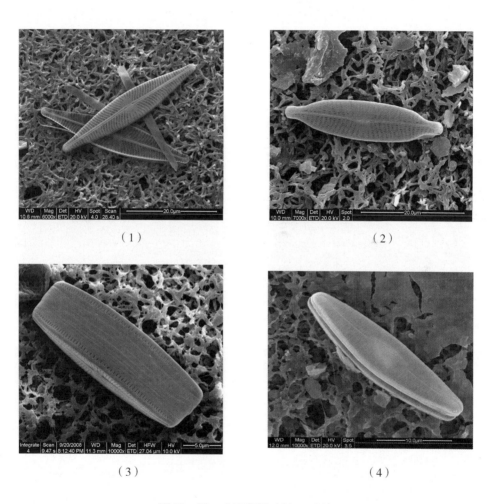

图12-27 舟形藻属（1）～（4）

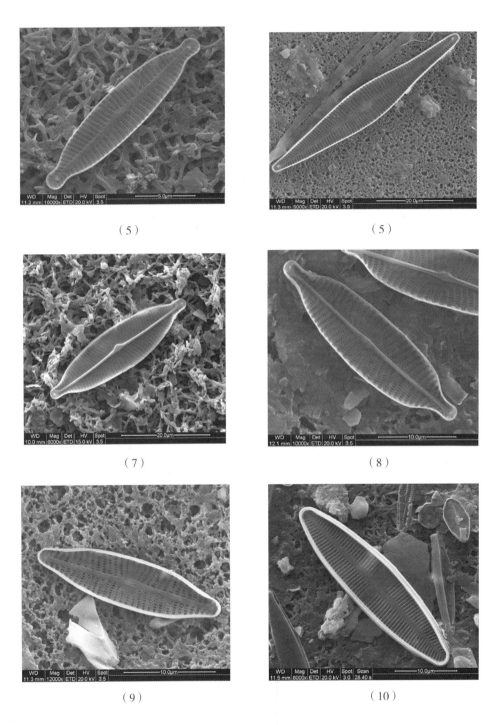

图 12-27 舟形藻属 (5) ~ (10)

第十二章 我国水域常见的硅藻类型

图 12-27 舟形藻属 (11)～(16)

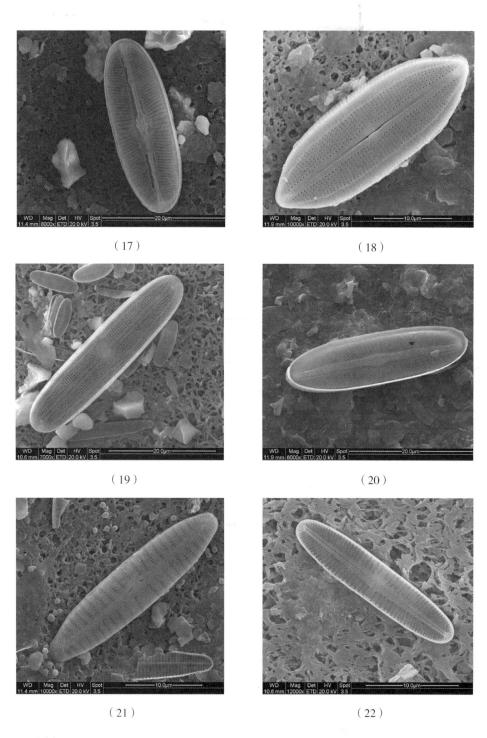

图 12-27 舟形藻属 (17)~(22)

第十二章 我国水域常见的硅藻类型

(23)　　　　　　　　　　(24)

(25)　　　　　　　　　　(26)

(27)　　　　　　　　　　(28)

图 12-27　舟形藻属（23）～（28）

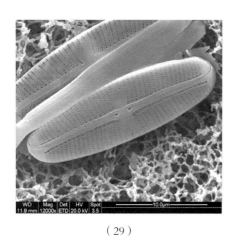 

(29) (30)

图12-27 舟形藻属(29)～(30)

(刘超 胡孙林 温锦锋 牛勇)

附录　硅藻类型检索

以下图片均来自 http://westerndiatoms.colorado.edu。

一、中心对称硅藻（Centric）

1. 刺菊石属（*Acanthoceras*）

比例尺 = 10 μm

Edlund M, Burge D.（2017）

2. 辐射环藻属（*Actinocyclus*）

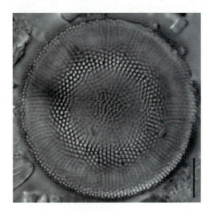

比例尺 = 10 μm

Christie M.（2014）

3. 沟链藻属（*Aulacoseira*）

比例尺 = 10 μm　　　　　　比例尺 = 10 μm　　　　　　比例尺 = 10 μm
Potapova M，English J，　　Potapova M.（2010）　　English J，Potapova M.（2010）
Edlund M.（2010）

4. *Brevisira*

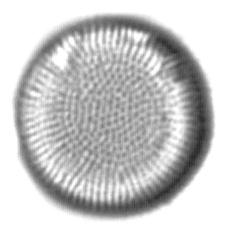

Spaulding S，Edlund M.（2009）

5. 角毛藻属 (*Chaetoceros*)

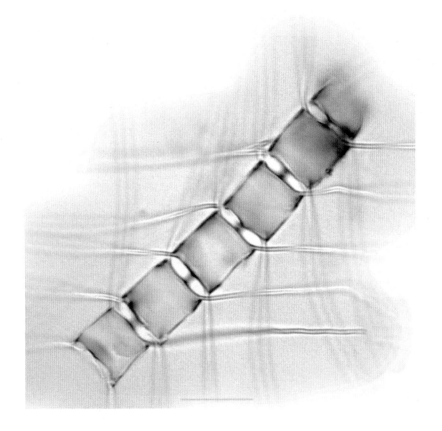

Spaulding S, Edlund M. (2008)

6. 环冠藻属 (*Cyclostephanos*)

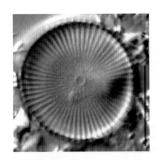

比例尺 = 10 μm

Burge D, Edlund M. (2015)

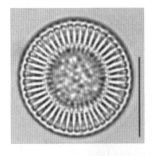

比例尺 = 10 μm

Ivarsson L. (2011)

7. 小环藻（*Cyclotella*）

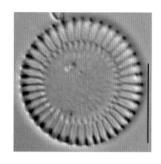  

比例尺 = 10 μm　　　　　比例尺 = 10 μm　　　　　比例尺 = 10 μm

Lowe R, Kheiri S.（2015）　　Lowe R, Manoylov K.（2011）　　Bahls L.（2013）

8. 碟星藻属（*Discostella*）

　比例尺 = 10 μm
Lowe R.（2015）

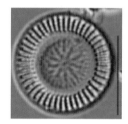　比例尺 = 10 μm
Lowe R.（2015）

9. 浮生直链属（*Ellerbeckia*）

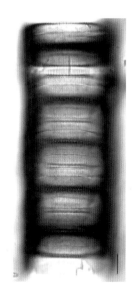　比例尺 = 10 μm
Bahls L.（2012）

　比例尺 = 10 μm
Bahls L.（2012）

10. 乳头盘藻属（*Eupodiscus*）

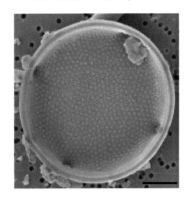

比例尺 = 10 μm

Nodine E. （2011）

11. 水生藻属（*Hydrosera*）

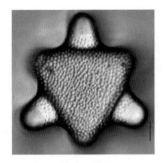

比例尺 = 10 μm

Burge D，Edlund M. （2017）

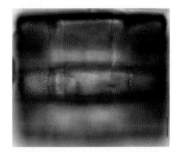

比例尺 = 10 μm

Burge D，Edlund M. （2017）

12. 琳达藻属（*Lindavia*）

比例尺 = 10 μm

Burge D，Edlund M. （2015）

比例尺 = 10 μm

Bahls L. （2013）

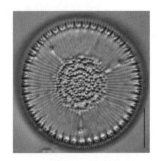

比例尺 = 10 μm

Daniels W. （2012）

13. 直链藻属（*Melosira*）

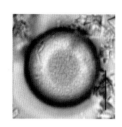  

比例尺 = 10 μm　　　　　　　比例尺 = 10 μm　　　　　　　比例尺 = 10 μm

Edlund M, Burge D.（2017）　　Bahls L.（2012）　　　　Bahls L.（2012）

14. 侧链藻属（*Pleurosira*）

 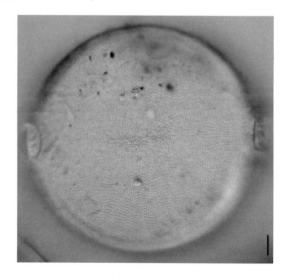

比例尺 = 10 μm　　　　　　　　比例尺 = 10 μm

Kociolek P.（2011）　　　　　　Kociolek P.（2011）

15. *Pliocaenicus*

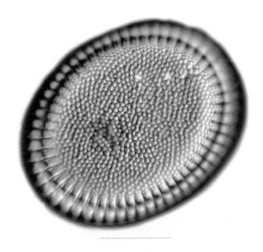

Spaulding S, Edlund M. (2008)

16. 细点藻属 (*Puncticulata*)

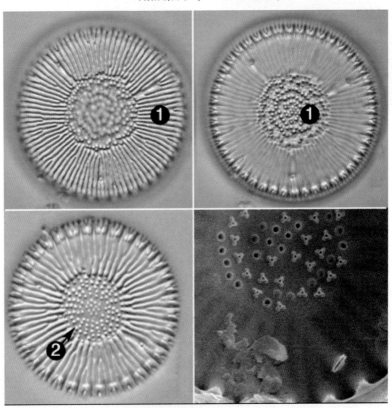

Spaulding S, Edlund M. (2008)
1. 中心区域平坦或呈同心波曲；2. 壳面分为具有不同形态的两部分。

17. 骨条藻属（*Skeletonema*）

Spaulding S，Edlund M.（2008）

18. *Spicaticribra*

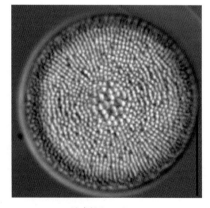

比例尺 = 10 μm

Lowe R.（2015）

19. *Stephanocyclus*

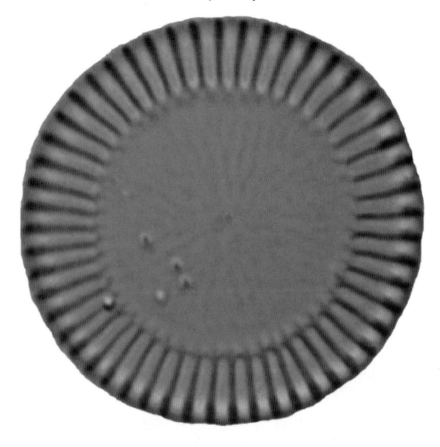

Spaulding S, Edlund M. (2008)

20. 冠盘藻属（*Stephanodiscus*）

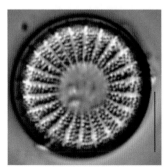  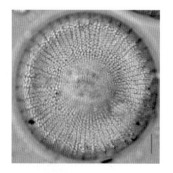

| 比例尺 = 10 μm | 比例尺 = 10 μm | 比例尺 = 10 μm |
| Bahls L. (2013) | Spaulding S, Potapova M. (2012) | Woods P. (2011) |

21. 哑铃藻属（*Terpsinoë*）

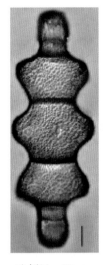

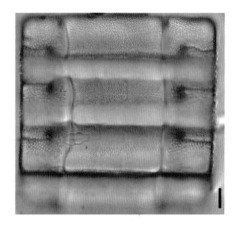

比例尺 = 10 μm

Wu S. （2013）

比例尺 = 10 μm

Wu S. （2013）

22. 海链藻属（*Thalassiosira*）

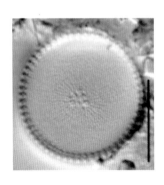

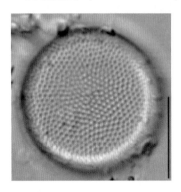

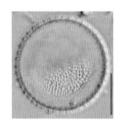

比例尺 = 10 μm

Kociolek P. （2011）

比例尺 = 10 μm

Burge D, Edlund M. （2015）

比例尺 = 10 μm

Kociolek P. （2011）

23. 尾管藻属（*Urosolenia*）

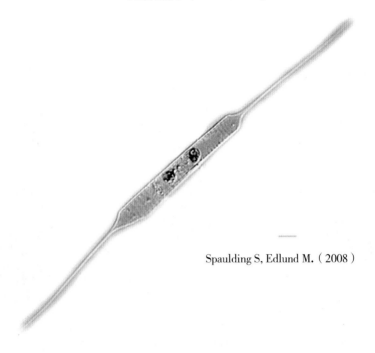

Spaulding S, Edlund M.（2008）

二、无壳缝硅藻（Araphid）

1. 星杆藻属（*Asterionella*）

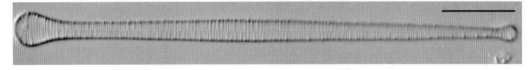

比例尺 = 10 μm

Spaulding S.（2012）

2. 栉链藻属（*Ctenophora*）

比例尺 = 10 μm

Jones J.（2013）

3. 等片藻属（*Diatoma*）

比例尺 = 10 μm

Potapova M. （2009）

比例尺 = 10 μm

Potapova M. （2009）

比例尺 = 10 μm

Potapova M. （2010）

4. *Diprora*

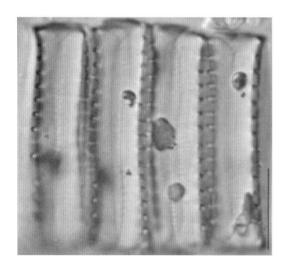

比例尺 = 10 μm

Main S. （2011）

比例尺 = 10 μm

Main S. （2011）

5. *Distrionella*

比例尺 = 10 μm

Bahls L. （2012）

6. 脆杆藻属（*Fragilaria*）

 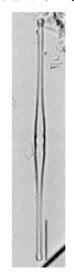 

| 比例尺 = 10 μm | 比例尺 = 10 μm | 比例尺 = 10 μm |

Bishop I, Spaulding S. （2014）　　Morales E, Rosen B, Spaulding S. （2013）　　Balmaki B. （2015）

7. 脆形藻属（*Fragilariforma*）

  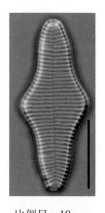

比例尺 = 10 μm　　比例尺 = 10 μm　　比例尺 = 10 μm

Bahls L. （2012）　　Bishop I. （2016）　　Burge D, Edlund M. （2017）

8. *Hannaea*

比例尺 = 10 μm

Kociolek P. (2010)

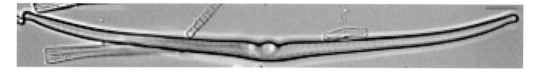

比例尺 = 10 μm

Burge D, Edlund M. (2017)

9. 扇形藻属（*Meridion*）

  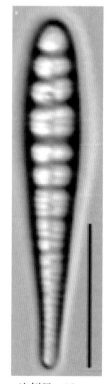

比例尺 = 10 μm　　　比例尺 = 10 μm　　　比例尺 = 10 μm

Bishop I. (2015)　　Hoidal N. (2013)　　Burge D, Edlund M, Brant L. (2015)

10. *Odontidium*

比例尺 = 10 μm

Potapova M. (2009)

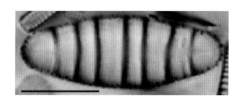

比例尺 = 10 μm

Bishop I. (2017)

11. *Oxyneis*

比例尺 = 10 μm

Burge D, Edlund M. (2016)

比例尺 = 10 μm

Burge D, Edlund M. (2016)

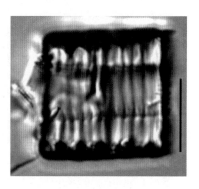

比例尺 = 10 μm

Burge D, Edlund M. (2016)

12. 假十字脆杆藻属（*Pseudostaurosira*）

比例尺 = 10 μm

Morales E. (2013)

比例尺 = 10 μm

Morales E. (2011)

比例尺 = 10 μm

Smith T. (2013)

13. 拟假十字脆杆藻属（*Pseudostaurosiropsis*）

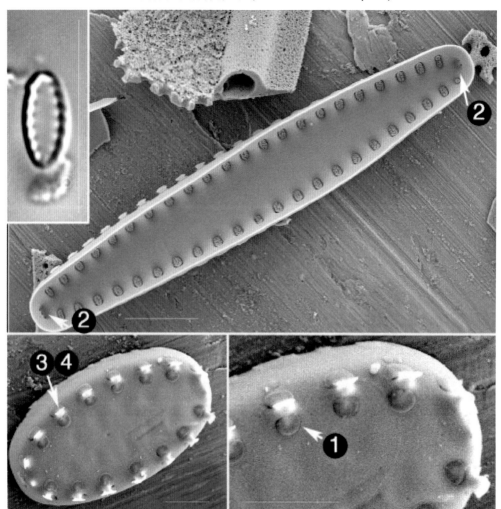

Spaulding S, Edlund M. (2008)
1. 放射状单列纹；2. 两极的顶孔；3. 边缘有棘；4. 棘扁平分叉。

14. *Punctastriata*

比例尺 = 10 μm

Morales E, Rosen B, Spaulding S. (2013)

15. *Stauroforma*

比例尺 = 10 μm 　　　　　　　比例尺 = 10 μm

Morales E, Spaulding S. (2013)　　Morales E, Spaulding S. (2013)

16. 十字脆杆藻属（*Staurosira*）

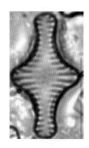  

比例尺 = 10 μm　　　比例尺 = 10 μm　　　比例尺 = 10 μm

Morales E. (2010)　　Morales E. (2010)　　Morales E. (2010)

17. 窄十字脆杆藻属（*Staurosirella*）

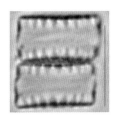  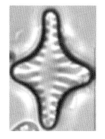

比例尺 = 10 μm　　　比例尺 = 10 μm　　　比例尺 = 10 μm

Morales E.（2010）　Pedraza Garzon E.（2014）　Morales E.（2010）

18. 针杆藻属（*Synedra*）

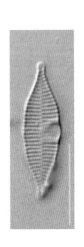  

比例尺 = 10 μm　　　比例尺 = 10 μm　　　比例尺 = 10 μm

Potapova M.（2009）　Bahls L.（2012）　Bahls L.（2012）

19. 平板藻属（*Tabellaria*）

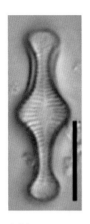

比例尺 = 10 μm

DeColibus D.（2013）

比例尺 = 10 μm

DeColibus D.（2013）

20. 平格藻属（*Tabularia*）

比例尺 = 10 μm

Kociolek P.（2011）

21. 四环藻属（*Tetracyclus*）

比例尺 = 10 μm

Bishop I.（2016）

比例尺 = 10 μm

Bishop I.（2014）

比例尺 = 10 μm

Bishop I.（2014）

22. *Tibetiella*

Spaulding S, Metzeltin D.（2013）

23. 肘形藻属（*Ulnaria*）

比例尺 = 10 μm　　　比例尺 = 10 μm　　　比例尺 = 10 μm

Bishop I.（2015）　　Bishop I.（2015）　　Bishop I.（2015）

三、短壳缝硅藻（Eunotiold）

1. 长矛藻属（*Actinella*）

比例尺 = 10 μm

Beals J（2011）

2. *Amphicampa*

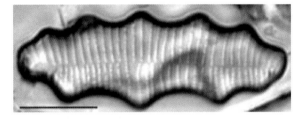 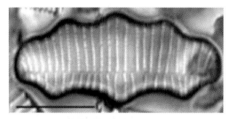

比例尺 = 10 μm   比例尺 = 10 μm

Burge D, Edlund M.（2015）   Burge D, Edlund M.（2015）

3. *Amphorotia*

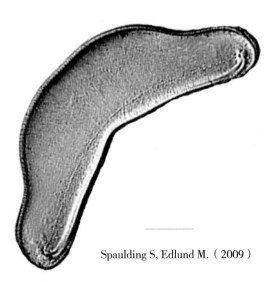

Spaulding S, Edlund M.（2009）

4. 短缝藻属（*Eunotia*）

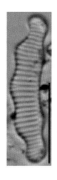 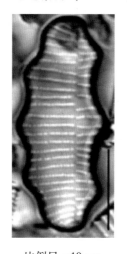 

比例尺 = 10 μm　　　　　比例尺 = 10 μm　　　　　比例尺 = 10 μm

Bishop I.（2017）　　　Burge D, Edlund M.（2015）　　Bahls L.（2012）

5. *Peronia*

比例尺 = 10 μm　　　　　　　　　　　比例尺 = 10 μm

Bahls L, Kimmich R.（2017）　　　　Bahls L, Kimmich R.（2017）

6. *Semiorbis*

比例尺 = 10 μm

Burge D, Edlund M. (2016)

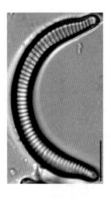

比例尺 = 10 μm

Burge D, Edlund M. (2016)

四、对称双壳缝硅藻（Symmetrical biraphid）

1. 细小藻属（*Adlafia*）

比例尺 = 10 μm

LaLiberte G. (2015)

比例尺 = 10 μm

LaLiberte G. (2015)

2. 双肋藻属（*Amphipleura*）

比例尺 = 10 μm

Graeff C. (2012)

3. 长点藻属（*Aneumastus*）

 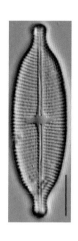 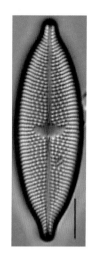

比例尺 = 10 μm　　　　比例尺 = 10 μm　　　　比例尺 = 10 μm

Bahls L.（2012）　　　Bahls L.（2012）　　　Bahls L.（2012）

4. 异菱藻属（*Anomoeoneis*）

 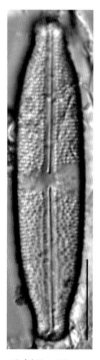

比例尺 = 10 μm　　　　　　　　　比例尺 = 10 μm

Burge D, Edlund M.（2015）　　　Burge D, Edlund M.（2015）

5. 对纹藻属（*Biremis*）

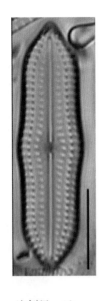

比例尺 = 10 μm

Edlund M, Burge D. (2017)

比例尺 = 10 μm

Potapova M. (2011)

6. *Boreozonacola*

比例尺 = 10 μm

Bahls L. (2011)

比例尺 = 10 μm

Bahls L. (2011)

7. 短纹藻属（*Brachysira*）

  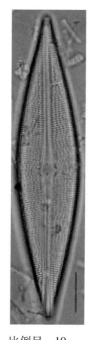

比例尺 = 10 μm   比例尺 = 10 μm   比例尺 = 10 μm

Bahls L.（2014）   Hamilton P.（2010）   Hamilton P.（2010）

8. *Brevilinea*

Spaulding S.（2013）

9. 美壁藻属（*Caloneis*）

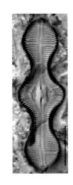

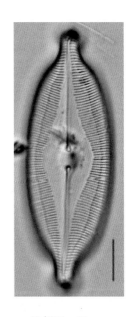

比例尺 = 10 μm　　　　　　比例尺 = 10 μm　　　　　　比例尺 = 10 μm

Kociolek P.（2011）　　　Keith M，Rosen B.（2012）　　Haueter J.（2014）

10. 卡帕克藻属（*Capartogramma*）

比例尺 = 10 μm

Potapova M.（2011）

11. 卡维藻属（*Cavinula*）

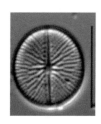 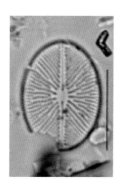 

比例尺 = 10 μm　　　　比例尺 = 10 μm　　　　比例尺 = 10 μm

Otu M, Spaulding S.（2011）　　Hamilton P.（2011）　　Bahls L.（2012）

12. 钩羽纹藻属（*Chamaepinnularia*）

比例尺 = 10 μm　　　　比例尺 = 10 μm

Otu M, Spaulding S.（2011）　　Otu M, Spaulding S.（2011）

13. *Cosmioneis*

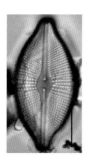 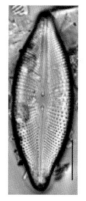 

比例尺 = 10 μm　　　　比例尺 = 10 μm　　　　比例尺 = 10 μm

Lowe R.（2011）　　Lowe R.（2011）　　Lowe R.（2011）

14. 缘辐节藻属（*Craspedostauros*）

Spaulding S. （2013）

15. 杯状藻属（*Craticula*）

  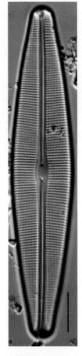

比例尺 = 10 μm　　　　　比例尺 = 10 μm　　　　　比例尺 = 10 μm

Potapova M. （2009）　　Burge D，Bishop I. （2015）　　Bahls L. （2012）

16. 交叉藻属（*Decussata*）　17. 等带藻属（*Diadesmis*）　18. 等隔藻属（*Diatomella*）

比例尺 = 10 μm　　　　　比例尺 = 10 μm　　　　　比例尺 = 10 μm

Kociolek P.（2011）　　　Kociolek P.（2011）　　　Kociolek P.（2011）

19. 双壁藻属（*Diploneis*）

 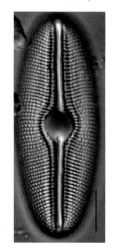 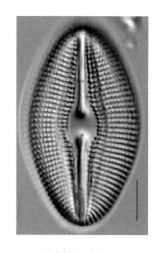

比例尺 = 10 μm　　　　　比例尺 = 10 μm　　　　　比例尺 = 10 μm

Bahls L.（2014）　　　　Bahls L.（2017）．　　　Kamae B.（2015）

20. *Envekadea*

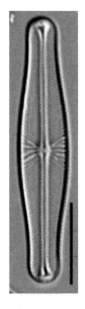  

比例尺 = 10 μm　　　　比例尺 = 10 μm　　　　比例尺 = 10 μm

Lee S, Van de Vijver B.　Lee S, Atazadeh E. (2015)　Lee S, Van de Vijver B. (2013)

21. 桂藻属 (*Eolimna*)

Spaulding S, Edlund M. (2008)

22. 琴形藻属 (*Fallacia*)

比例尺 = 10 μm　　　　比例尺 = 10 μm　　　　比例尺 = 10 μm

Bishop I. (2016)　　Hamilton P, Manoylov K. (2012)　　Bishop I. (2016)

23. 管状藻属（*Fistulifera*）

Spaulding S, Edlund M. （2008）

24. 夫瑞克藻属（*Frickea*）

比例尺 = 10 μm

Graeff C. （2010）

25. 肋缝藻属（*Frustulia*）

 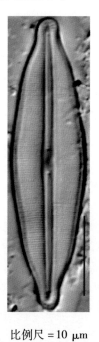 

比例尺 = 10 μm　　　　比例尺 = 10 μm　　　　比例尺 = 10 μm

Graeff C.（2011）　　Kociolek P, Graeff C.（2011）　　Kociolek P, Graeff C.（2011）

26. 盖斯勒藻属（*Geissleria*）

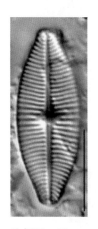  

比例尺 = 10 μm　　　　比例尺 = 10 μm　　　　比例尺 = 10 μm

Potapova M.（2010）　　Lowe R.（2011）　　Bahls L.（2016）

27. *Genkalia*

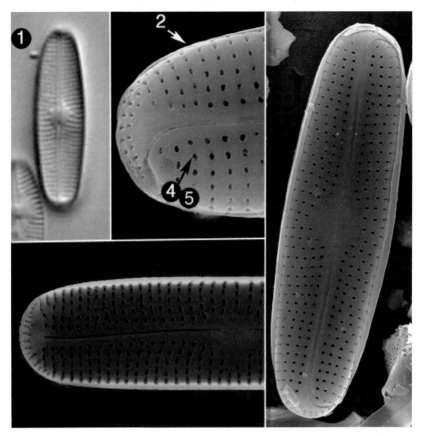

Potapova M. (2016)

1. 壳面为线形、线性披针形或线性椭圆形；2. 壳面-套连接平滑；3. 深壳套；4. 单列纹；5. 网孔呈圆形至椭圆形。

28. 布纹藻属（*Gyrosigma*）

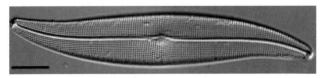

比例尺 = 10 μm

Chaput M. (2014)

29. 海氏藻属 (*Haslea*)

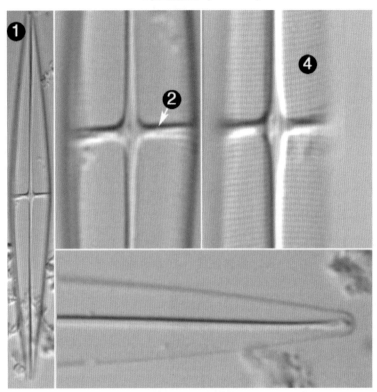

Bahls L. (2012)

1. 披尖形壳面，两端尖；2. 中央肋加厚，形成十字结样结构；
3. 壳缝隔片，中央壳面不对称加厚；4. 交叉纵条纹。

30. 蹄形藻属 (*Hippodonta*)

比例尺 = 10 μm

Bishop I. (2015)

比例尺 = 10 μm

Potapova M. (2011)

比例尺 = 10 μm

Potapova M. (2011)

31. *Humidophila*

比例尺 = 10 μm　　　　比例尺 = 10 μm　　　　比例尺 = 10 μm

Otu M, Spaulding S.（2011）　Lowe R.（2015）　　Lowe R.（2011）

32. 湿岩藻属（*Hygropetra*）

比例尺 = 10 μm

Kociolek P.（2011）

33. 小林藻属（*Kobayasiella*）

比例尺 = 10 μm　　　　比例尺 = 10 μm　　　　比例尺 = 10 μm

Bahls L.（2012）　　　Bahls L.（2012）　　　Bahls L.（2012）

34. *Krasskella*

比例尺 = 10 μm

Spaulding S, Bishop I. (2014)

35. 泥生藻属（*Luticola*）

比例尺 = 10 μm   比例尺 = 10 μm

Bishop I. (2015)   Tyree M, Bishop I. (2016)

36. 胸隔藻属（*Mastogloia*）

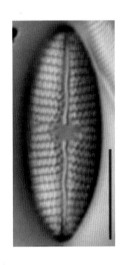

比例尺 = 10 μm

Kociolek P.（2011）

比例尺 = 10 μm

Bahls L.（2012）

比例尺 = 10 μm

Lee S.（2014）

37. 麦尔藻属（*Mayamaea*）　　38. 微肋藻属（*Microcostatus*）　　39. *Microfissurata*

比例尺 = 10 μm

Spaulding S，Edlund M.（2008）　　Lowe R.（2015）　　Spaulding S.（2013）

40. 苔生藻属（*Muelleria*）

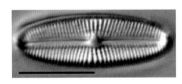

比例尺 = 10 μm

Bahls L.（2016）

比例尺 = 10 μm

Bahls L.（2015）

41. 舟形藻属（*Navicula*）

比例尺 = 10 μm

Tyree M, Bishop I. (2015)

比例尺 = 10 μm

Bahls L. (2011)

比例尺 = 10 μm

Bahls L. (2012)

42. 长篦形藻属（*Neidiomorpha*）

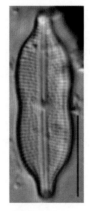

比例尺 = 10 μm

Mendoza S. (2015)

43. 细篦藻属（*Neidiopsis*）

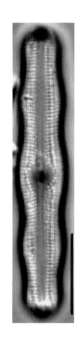 

比例尺 = 10 μm　　　　　　　　　比例尺 = 10 μm

Bahls L.（2012）　　　　　　　　Bahls L.（2012）

44. 长蓖藻属（*Neidium*）

 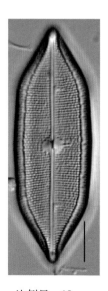

比例尺 = 10 μm　　　　　　　　　比例尺 = 10 μm

Bahls L.（2013）　　　　　　　　Burge D，Brant L，Edlund M.（2017）

45. 努佩藻属 (*Nupela*)

  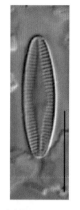

比例尺 = 10 μm　　　　比例尺 = 10 μm　　　　比例尺 = 10 μm

Hamilton P, Potapova M. (2011)　　Bahls L. (2016)　　Potapova M. (2010)

46. 双玲藻属 (*Parlibellus*)

比例尺 = 10 μm

Hamilton P, Manoylov K. (2011); Hamilon P, and Manoylov K. (2011)

47. 羽纹藻属 (*Pinnularia*)

  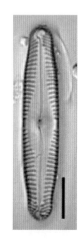

比例尺 = 10 μm　　　　比例尺 = 10 μm　　　　比例尺 = 10 μm

Potapova M, O'Malley I. (2013)　　Bahls L. (2014)　　Sakaeva A. (2013)

48. 盘状藻属（*Placoneis*）

比例尺 = 10 μm

Bahls L.（2014）

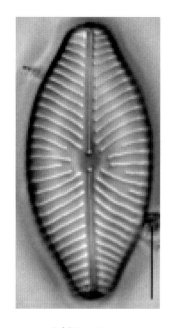

比例尺 = 10 μm

Woodell J.（2015）

49. 龙骨藻属（*Plagiotropis*）

比例尺 = 10 μm

Bahls L.（2012）

50. *Playaensis*

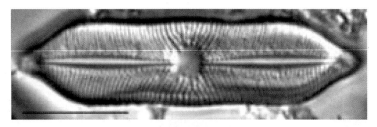

比例尺 = 10 μm

Johnson K.（2016）

51. 斜纹藻属（*Pleurosigma*）

比例尺 = 10 μm

Johnson K. （2016）

52. *Prestauroneis*

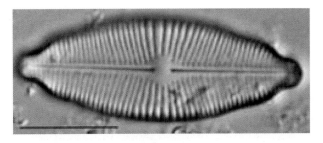

比例尺 = 10 μm

Neil K. （2014）

53. 假曲解藻属（*Pseudofallacia*）

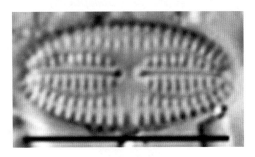

比例尺 = 10 μm

Kociolek P. （2011）

54. *Rexlowea*

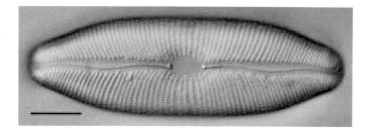

比例尺 = 10 μm

Kociolek P. (2011)

55. 旋舟藻属（*Scoliopleura*）

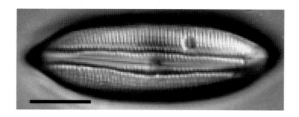

比例尺 = 10 μm

Bahls L. (2017)

56. 鞍形藻属（*Sellaphora*）

比例尺 = 10 μm　　　　比例尺 = 10 μm　　　　比例尺 = 10 μm

Minerovic A. (2016)　　Potapova M. (2013)　　Potapova M. (2013)

57. 辐节藻属（*Stauroneis*）

 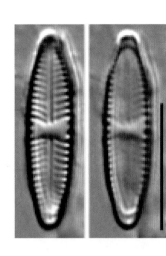 

比例尺 = 10 μm　　　　　　　比例尺 = 10 μm　　　　　　　比例尺 = 10 μm
Bahls L.（2012）　　　　　Burge D，Edlund M.（2016）．　　　Bahls L.（2011）

58. 辐眉藻属（*Staurophora*）

 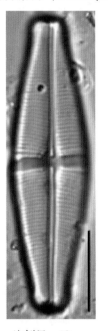 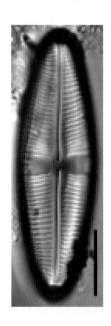

比例尺 = 10 μm　　　　　　　比例尺 = 10 μm　　　　　　　比例尺 = 10 μm
Bahls L.（2012）　　　　　　Bahls L.（2012）　　　　　　Bahls L.（2017）

五、不对称壳缝硅藻（Asymmetrical biraphia）

1. 非洲桥弯藻属（*Afrocymbella*）

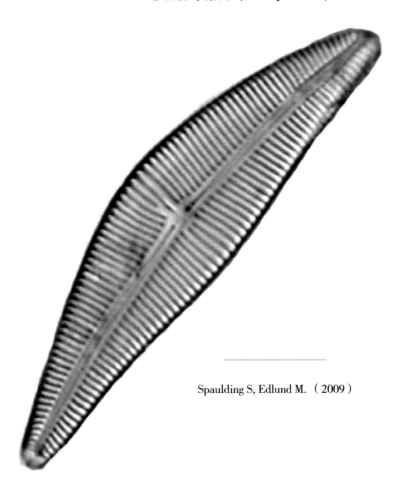

Spaulding S, Edlund M.（2009）

2. 双眉藻属（*Amphora*）

比例尺 = 10 μm

Stepanek J, Kociolek P.
（2011）

比例尺 = 10 μm

Stepanek J, Kociolek P.
（2011）

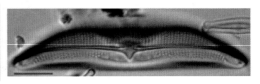

比例尺 = 10 μm

Burge D, Edlund M.（2017）

3. *Brebissonia*

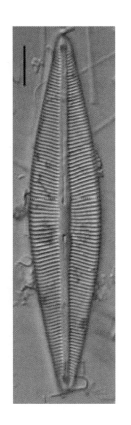
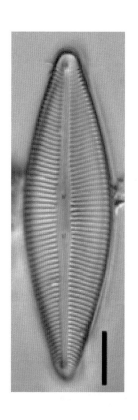

比例尺 = 10 μm

Bogan D. (2013)

4. 桥弯藻属（*Cymbella*）

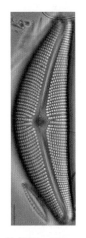

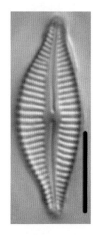

比例尺 = 10 μm　　　比例尺 = 10 μm　　　比例尺 = 10 μm

ohnson B. (2011)　　Potapova M. (2012)　　Bahls L. (2015)

5. 弯肋藻属（*Cymbopleura*）

  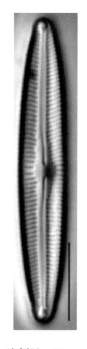

比例尺 = 10 μm　　　　　比例尺 = 10 μm　　　　　　比例尺 = 10 μm

Bahls L. （2012）　　Bahls L, Bogan D, Potapova M. （2015）　　Bahls L. （2014）

6. 拟内丝藻属（*Encyonopsis*）

 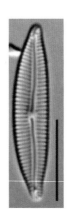 

比例尺 = 10 μm　　　　　比例尺 = 10 μm　　　　　比例尺 = 10 μm

Bahls L. （2013）　　　　Mazzei V. （2014）　　　　Bahls L. （2013）

7. 优美藻属（*Delicata*）

Spaulding S, Edlund M.（2008）

8. 双楔藻属（*Didymosphenia*）

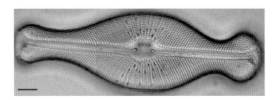

比例尺 = 10 μm

Spaulding S.（2010）

9. 内丝藻属（*Encyonema*）

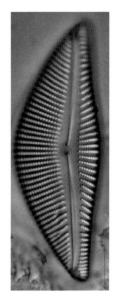

比例尺 = 10 μm

Spaulding S. （2010）

比例尺 = 10 μm

Potapova M. （2014）

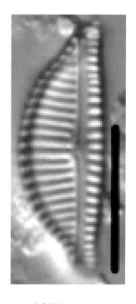

比例尺 = 10 μm

Bahls L. （2016）

10. *Entomoneis*

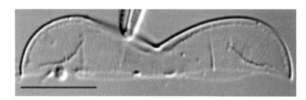

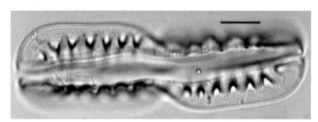

比例尺 = 10 μm

Bahls L. （2012）

11. 异楔藻属 (*Gomphoneis*)

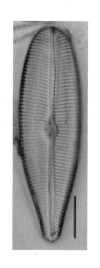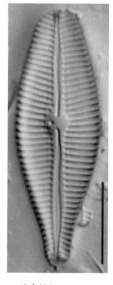

比例尺 = 10 μm

Kociolek P. (2011)

12. 异极藻属 (*Gomphonema*)

比例尺 = 10 μm	比例尺 = 10 μm	比例尺 = 10 μm
Edlund M, Burge D. (2016)	Bahls L. (2013)	Bishop I. (2016)

13. 中华异极藻属（*Gomphosinica*）

比例尺 = 10 μm

Pickett F, Spaulding S.（2011）

14. 楔异极藻属（*Gomphosphenia*）

 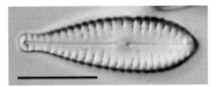

比例尺 = 10 μm　　　　　　　　　　　比例尺 = 10 μm

Kociolek P, Bishop I.（2017）　　　　　Kociolek P.（2011）

15. 海双眉藻属（*Halamphora*）

  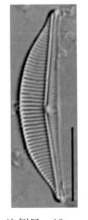

比例尺 = 10 μm　　　　比例尺 = 10 μm　　　　比例尺 = 10 μm

Stone J.（2015）　　　Bishop I.（2015）　　　Stepanek J.（2011）

16. 瑞氏藻属（*Reimeria*）

比例尺 = 10 μm　　　　　　　　　　　比例尺 = 10 μm

Potapova M.（2009）　　　　　　　　　Potapova M.（2010）

17. 舟形桥弯藻属（*Navicymbula*）

比例尺 = 10 μm

Potapova M. (2011)

18. *Kurtkrammeria*

比例尺 = 10 μm　　　比例尺 = 10 μm　　　比例尺 = 10 μm

Bahls L. (2013)　　　Bahls L. (2014)　　　Bahls L. (2013)

19. *Oricymba*

Jüttner I, Spaulding S. (2012)
1. 边缘脊；2. 缝状空隙；3. 空隙有齿状突起。

20. 弯楔藻属（*Rhoicosphenia*）

  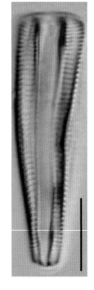

比例尺 = 10 μm
Thomas E. (2015)

六、单壳缝硅藻 (Monoraphid)

1. 曲壳藻属 (Achnanthes)

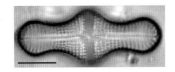 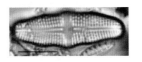 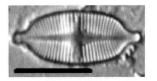

比例尺 = 10 μm　　　　　比例尺 = 10 μm　　　　　比例尺 = 10 μm

Burge D. (2012)　　　　　Lowe R. (2011)　　　　　Bahls L. (2016)

2. 曲丝藻属 (Achnanthidium)

  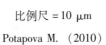

比例尺 = 10 μm　　　　　　　　　　　比例尺 = 10 μm

Spaulding S, Potapova M. (2014)　　　Potapova M. (2010)

3. 偏缝藻属 (Anorthoneis)

Spaulding S. (2013)

4. 卵形藻属（*Cocconeis*）

 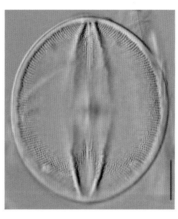 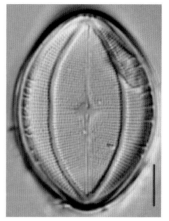

比例尺 = 10 μm　　　　　　　比例尺 = 10 μm　　　　　　　比例尺 = 10 μm

Potapova M, Spaulding S.（2013）　　Kociolek P.（2011）　　　Kociolek P.（2011）

5. 真卵形藻属（*Eucocconeis*）

 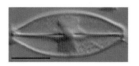 

比例尺 = 10 μm　　　　　　　比例尺 = 10 μm　　　　　　　比例尺 = 10 μm

Potapova M.（2010）　　　　Potapova M.（2012）　　　　Potapova M.（2010）

6. *Gliwiczia*

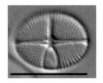 

比例尺 = 10 μm

Potapova M.（2011）

7. 斜劈藻属（*Karayevia*）

比例尺 = 10 μm　　　　　　　　　　比例尺 = 10 μm

Potapova M. （2010）　　　　　　　Potapova M. （2010）

8. 附萍藻属（*Lemnicola*）

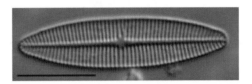

比例尺 = 10 μm

Potapova M. （2010）

9. 平丝藻属（*Planothidium*）

比例尺 = 10 μm　　　　　　　　　　比例尺 = 10 μm

Potapova M. （2010）　　　　　　　Potapova M. （2011）

10. 海鲽藻属（*Platessa*）

比例尺 = 10 μm　　　　　　　　　　比例尺 = 10 μm

Potapova M. （2010）　　　　　　　Potapova M. （2011）

11. 砂丝藻属（*Psammothidium*）

比例尺 = 10 μm　　　　　比例尺 = 10 μm　　　　　比例尺 = 10 μm

Potapova M. (2014)　　Hamilton P Potapova M. (2010)　　Potapova M. (2010)

12. 钙丝藻属（*Rossithidium*）

比例尺 = 10 μm　　　　　比例尺 = 10 μm　　　　　比例尺 = 10 μm

Potapova M. (2011)　　　Potapova M. (2010)　　　Potapova M. (2009)

七、窗纹形硅藻（Epithemioid）

1. 窗纹藻属（*Epithemia*）

比例尺 = 10 μm　　　　　　　　　　　　　　比例尺 = 10 μm

Lowe R. (2010)　　　　　　　　　　　　　Meyers D. (2014)

2. 棒杆藻属（*Rhopalodia*）

比例尺 = 10 μm

Jordan E.（2015）

比例尺 = 10 μm

Kociolek P.（2011）

八、菱形硅藻（Nitzschioid）

1. 棍形藻属（*Bacillaria*）

比例尺 = 10 μm

Kociolek P.（2011）

2. 筒柱藻属（*Cylindrotheca*）

Spaulding S, Edlund M. (2008)

3. *Cymbellonitzschia*

比例尺 = 10 μm

Kociolek P. (2011)

4. 细齿藻属（*Denticula*）

比例尺 = 10 μm　　　　比例尺 = 10 μm　　　　比例尺 = 10 μm

Bishop I, Desianti N.（2016）　　Kociolek P.（2011）　　Desianti N.（2016）

5. *Simonsenia*

比例尺 = 10 μm

Graeff C.（2012）

6. 盘杆藻属（*Tryblionella*）

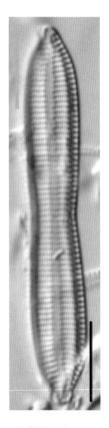  

比例尺 = 10 μm　　　　比例尺 = 10 μm　　　　比例尺 = 10 μm

Penton M.（2013）　　Kociolek P.（2011）　　Lister J.（2016）

7. 菱板藻属（*Hantzschia*）

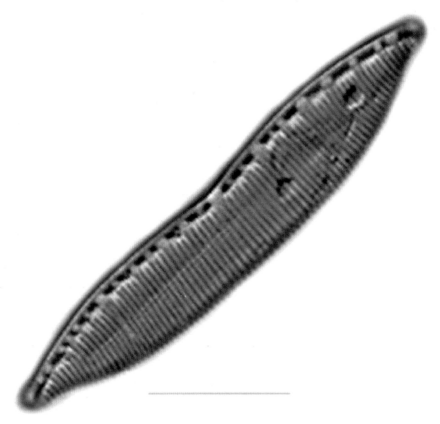

Spaulding S.（2013）

8. 菱形藻属（*Nitzschia*）

  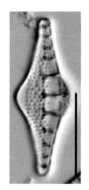

比例尺 = 10 μm
Kociolek P.（2011）

九、双菱形硅藻（Surirelloid）

1. 马鞍藻属（*Campylodiscus*）

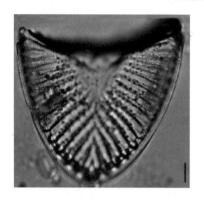 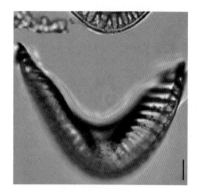

比例尺 = 10 μm

Lee S. （2011）

2. 波缘藻属（*Cymatopleura*）

比例尺 = 10 μm　　　　　　　比例尺 = 10 μm

Bahls L. （2012）　　　　　　Kociolek P. （2011）

3. 双菱藻属（*Surirella*）

比例尺 = 10 μm　　　　　　　　　　　　比例尺 = 10 μm

English J.（2011）　　　　　　　　　　　Veselá J.（2017）

4. 长羽藻属（*Stenopterobia*）

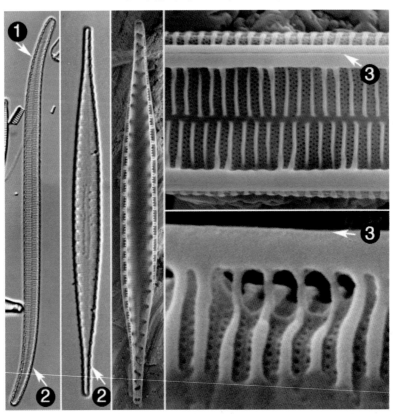

Spaulding S, Edlund M.（2010）

1. 壳面呈长、细形；2. 壳面披针状或"S"形弯曲；3. 壳缝管道；4. 沿着整个壳面边缘的壳缝。

参 考 文 献

[1] AASEB W, ORSKAUG G, ERIKSSEN J. Can deaths in police cells be prevented? Experience from Norway and death rates in other countries [J]. J Forensic Leg Med, 2015, 37: 61-65.

[2] ABE S, SUTO M, NAKAMURA H, et al. A novel PCR method for identifying plankton in cases of death by drowning. [J]. Med Sci Law, 2003, 43 (1): 23.

[3] AGO K et al. The number of diatoms recovered from the lungs and other organs in drowning deaths in bathwater [J]. Leg Med (Tokyo), 2011, 13 (4): 186-190.

[4] AGO K, AGO M, OGATA M. The distribution of diatoms in Yoronjima and application of the diatom test for the diagnosis of death by drowning in open sea islands [J]. Med J Kagoshima Univ, 2004; 56: 25-29.

[5] AGO K, HAYASHI T, AGO M, et al. The number of diatoms recovered from the lungs and other organs in drowning deaths in bathwater [J]. Legal Med, 2011, 13 (4): 186.

[6] ALISON R. SHERWOOD, PRESTING G G. universal primers amplify a 23S rDNA plastid marker in eukaryotic algae and cyanobacteria 1 [J]. J Phycol, 2010, 43 (3): 605-608.

[7] AOKI Y, SEBETAN I M, SAGISAKA K. Detection of diatoms in blood by a combination of membrane filtering and chemical digestion. [J]. Forensic Sci Int, 1987, 34 (3): 175-182.

[8] AOYAGI M, IWADATE K, FUKUI K, et al. A novel method for the diagnosis of drowning by detection of Aeromonas sobria with PCR method [J]. Leg Med (Tokyo), 2009, 11 (6): 257-259.

[9] ATTIA A M, ABO E H, ELSHERBINY M, et al. Evaluation of procalcitonin postmortem levels in some models of death: an experimental study [J]. J Forensic Leg Med, 2016 (37): 28-32.

[10] AUER A, MOTTONEN M, DIATOMS D [J]. Z Rechtsmed, 1988 (101): 87-98.

[11] AUER A. Qualitative diatom analysis as a tool to diagnose drowning [J]. Am J Forensic Med Pathol. 1991, 12 (3): 213-218.

[12] AZPARREN J E, CUBERO C, PERUCHA E. Comparison between lung weight and blood strontium in bodies found in seawater [J]. Forensic Sci Int, 2007, 168 (2-3): 128.

[13] AZPARREN J E, FERNANDEZ R A, Vallejo G. Diagnosing death by drowning in fresh water using blood strontium as an indicator [J]. Forensic Sci Int, 2003, 131 (1) 55.

［14］AZPARREN J E, ORTEGA A, BUENO H, et al. Blood strontium concentration related to the length of the agonal period in seawater drowning cases［J］. Forensic Sci Int, 2000, 108（1）: 51 – 60.

［15］AZPARREN J E, VALLEJO G, REYES E, et al. Study of the Diagnostic value of strontiun, chloride, hemoglobin, diatoms in immersion cases［J］. Forensic Sci Int, 1998, 91（2）: 123 – 132.

［16］BADU I K, GIRELA E, BELTRAN C M, et al. Diatoms in forensic analysis: a practical approach in rats［J］. Med Sci Law, 2015, 55（3）: 228 – 235.

［17］BAJANOWSKI T, BRINKMANN B, STEFANEC A M, et al. Detection and analysis of tracers in experimental drowning［J］. Int J Legal Med, 1998, 111（2）: 57 – 61.

［18］BAMBER A R, PRYCE J W, ASHWORTH M T, et al. Immersion-related deaths in infants and children: autopsy experience from a specialist center［J］. Forensic Sci Med Pathol, 2014, 10（3）: 363 – 370.

［19］BARTLEIN P J, WHITLOCK C. Paleoclimatic interpretation of the Elk Lake pollen record［J］. Geol Soc Am Spec Paper, 1993（276）: 275 – 294.

［20］BELSEY S L, FLANAGAN R J. Postmortem biochemistry: current applications［J］. J Forensic Leg Med, 2016（41）: 49 – 57.

［21］BENSON C J, EDLUND M B, GRAY S, et al. The presence of diatom algae in a tracheal wash from a German Wirehaired Pointer with aspiration pneumonia［J］. Vet Clin Path, 2013, 42（2）: 221 – 226.

［22］BERGLUND J, JÜRGENS K, BRUCHMÜLLER I, et al. Use of group-specific PCR primers for identification of chrysophytes by denaturing gradient gel electrophoresis［J］. Aquat Microb Ecol, 2005, 39（2）: 171 – 182.

［23］BIRKS H J B. Quantitative palaeoenvironmental reconstructions［M］//Maddy D, Brew J. Statistical modelling of Quaternary science data. Cambridge: Quaternary Research Association, 1995: 161 – 236.

［24］BLANCO S, ÁLVAREZ I, CEJUDO C. A test on different aspects of diatom processing techniques［J］. Journal of Applied Phycology, 2008, 20（4）: 445 – 450.

［25］BOLLMANN M D, WOODFORD N W F. Comment on " A microbiological test for the diagnosis of death by drowning" by A. Lucci and A. Cirnelli［J］. Forensic Sci Inb, 2008, 179（2）: e79.

［26］BORTOLOTTI F, DEL B G, CALZA R, et al. Testing the specificity of the diatom test: search for false-positives［J］. Med Sci Law, 2011, 51（Suppl 1）: S7 – S10.

［27］CHEN X G, ZHANG J, HUANG Y, et al. Diatom taxa identification based on single-cell isolation and rDNA sequencing［J］. Forensic Sci Int-Gen, 2013, 4（1）: e308 – e309.

［28］CLEVE-EULER A. Om diatomacevegetationen och dess forandringar i Sabysjon, Uppland samt nagra damda sjoar I Salatrakten［J］. Sveriges Geol Undersokning, 1922

(C309): 1-76.

[29] COELHO S, RAMOS P, RIBEIRO C, et al. Contribution to the determination of the place of death by drowning – study of diatoms' biodiversity in Douro river estuary [J]. J Forensic Leg Med, 2016 (41): 58-64.

[30] DAILY O, JOSEPH S, COOLBAUGH J, et al. Association of Aeromonas sobria with human infection [J]. J Clin Micro Biol, 1981 (13): 769-777.

[31] DAVIS J H. Bodies found in the water. An investigative approach [J]. Am J Forensic Med Pathol, 1986 (7): 291-297.

[32] DI GIANCAMILLO A, GIUDICI E, ANDREOLA S, et al. Immersion of piglet carcasses in water – the applicability of microscopic analysis and limits of diatom testing on an animal model [J]. Legal Med, 2010, 12 (1): 13-18.

[33] DI MAIO D J, DI MAIO V J. Forensic pathology [M]. Boca Raton: CRC Press, 1993.

[34] AUER A, MöTTöNEN. Diatoms and drowning [J]. Z Rechtsmedizin, 1988, 101 (2): 87.

[35] PUNIA P K. Diatoms Role in Drowning [J]. Journal of Indian Acaderny of Forensic Med, 2011, 33 (2).

[36] DÍAZ-PALMA P A, ALUCEMA A, HAYASHIDA G, et al. Development and standardization of a microalgae test for determining deaths by drowning [J]. Forensic Sci Int, 2009, 84 (13): 37-41.

[37] DIGIANCAMILLO A, DOMENEGHINI C, GIBELLI D, et al. Diatom extraction with HCl from animal tissues: a technical note [J]. Legal Med, 2011, 13 (5): 268-271.

[38] DUIJST W, PASSIER C, OUDE GROTEBEVELSBORG B, et al. Lost and found: the identification process of human bodies recovered from the North Sea [J]. J Forensic Leg Med, 2016 (41): 15-20.

[39] EHARA M, INAGAKI Y, WATANABE K I, et al. Phylogenetic analysis of diatom coxI, genes and implications of a fluctuating GC content on mitochondrial genetic code evolution [J]. Curr Genet, 2000, 37 (1): 29.

[40] FILOGRANA L, TARTAGLIONE T, VETRUGNO G, et al. Freshwater drowning in a child: a case study demonstrating the role of post-mortem computed tomography [J]. Med Sci Law, 2015, 55 (4): 304-311.

[41] FORNES P, PÉPIN G, HEUDES D, et al. Diagnosis of drowning by combined computer-assisted histomorphometry of lungs with blood strontium determination [J]. J Forensic Sci, 1998, 43 (4): 772-776.

[42] FORTES F J, PEREZ-CARCELES M D, SIBON A, et al. Spatial distribution analysis of strontium in human teeth by laser-induced breakdown spectroscopy: application to diagnosis of seawater drowning [J]. Int J Legal Med, 2015, 129 (4): 807-813.

[43] FUCCI N, PASCALI V L, PUCCINELLI C, et al. Evaluation of two methods for the use of diatoms in drowning cases [J]. Forensic Sci Med Pathol, 2015, 11 (4): 601-605.

[44] FUKUI Y, HATA M, TAKAHASHI S, et al. A new method for detecting diatoms in human organs [J]. Forensic Sci Int, 1980, 16 (1): 67-74.

[45] FUNAYAMA M, MIMASAKA S, NATA M, et al. Diatom numbers around the continental shelf break [J]. Am J Forensic Med Pathol, 2001 (22): 236-238.

[46] GORDON I. The anatomical signs in drowning [J]. Forensic Sci, 1972 (1): 389-395.

[47] GRANDMAISON G, LETERREUX M, LASSEUGUETTE K, et al. Study of the diagnostic value of iron in fresh water drowning [J]. Forensic Sci Int, 2006, 157 (2-3): 117.

[48] GRUSPIER K L, POLLANEN M S. Limbs found in water: investigation using anthropological analysis and the diatom test [J]. Forensic Sci Int, 2000, 112 (1): 1-9.

[49] GUANGTAO XU, BO HU, RUILIN SHEN, et al. Applications for drowning identification by planktonic diatom test on rats in forensic medicine [J]. Procedia Engineering, 2011 (18): 417-421.

[50] HADLEY J A, FOWLER D R. Organ weight effects of drowning and asphyxiation on the lungs, liver, brain, heart, kidneys, and spleen [J]. Forensic Sci Int, 2003, 133 (3): 190-196.

[51] HAYASHI T, ISHIDA Y S, KIMURA A, et al. Differential diagnosis between freshwater drowning and saltwater drowning based on intrapulmonary aquaporin-5 expression [J]. Deutsche Zeitschrift Für Die Gesamte Gerichtli Int J Legal Med, 2009 (123): 7-13.

[52] HAYWARD B W, SCOTT G H, GRENFELL H R, et al. Techniques for estimation of tidal elevation and confinement (~ salinity) histories of sheltered harbours and estuaries using benthic foraminifera: examples from New Zealand [J]. Holocene, 2004 (14): 218-232.

[53] HE F, HUANG D, LIU L, et al. A novel PCR-DGGE-based method for identifying plankton 16S rDNA for the diagnosis of drowning [J]. Forensic Sci Int, 2008, 176 (2-3): 152-156.

[54] HEBERT P D N, CYWINSKA A, BALL S L, et al. Biological identifications through DNA barcodes [J]. Proc R Soc Lond Ser B Biol Sci. 2003, 270 (1512): 313-321.

[55] HEBERT P D, RATNASINGHAM S, DEWAARD J R. Barcoding animal life: cytochrome c oxidase subunit 1 divergences among closely related species [J]. Proc Biol Sci, 2003, 270 (Suppl 1): S96.

[56] HIROSHI M, YUKO F. A simple method for diatom detection in drowning [J]. Forensic Sci Int, 1993, 60 (1-2): 91-95.

[57] HORTON B P, BOREHAM S, HILLIER C. The development and application of a dia-

tom-based quantitative reconstruction technique in forensic science [J]. J Forensic Sci, 2006, 51 (3): 643 – 650.

[58] HU S, LIU C, WEN J, et al. Detection of diatoms in water and tissues by combination of microwave digestion, vacuum filtration and scanning electron microscopy [J]. Forensic Sci Int, 2013, 226 (1 – 3): e48 – e51.

[59] WANG H P, LIU Y, ZHAO J, et al. A simple digestion method with a Lefort aqua regia solution for diatom extraction [J]. J Forensic Sci, 2015, 60 (S1): S227 – S230.

[60] HURLIMANN J, FEER P, ELBER F, et al. Diatom detection in the diagnosis of death by drowning [J]. Int J Legal Med, 2000, 114 (1-2): 6 – 14.

[61] IKEDA N, UMETSU K, TAKAHASHI H, et al. A delayed drowning death with histological findings of shock [J]. Z Rechtsmed, 1988, 100 (4): 265 – 270.

[62] IMAMURA T, KAGE S, KUDO K, et al. A case of drowning linked to ingested sulfides-a report with animal experiments [J]. Int J Legal Med, 1996, 109 (1): 42 – 44.

[63] INOUE H, ISHIDA T, TSUJI A, et al. Electrolyte analysis in pleural effusion as an indicator of the drowning medium [J]. Legal Med, 2005, 7 (2): 96 – 102.

[64] JALBA A C, WILKINSON M H, ROERDINK J. Automatic segmentation of diatom images for classification [J]. Microsc Res Techniq, 2004, 65 (1-2): 72 – 85.

[65] JIAN T, UCHIGASAKI S, HASEBA T, et al. Direct and rapid PCR amplification using digested tissues for the diagnosis of drowning [J]. Electrophoresis, 2010, 31 (14): 2411-2415.

[66] ZHAO J, LIU C, BARDEESI ASA, et al. The diagnostic value of quantitative assessment of diatom test for drowning: An analysis of 128 water-related death cases using microwave digestion-vacuum filtration-automated scanning electron microscopy [J]. J Forensic Sci, 2017 (62): 1638 – 1642.

[67] ZHAO J, LIU C, SHI H, et al. Diatom test Is still a reliable method for the diagnosis of drowning [C]. 21th Triennial Meeting of the International Association of Forensic Sciences, Toronto: 2017.

[68] ZHAO J, LIU C, WEN J F, et al. A custom-designed membrane filter for enriching diatoms in forensic diatom test [C]. 21th Triennial Meeting of the International Association of Forensic Sciences, Toronto: 2017.

[69] ZHAO J, LIU C, WEN J F, et al. The sources of contamination in the forensic diatom test [C]. 21th Triennial Meeting of the International Association of Forensic Sciences, Toronto: 2017.

[70] ZHAO J, LIU C, HU S L, et al. Microwave digestion-vacuum filtration-automated scanning electron microscopy as a sensitive method for forensic diatom test [J]. Int J Legal Med 2013, 127 (2): 459 – 463.

[71] ZHAO J, HU S L, SHI H, et al. A novel forensic diatom test basing on membrane filtration [C]. Government laboratory centenary conference, Hong Kong: 2013.

[72] ZHAO J, MA Y B, LIU C, et al. A quantitative comparison analysis of diatoms in the lung tissues and the drowning medium as an indicator of drowning [J]. J Forensic Leg Med, 2016 (42): 76-78.

[73] ZHAO J, WANG Y Z, LIU C, et al. Detection of diatoms by a combination of membrane filtering and hyalinizing [C]. 20th IAFS Triennial Meeting of International Association of Forensic Sciences, Seoul: 2014.

[74] ZHAO J, WANG Y Z, LIU C, et al. Investigation of diatoms in China with scanning electron microscopy [C]. 20th IAFS Triennial Meeting of International Association of Forensic Sciences, Seoul: 2014.

[75] ZHAO J, WANG Y Z, ZHANG Y J, et al. Types of diatoms in China's three major rivers and the possible application for an automatic forensic diatom test [J]. Aust J Forensic Sci, 2015, 47 (3): 268-274.

[76] ZHAO J, YU Z G, QU Y, et al. The establishment of Multiplex PCR-Capillary electrophoresis method for forensic algae test [C]. The 7th European Academy of Forensic Science Conference (EAFS), Prague: 2015.

[77] ZHAO J, WANG Y Z, WANG G P, et al. Application of the microwave digestion-vacuum filtration-automated scanning electron microscopy method for diatom detection in the diagnosis of drowning [J]. J Forensic Leg Med, 2015 (33): 125-128.

[78] WEN J F, ZHAO J, HU S L, et al. Forensic diatom test in China: an important change are moving in [C]. The 7th European Academy of Forensic Science Conference (EAFS), Prague: 2015.

[79] KAKIZAKI E, KOZAWA S, IMAMURA N, et al. Detection of marine and freshwater bacterioplankton in immersed victims: post-mortem bacterial invasion does not readily occur [J]. Forensic Sci Int, 2011, 211 (1): 9-18.

[80] KAKIZAKI E, KOZAWA S, MATSUDA H, et al. Freshwater bacterioplankton cultured from liver, kidney and lungs of a decomposed cadaver retrieved from a sandy seashore: possibility of drowning in a river and then floating out to sea [J]. Legal Med, 2010, 12 (4): 195-199.

[81] KAKIZAKI E, KOZAWA S, MATSUDA H, et al. In vitro study of possible microbial indicators for drowning: salinity and types of bacterioplankton proliferating in blood [J]. Forensic Sci Int, 2011, 204 (1): 80-87.

[82] KAKIZAKI E, KOZAWA S, SAKAI M, et al. Numbers, sizes, and types of diatoms around estuaries for a diatom test [J]. Am J Forensic Med Pathol, 2011, 32 (3): 269-274.

[83] KAKIZAKI E, KOZAWA S, TASHIRO N, et al. Detection of bacterioplankton in immersed cadavers using selective agar plates [J]. Legal Med, 2009, 11 (Suppl 1): S350-S353.

[84] KAKIZAKI E, OGURA Y, KOZAWA S, et al. Detection of diverse aquatic microbes in

blood and organs of drowning victims: first metagenomic approach using high-throughput 454-pyrosequencing [J]. Forensic Sci Int, 2012, 220 (1 – 3): 135 – 146.

[85] KAKIZAKI E, TAKAHAMA K, SEO Y, et al. Marine bacteria comprise a possible indicator of drowning in seawater [J]. Forensic Sci Int, 2008, 176 (2-3): 236 – 247.

[86] KAKIZAKI E, YUKAWA N. Simple protocol for extracting diatoms from lung tissues of suspected drowning cases within 3h: first practical application [J]. Forensic Sci Int, 2015 (251): 179 – 185.

[87] KAMADA S, SEO Y, TAKAHAMA K. A sandwich enzyme immunoassay for pulmonary surfactant protein D and measurement of its blood levels in drowning victims [J]. Forensic Sci Int, 2000, 109 (1): 51 63.

[88] KANE M, FUKUNAGA T, MAEDA H, et al. The detection of picoplankton 16S rDNA in cases of drowning [J]. Int J Legal Med, 1996 (108): 323 – 326.

[89] KANE M, YAMAMOTO Y, USHIYAMA I, et al. Phylogenetic analysis of picoplankton in Lake Biwa and application to legal medicine [J]. Electrophoresis, 2000, 21 (2): 351.

[90] KARCH S B. The problem of police-related cardiac arrest [J]. J Forensic Leg Med, 2016 (41): 36.

[91] KARHUNEN P J, GOEBELER S, WINBERG O, et al. Time of death of victims found in cold water environment [J]. Forensic Sci Int, 2008, 176 (2 – 3): e17.

[92] KASPAREK B. Beitrage zur Diagnose des Ertrinkungstodes durch den Nachweis von Planktonorganismen in Lung und I) uod ~ llBIu [J]. Dtsch Z Gerichfl Med, 1937 (27): 132 – 142.

[93] KAZUTOSHI A G O, MIHOKO A G O, MAMORU O G A T A. The distribution of diatoms in Yoronjima and application of the diatom test for the diagnosis of death by drowning in open Sea Islands [J]. Med J Kagoshima Univ, 2006, 56 (2): 25 – 29.

[94] KOBAYASHI M, YAMADA Y, ZHANG W D, et al. Novel detection of plankton from lung tissue by enzymatic digestion method [J]. Forensic Sci Int, 1993, 60 (1-2): 81 – 90.

[95] KRISTOFFERSEN S, NORMANN S A, MORILD I, et al. The hazard of sharp force injuries: factors influencing outcome [J]. J Forensic Leg Med, 2016 (37): 71 – 77.

[96] KRSTIC S, DUMA A, JANEVSKA B, et al. Diatoms in forensic expertise of drowning-a Macedonian experience [J]. Forensic Sci Int, 2002, 127 (3): 198 – 203.

[97] LAZARUS D, BARRON J, RENAUDIE J, et al. Cenozoic planktonic marine diatom diversity and correlation to climate change [J]. PLoS One, 2014, 9 (1): e84857.

[98] LE J. Paleotemperature estimation methods: sensitivity test on two western equatorial Pacific cores [J]. Quaternary Sci Rev, 1992 (11): 801 – 820.

[99] LEVY A D, HARCKE H T, GETZ J M, et al. Virtual autopsy: two-and three-dimensional multidetector CT findings in drowning with autopsy comparison [J]. Radiology,

2007, 243 (3): 862-868.

[100] GRUSPIER K L, POLLANEN U S. Limbs found in wate investigation using anthropological analysis and the diatom test [J]. Forensic Sci Int, 2000, 112 (1): 1-9.

[101] LIN C Y, YEN W C, HSIEH H M, et al. Diatomological investigation in sphenoid sinus fluid and lung tissue from cases of suspected drowning [J]. Forensic Sci Int, 2014, 244: 111-115.

[102] LIU CHAO, LIU YAN, JIAN ZHAO, et al. A simple digestion method with the aqua regia of Lefort for diatom extraction [C]. The 6th European Academy of Forensic Science Conference (EAFS), Netherlands: 2012.

[103] LI Y, HU C, WANG C X, et al. Development of can for destruction oforganic material in use for forensic diatom examination [J]. Forensic Sci Int, 1999 (101): 163-166.

[104] LOCALI R F, ALMEIDA M, OLIVEIRA-JUNIOR I S. Use of the histopathology in the differential diagnosis of drowning in fresh and salty water: an experimental model establishment in rats [J]. Acta Cir Bras, 2006, 21 (4): 203-206.

[105] LU W, EVANS E H, MCCOLL S M, et al. Identification of cyanobacteria by polymorphisms of PCR-amplified ribosomal DNA spacer region [J]. Fems Microbiol Lett, 1997, 153 (1): 141-149.

[106] LUCCI A, CAMPOBASSO C P, CIRNELLI A, et al. A promising microbiological test for the diagnosis of drowning [J]. Forensic Sci Int, 2008, 182 (1-3): 20-26.

[107] LUCCI A, CIRNELLI A. A microbiological test for the diagnosis of death by drowning [J]. Forensic Sci Int, 2007, 168 (1): 34-36.

[108] LUDES B, COSTE M, NORTH N, et al. Diatom analysis in victim's tissues as an indicator of the site of drowning [J]. Int J Legal Med, 1999, 112 (3): 163-166.

[109] LUDES B, COSTE M, TRACQUI A, et al. Continuous river monitoring of diatoms in the diagnosis of drowning [J]. J Forensic Sci, 1996, 41 (3): 425-428.

[110] LUDES B, QUANTIN S, COSTE M, et al. Application of a simple enzymatic digestion method for diatom detection in the diagnosis of drowning in putrified corpses by diatom analysis [J]. Int J Legal Med, 1994, 107 (1): 37-41.

[111] LUNETTA P, MIETTINEN A, SPILLING K, et al. False-positive diatom test: a real challenge? A post-mortem study using standardized protocols [J]. Legal Med, 2013, 15 (5): 229-234.

[112] LUNETTA P, MODELL J H. Macroscopical, Microscopical, and Laboratory Findings in Drowning Victims [M]. Totowa N J: Humana Press, 2005: 3-77.

[113] LUNETTA P, PENTTIL A, LLFORS G H. Scanning and transmission electron microscopical evidence of the capacity of diatoms to penetrate the alveolo-capillary barrier in drowning [J]. Int J Legal Med, 1998 (111): 229-237.

[114] LUNETTA P, SMITH G S, PENTTILA A, et al. Unintentional drowning in Finland

1970 – 2000: a population-based study [J]. Int J Epidemiol, 2004, 33 (5): 1053 – 1063.

[115] MALAKIENE D, GOGELIS L. The identification of diatoms in the fluid from os clinoideus cavity in drowning cases [J]. Forensic Sci Int, 2007, 169: S13.

[116] MARTÍNEZ R, ARÍBARRO C, FERNÁNDEZ S. Genetic variability among Alexandrium tamarense, and Alexandrium minutum, strains studied by RAPD banding pattern analysis [J]. Harmful Algae, 2006, 5 (5): 599 – 607.

[117] MEI MING, XIANGZHI MENG, ENYIN WANG. Evaluation of four digestive methods for extracting diatoms [J]. Forensic Sci Int, 2007 (170): 29 – 34.

[118] MELEZ I E, AVSAR A, BASPINAR B, et al. Simultaneous homicide-suicide: a case report of double drowning [J]. J Forensic Sci, 2014, 59 (5): 1432 – 1435.

[119] MERCK M. Diatoms [M]. Veterinary Forensics: Animal Cruelty Investigations, Blackwell Publishing, Ames, 2007: 166 – 168.

[120] MICHEL H A PIETTE, ELS A DE LETTER. Drowning: still a difficult autopsy diagnosis [J]. Forensic Sci Int, 2006 (163): 1 – 9.

[121] MILLER C H, LADD C, PALMBACH T, et al. The Green Revolution: botanical contributions to forensics and drug enforcement [J]. Croat Med J, 2001, 42 (3): 340 – 345.

[122] MING M, MENG X Z, WANG E Y. Evaluation of four digestive methods for extracting diatoms [J]. Forensic Sci Int, 2007 (170): 29 – 34.

[123] MISHULSKY A. Use of bacteriologic analysis of blood in diagnosis of death from drowning [J]. Sud Med Ekspert, 1990 (33): 26 – 28.

[124] MORRIS N K, DU TOIT-PRINSLOO L, SAAYMAN G. Drowning in Pretoria, South Africa: a 10-year review [J]. Journal Forensic Leg Med, 2016 (37): 66 – 70.

[125] MU J, ZHANG J, DONG H, et al. A rare type of drowning with a latent period following surviving an episode of immersion [J]. Forensic Sci Med Pat, 2015, 11 (1): 74 – 77.

[126] MUCCINO E, CRUDELE G D L, GENTILE G, et al. Suicide drowning in the non-coastal territory of Milan [J]. Int J Legal Med, 2015, 129 (4): 1 – 8.

[127] MURAYAMA M, TAKAHASHI Y, SANO R, et al. Characterization of five cases of suspected bathtub suicide [J]. Legal Med, 2015, 17 (6) 576.

[128] MYERS R M, FISCHER S G, LERMAN L S, et al. Nearly all single base substitutions in DNA fragments joined to a GC-clamp can be detected by denaturing gradient gel electrophoresis [J]. Nucleic Acids Res, 1985, 13 (9): 3131.

[129] NEILAN B A. Identification and phylogenetic analysis of toxigenic cyanobacteria by multiplex randomly amplified polymorphic DNA PCR [J]. Appl Environ Microb, 1995, 61 (6): 2286.

[130] NISHITANI Y, FUJII K, OKAZAKI S, et al. Weight ratio of the lungs and pleural effu-

sion to the spleen in the diagnosis of drowning [J]. Legal Med, 2006, 8 (1): 22 - 27.

[131] NÜBEL U, GARCIA-PICHEL F, MUYZER G. PCR primers to amplify 16S rRNA genes from cyanobacteria [J]. Appl Environ Microbiol, 1997, 63 (8): 3327 - 3332.

[132] OKUDA T, WANG Z, LAPAN S, et al. Bathtub drowning: an 11-year retrospective study in the state of Maryland [J]. Forensic Sci Int, 2015 (253): 64 - 70.

[133] PACHAR J V, CAMERON J M. Scanning electron microscopy: application in the identification of diatoms in cases of drowning [J]. J Forensic Sci, 1992, 37 (3): 860 - 866.

[134] PANIAGUA C, RIVERO O, ANGUITA J, et al. Pathogenicity factors and virulence for rainbow trout (Salmo gairdneri) of motile Aeromonas spp. isolated from a river [J]. J Clin Microbiol, 1990 (28): 350 - 355.

[135] PAUL FOMES, MARIE-CLAIRE TORTEL, JACQUES TORTEL, 等. 戴呼吸器娱乐潜水时死亡的病理及其机制－－法医学观点 [C]. 第十五届国际法庭科学大会, 洛杉矶: 1999.

[136] PEREZ-CARCELES M D, SIBON A, GIL DEL CASTILLO M L, et al. Strontium levels in different causes of death: diagnostic efficacy in drowning [J]. Biol Trace Elem Res, 2008, 126 (1 - 3): 27 - 37.

[137] PIERUCCI G, MERLANO F, CHEN Y, et al. Haematic silicon in drowning [J]. J Forensic Leg Med, 2016, 39: 22 - 26.

[138] PIETTE M H A, DE LETTER E A. Drowning: still a difficult autopsy diagnosis [J]. Forensic Sci Int, 2006, 163 (1-2): 1 - 9.

[139] PIETTE M. Strontium as a marker for drowning: when is it useful? [J]. The Police Surgeon, 1992 (42): 17 - 18.

[140] PLAETSEN S V, LETTER E D, PIETTE M, et al. Post-mortem evaluation of drowning with whole body CT [J]. Forensic Sci Int, 2015 (249): 35 - 41.

[141] POLLANEN M S. Diatoms and homicide [J]. Med Sci Law, 1998, 91 (1): 29 - 34.

[142] POLLANEN M S, CHEUNG C, CHIASSON D A. The diagnostic value of the diatom test for drowning, I. Utility: a retrospective analysis of 771 cases of drowning in Ontario, Canada [J]. J Forensic Sci, 1997, 42 (2): 281 - 285.

[143] POLLANEN M S, The diagnostic value of the diatom test for drowning. II. Validity: analysis of diatoms in bone marrow and drowning medium [J]. Forensic Sci, 1997, 42 (2): 286 - 290.

[144] POLLANEN M S. Forensic diatomology and drowning. Amsterdam [M]. The Netherlands: Elsevier Sci, 1998.

[145] POLLANEN M S. The diatom test for drowning in Ontario [J]. J Can Soc Forensic Sci, 1996, 29 (4): 205 - 211.

[146] PRENTICE I C. Multivariate methods for data analysis [M]//Berglund B E. Hand-

book of holocenepalaeoecology and palaeohydrology. London: John Wiley, Sons Ltd, 1986: 775-797.

［147］PRESCOTT L M, HARLEY J P, KLEIN D A. 微生物学［M］. 北京: 高等教育出版社, 2003.

［148］QUANTIN S, LUDES B, NORTH N, et al. Comparison of two extraction methods of diatoms extraction from organs samples in the diagnosis of drowning［J］. Acta Med Leg Soc, 1994 (44): 277-279.

［149］QUYI XU, BAISHENG MAI, FAN PENG, et al. Establishment and application of the PCR capillary electrophoresis system for diagnosis of drowning［C］. 21th Triennial Meeting of the International Association of Forensic Sciences, Toronto: 2017.

［150］QUYI XU, PENG LI, JIAN ZHAO, et al. A novel method using PCR-Capillary electrophoresis for forensic algae test［C］. The 7th European Academy of Forensic Science Conference (EAFS), Prague: 2015.

［151］RACZ E, KONCZOL F, MESZAROS H, et al. Drowning-related fatalities during a 5-year period (2008-2012) in South-West Hungary – a retrospective study［J］. J Forensic Leg Med, 2015 (31): 7-11.

［152］REISBERG L, MEISEL T. The Re-Os isotopic system: A review of analytical techniques［J］. Geostandards Newslett, 2002 (26): 249-267.

［153］REVENSTORF V. Der Nachweis der aspirierten Ertrankungsflussigkeitals Kriterium des Todesdurch Ertrinken［J］. Vierteljahresschr Gerichtl Med, 1904 (27): 274-279.

［154］RIEMANN L, STEWARD G F, AZAM F. Dynamics of bacterial community composition and activity during a mesocosm diatom bloom［J］. Appl Environ Microb, 2000, 66 (2): 578.

［155］ROHN E J, FRADE P D. The role of diatoms in medicolegal investigations Ⅰ: the history contemporary science and application of the diatom test for drowning［J］. Forensic Examin, 2006, 15 (3): 10-15.

［156］ROHN E J, FRADE P D. The role of diatoms in medico-legal investigations part Ⅱ: a case for the development and testing of new modalities applicable to the diatom test for drowning［J］. Forensic Examiner, 2006, 15 (4): 26-35.

［157］RUSSELL S J, BRODIE J. Assessing the use of the mitochondrial cox1 marker for use in DNA barcoding of red algae (rhodophyta)［J］. Am J Bot, 2006, 93 (8): 1101.

［158］SAINI E, KHANAGWAL V P, SINGH R. A systematic databasing of diatoms from different geographical localities and sites of Haryana for advancing validation of forensic diatomology［J］. Data in Brief, 2017 (10): 63-68.

［159］SAWAI M, KADO Y. The diatoms in the main river, reservoirs and coasts of Hiroshima Prefecture (1)［J］. Res Inst Police Sci, 1965 (18): 20-23.

［160］SCHMIDT A, SEMPSROTT J. Near drowning and adult respiratory distress syndrome

[J]. J Emerg Med, 2015, 48 (2): e47.

[161] SCHMIDT P, MADEA B. Death in the bathtub involving children [J]. Forensic Sci Int, 1995, 72 (2): 117 – 155.

[162] SEO Y, ICHIDA D, SATO S, et al. An improved method for the diatom test utilizing DNA binding ability of silica [J]. J Forensic Sci, 2014, 59 (3): 779 – 784.

[163] SEO Y, SATO S, KUROKI K, et al. A simple DNA coprecipitation method for the detection of diatoms in heart blood [J]. Forensic Sci Int, 2013, 232 (1 – 3): 154 – 159.

[164] SHOWE-MEI LIN, FREDERICQ S, HOMMERSAND M H. Systematics of the delesseriaceae (ceramiales, rhodophyta) based on large subunit rDNA and rbc l sequences, including the phycodryoideae, subfam. nov [J]. J Phycol, 2010, 37 (5): 881 – 899.

[165] SIDARI L, DI NUNNO N, COSTANTINIDES F, et al. Diatom test with Soluene-350 to diagnose drowning in sea water [J]. Forensic Sci Int, 1999, 103 (1): 61 – 65.

[166] SINGH R, DEEPA, KAUR R. Diatomological mapping of water bodies – a future perspective [J]. J Forensic Leg Med, 2013, 20 (6): 622 – 625.

[167] SINGH R, SINGH R, SINGH R, et al. Diatomological studies from three water bodies of Jaipur [J]. Ind Internet J Forensic Med Toxicol, 2006, 4 (3).

[168] SOGAWA N, MICHIUE T, ISHIKAWA T, et al. Postmortem CT morphometry of great vessels with regard to the cause of death for investigating terminal circulatory status in forensic autopsy [J]. Int J Legal Med, 2015, 129 (3): 551 – 558.

[169] BLEIL D F, GUNN U E. Submergence avoidance behavior in the periwinkle Littorina irrorata is not due to threat of drowning [J]. Estuaries, 1978, 1 (4): 267.

[170] SUMIKO ABE, MIWAKO SUTO, HIDEMASA NAKAMURA. A novel PCR method for identifying plankton in cases of death by drowning [J]. Med Sci Law, 2003 (43): 23.

[171] SUNLIN HU, CHAO LIU, JINFENG WEN, et al. A novel method using microwave digestion and vacuum filtration followed by automated SEM for diatom detection in the diagnosis of drowning-a case study [C]. 19th IAFS Triennial Meeting of International Association of Forensic Sciences, Madeira: 2011.

[172] HU S, LIU C, WEN J F, et al. A novel method using microwave digestion and vacuum filtration followed by automated SEM for diatom detection in the diagnosis of drowning-an experimental study [C]. 8th International Symposium Advances in Legal Medicine, Frankfurt: 2011.

[173] SUNLIN HU, CHAO LIU, JINFENG WEN, et al. Detection of diatoms in water and tissues by combination of microwave digestion, vacuum filtration and scanning electron microscopy [J]. Forensic Sci Int, 2013 (226): e48 – e51.

[174] SURESH KUMAR SHETTY B, SHETTY M. Epidemiology of drowning in Mangalore,

a coastal Taluk of South India [J]. J Forensic Leg Med, 2007, 14 (7): 410-415.

[175] SUTO M, ABE S, NAKAMURA H, et al. Phytoplankton gene detection in drowned rabbits [J]. Legal Med, 2003 (5): S142-S144.

[176] SUTO M, KATO N, ABE S, et al. PCR detection of bacterial genes provides evidence of death by drowning [J]. Legal Med, 2009, 11 (Suppl 1): S354-S356.

[177] TAKEICHI T, KITAMURA O. Detection of diatom in formalin-fixed tissue by proteinase K digestion [J]. Forensic Sci Int, 2009, 190 (1-3): 19.

[178] TAYLOR J J. Diatoms and drowning - A cautionary case note [J]. Med Sci Law, 1994, 34 (1): 78-79.

[179] TENGS T, BOWERS II A, ZIMAN A P, et al. Genetic polymorphism in Gymnodinium galatheanum chloroplast DNA sequences and development of a molecular detection assay [J]. Mol Ecol, 2001, 10 (2): 515.

[180] TERAZAWA K, TAKATORI T. Isolation of intact plankton from drowning lung tissue by centrifugation in a colloidal silica gradient [J]. Forensic Sci Int, 1980 (16): 63-66.

[181] THAKAR M K, SINGH R. Diatomological mapping of water bodies for the diagnosis of drowning cases [J]. J Forensic Leg Med, 2010, 17 (1): 18-25.

[182] TIE J, UCHIGASAKI S, HASEBA T, et al. Direct and rapid PCR amplification using digested tissues for the diagnosis of drowning [J]. Electrophoresis, 2010, 31 (14): 2411-2415.

[183] TIMPERMAN J. The diagnosis of drowning. A review [J]. Forensic Sci, 1972 (1): 397-409.

[184] TODT M, AST F, WOLFF-MARAS R, et al. Suicide by drowning: a forensic challenge [J]. Forensic Sci Int, 2014 (240): e22-e24.

[185] TOKLU A N S, ALKAN N, GÜREL A N, et al. Comparison of pulmonary autopsy findings of the rats drowned at surface and 50 ft depth [J]. Forensic Sci Int, 2006, 164 (2): 122-125.

[186] TORRE C, VARRETTO L, GILI A. Identifying diatoms from water courses and from postmortem samples using scanning electron microscopy [J]. Minerva Medico-Legal Archives Antropology and Criminology, 1984, 104 (4): 295-297.

[187] UCHIYAMA T, KAKIZAKI E, KOZAWA S, et al. A new molecular approach to help conclude drowning as a cause of death: simultaneous detection of eight bacterioplankton species using real-time PCR assays with TaqMan probes [J]. Forensic Sci Int, 2012, 222 (1-3): 11.

[188] UITDEHAAG S, DRAGUTINOVIC A, KUIPER I. Extraction of diatoms from (cotton) clothing for forensic comparisons [J]. Forensic Sci Int, 2010, 200 (1-3): 112-116.

[189] WANG H P, LIU Y, ZHAO J, et al. A simple digestion method with a Lefort aqua re-

gia solution for diatom extraction [J], J Forensic Sci, 2015, 60 (S1): 227 – 230.

[190] Wang J, McLenachan P A, Biggs P J, et al. Environmental bio-monitoring with high-throughput sequencing [J]. Brief Bioinform, 2013, 14 (5): 575 – 588.

[191] WAWRIK B, PAUL J H, TABITA F R. Real-time PCR quantification of rbcL (ribulose-1, 5-bisphosphate carboxylase/oxygenase) mRNA in diatoms and pelagophytes [J]. Appl Environ Microb, 2002, 68 (8): 3771 – 3779.

[192] WILMANS. Ueber den Tod durch Ertrinken [J]. Vjschr Gerichtl Med, 1896, 12 (Suppl 12): 363 – 381.

[193] XIAO J, LI Y, SONG W, et al. Discrimination of the common macroalgae (Ulva, and Blidingia) in coastal waters of Yellow Sea, northern China, based on restriction fragment-length polymorphism (RFLP) analysis [J]. Harmful Algae, 2013, 27 (7): 130 – 137.

[194] XU G, HU B, SHEN R, et al. Applications for drowning identification by planktonic diatom test on rats in forensic medicine [J]. Procedia Engineering, 2011 (18): 417 – 421.

[195] YAMAMOTO K, YAMAMOTO Y, KIKUCHI H. The effects of drowning media on the lung water content [J]. Z Rechtsmed, 1983, 90 (1): 1 – 6.

[196] YE W, TAN J, LIU X, et al. Temporal variability of cyanobacterial populations in the water and sediment samples of Lake Taihu as determined by DGGE and real-time PCR [J]. Harmful Algae, 2011, 10 (5): 472 – 479.

[197] YEN L Y, JAYAPRAKASH P T. Prevalence of diatom frustules in non-vegetarian foodstuffs and its implications in interpreting identification of diatom frustules in drowning cases [J]. Forensic Sci Int, 2007, 170 (1): 1 – 7.

[198] YONG NIU, JIAN ZHAO, XU LI, et al. Separation of diatoms from digestive solution: a combination of membrane filtering and vacuum pumping [J]. Aust J Forensic Sci, 2016: 1 – 10.

[199] YUAN J, MI T, ZHEN Y, et al. Development of a rapid detection and quantification method of Karenia mikimotoi by real-time quantitative PCR [J]. Harmful Algae, 2012, 17 (3): 83 – 91.

[200] YUZHONG WANG, QUAN YU, WEI HUANG, et al. Numbers, Sizes and Types of Diatoms in the Yellow River [C]. 2013 International Conference on Biological, Medical and Chemical Engineering (BMCE2013), Hong Kong: 2013.

[201] ZADORA G, BRO EK-MUCHA Z. SEM-EDX – a useful tool for forensic examinations [J]. Mater Chem Phys, 2003, 81 (2 – 3): 345 – 348.

[202] ZETSCHE E, ELMALLAHI A, MEYSMAN F J R. Digital holographic microscopy: a novel tool to study the morphology, physiology and ecology of diatoms [J]. Diatom Res, 2016, 31 (1): 1 – 16.

[203] ZHAO J, LIU C, HU S, et al. Microwave digestion – vacuum filtration – automated

scanning electron microscopy as a sensitive method for forensic diatom test [J]. Int J Legal Med, 2013, 127 (2): 459-463.

[204] ZHU B, ISHIKAWA T, QUAN L, et al. Evaluation of postmortem serum calcium and magnesium levels in relation to the causes of death in forensic autopsy [J]. Forensic Sci Int, 2005, 155 (1): 18-23.

[205] 希尔曼 B, 斯贝尔 W, 祝家镇. 非溺死者股骨骨髓中硅藻的检出 [J]. 刑事技术, 1980 (2): 49.

[206] 阿碧. 硅藻破案 [J]. 检察风云, 2008 (5): 34-36.

[207] 白英杰, 杜飞, 金志兴, 等. 数字虚拟切片技术在武汉市中心城区水域春季硅藻调查中的应用 [J]. 刑事技术, 2013 (05): 17-21.

[208] 白英杰, 张海东. 溺死诊断中浮游生物检验方法的研究现状及进展 [J]. 证据科学, 2011, 19 (5): 625-631.

[209] 白英杰. 数字虚拟切片技术在武汉水域硅藻调查中的应用及破机罐消化法最佳破机时间的研究 [D]. 武汉: 华中科技大学, 2012.

[210] 薛薇, 杨伟栋, 邢豫明, 等. 溺死鉴定中硅藻检验的应用 [J]. 中国法医学杂志, 2016 (4): 358-359.

[211] 蔡海光, 应捷, 倪卓晖, 等. 宁波市三江流域夏季硅藻分布 [J]. 法医学杂志, 2016 (6): 413-414.

[212] 陈东才, 魏祯祥, 宋绳绪, 等. 硅藻在活体脏器内能否长期存积的实验研究 [J]. 中国法医学杂志, 1986 (2): 94-95.

[213] 陈福林. 硝酸乙醚破机法检测硅藻的研究 [J]. 法医学杂志, 1990, 5 (2): 31-39.

[214] 陈光辉, 谢云铁, 金洪年. 硅藻检验用于溺死法医学鉴定的研究进展 [J]. 广东公安科技, 2012 (2): 29-31.

[215] 陈光辉, 谢云铁, 金洪年. 硅藻检验用于判断伤后入水溺死 1 例 [J]. 广东公安科技, 2012, 20 (3): 76-77.

[216] 陈煌, 周安居. 498 例水中尸体硅藻检验分析 [J]. 中国法医学杂志, 2006 (S1): 23-24.

[217] 陈晓刚, 张霁, 杜吉佩, 等. 二代测序技术检测宏基因组 18s rDNA V4 用于溺死检验的研究 [J]. 中国科技论文在线精品论文, 2018, 11 (5): 457-466.

[218] 陈玉川, 邓昭科, 祝家镇. 血清氟含量测定在溺死诊断上的意义 [J]. 中国法医学杂志, 1988 (3): 153.

[219] 程利宝, 陈阳, 李永宏. 100 例硅藻检验综合分析及评价 [J]. 法医学杂志, 1999 (2): 36-37.

[220] 程利宝, 陈阳, 李永宏. 100 例硅藻检验综合分析及评价 [J]. 法医学杂志, 1999, 15 (2): 98-99.

[221] 褚俊. 苏州地区井水中硅藻分布特点及其法医学意义 [C]. 法医临床学专业理论与实践－－中国法医学会·全国第十八届法医临床学术研讨会, 珠

海：2015.
[222] 丁蕾,支崇远. 环境对硅藻的影响及硅藻对环境的监测 [J]. 贵州师范大学学报:自然科学版,2006 (3):13-16.
[223] 董志芳,刘岚. rDNA 在藻类分类鉴定中的应用 [J]. 赤峰学院学报:自然科学版,2012 (1):30-31.
[224] 杜宇,蔡洪洋,李鹏飞,等. 硅藻种群及数量变化规律的法医学研究 [J]. 中国刑警学院学报,2012 (3):58-61.
[225] 杜宇,蔡洪洋,周哲,等. 溺死尸体器官硅藻检出率季节性差异 [J]. 中国司法鉴定,2013 (3):33-36.
[226] 杜宇,樊少群,张子铭. 辽宁省主要河流冰封期及开河后浮游硅藻变化规律 [J]. 中国法医学杂志,2014 (1):30-32.
[227] 杜宇,霍长野,张子铭,等. 辽宁清河、棋盘山两座水库中硅藻种群及数量变化规律的法医学研究 [J]. 刑事技术,2013 (6):11-15.
[228] 杜宇,周哲,蔡洪洋,等. 沈阳市内浑河河段中硅藻数量及种群变化规律 [J]. 法医学杂志,2013 (5):337-339,343.
[229] 杜宇. 淡水硅藻种群及数量变化的影响因素及其法医学意义 [J]. 中国法医学杂志,2014 (4):346-348.
[230] 冯璜,张惠芬,王辅亚. 雷州半岛硅藻土中的硅藻及其化学成分 [J]. 矿物学报,1995 (1):29-35.
[231] 甘建一,朱金生,龙仁,等. 溺死动物不同时间血清锶检测的实验研究 [J]. 中国热带医学,2008 (1):137-138.
[232] 高华,梁君荣,高亚辉,等. 我国沿海常见浮游植物检索数据库的建立 [J]. 厦门大学学报:自然科学版,2006 (S1):230-233.
[233] 高亚辉,罗金飞,骆巧琦,等. 数学形态学在海洋浮游植物显微图像处理中的应用 [J]. 厦门大学学报:自然科学版,2008 (S2):242-245.
[234] 高亚辉. 海洋微藻分类生态及生物活性物质研究 [J]. 厦门大学学报:自然科学版,2001 (2):566-573.
[235] 根据尸骨检定溺死的研究 [J]. 刑事技术,1977 (3):33-42.
[236] 苟万里,刘东艳,甄毓,等. 利用 rDNA 和 ITS 序列对 1 株裸甲藻的初步鉴定 [J]. 中国海洋大学学报:自然科学版,2004,34 (1):75-83.
[237] 朱莉菊,周顺平,李开,等. 硅藻检验在溺死案件鉴定中的应用 [J]. 中华临床医学杂志,2005,6 (4):83-84.
[238] 高华. 海洋硅藻显微图像自动识别方法研究 [D]. 厦门:厦门大学,2006.
[239] 桂君,谭晓风. 植物分子分类与鉴定综述 [J]. 生命科学研究,1998,2 (4):253-257.
[240] 郭景元,李伯龄. 中国刑事科学技术大全法医物证学 [M]. 北京:中国人民公安大学出版社,2002.
[241] 郭景元. 现代法医学 [M]. 北京:科学出版社,2000:385-393.

[242] 郭雪美. 硅藻检验滴片计数方法的建立及应用的相关研究 [D]. 昆明: 昆明医科大学, 2013.

[243] 韩军鸽, 王程宝, 李兴彪, 等. 硅藻硝酸消化法与浮游生物 16S rDNA PCR 法在溺死鉴定中的比较 [J]. 法医学杂志, 2013 (5): 356-359.

[244] 郝梅珍, 王文杰, 史全良. 蓝藻分子系统学研究中常用的 DNA 序列 [J]. 科技信息, 2007 (1): 27-28.

[245] 何方刚, 黄代新, 刘良, 等. PCR-DGGE 法检测浮游生物 16S rDNA 在溺死鉴定中的应用 [J]. 中国法医学杂志, 2008 (4): 234-237.

[246] 何方刚, 刘良, 黄代新, 等. 浮游生物 16S rDNA 检测在大鼠溺死鉴定中的价值 [J]. 中国法医学杂志, 2006 (6): 331-333.

[247] 何冠英, 张维东, 李飞, 等. 酶消化法检验脏器硅藻 [J]. 中国法医学杂志, 2003, 18 (3): 171-172.

[248] 何其昌. 溺死尸体 124 例形态学分析 [J]. 贵州警官职业学院学报, 2005 (5): 59-60.

[249] 洪义国, 孙谧, 张云波, 等. 16S rRNA 在海洋微生物系统分子分类鉴定及分子检测中的应用 [J]. 渔业科学进展, 2002, 23 (1): 58-63.

[250] 胡鸿钧, 魏印心. 中国淡水藻类--系统、分类与生态 [M]. 4 版. 北京: 人民卫生出版社, 2010.

[251] 胡鸿钧, 魏印心. 中国淡水藻类--系统、分类及生态 [M]. 北京: 科学出版社, 2006.

[252] 胡华子. 肺组织中水通道蛋白 1 和溺死的研究 [D]. 成都: 四川大学, 2004.

[253] 胡孙林, 沈辉, 温锦锋, 等. 微波消解和自动化扫描电镜联用检测脏器内硅藻 [M]//第六届全国微量物证检验学术交流会论文汇编. 北京: 经济管理出版社, 2010: 405-409.

[254] 胡孙林, 温锦锋, 赖文彬, 等. Micro-XRF 法检测肺内抗酸性硅质颗粒及其在溺死诊断中的应用 [J]. 法医学杂志, 2010, 26 (4): 257-259.

[255] 胡孙林, 刘超, 温锦锋, 等. 微波消解/扫描电镜法硅检验硅藻法确定死因 2 例 [C]. 第九次全国法医学术交流会, 北京: 2013.

[256] 胡孙林, 温锦锋, 张小婷, 等. 微波消解-扫描电镜联用检测脏器内硅藻 [J]. 中国法医学杂志, 2010, 25 (3): 145-149.

[257] 胡孙林. 两种微束分析在法医学溺死诊断中的应用研究 [D]. 广州: 中山大学, 2009: 27-49.

[258] 湖北等六省公安厅科研小组. 内脏硅藻检验对判定溺死的研究 [M]//第一届全国法医学术讨论会论文选编. 北京: 群众出版社, 1983: 1-10.

[259] 黄安海, 黎崇文. 高度腐败尸体的法医学检验分析 [J]. 广东公安科技, 2014, 22 (4): 49-52.

[260] 黄冰峰, 黄京璐, 罗斌. 溺杀伪装意外死亡鉴定 1 例 [J]. 中国法医学杂志, 2015 (3): 327-345.

[261] 黄光照,麻永昌. 中国刑事科学技术大全法医病理学 [M]. 北京:中国人民公安大学出版社,2002.

[262] 黄建文,胡孙林,温锦锋,等. 珠江流域广东段硅藻分布及法医学的应用 [C]. 第九次全国法医学术交流会,北京:2013.

[263] 贾国东,彭平安,傅家谟. 珠江口近百年来富营养化加剧的沉积记录 [J]. 第四纪研究,2002(2):158-165.

[264] 贾静涛. 硅藻与溺死 [J]. 人人健康,1998(12):35.

[265] 杰西卡·斯奈德·萨克斯. 水面上漂着小孩尸体 [J]. 科技新时代,2004(1):11-13.

[266] 金德祥. 海洋硅藻学 [M]. 厦门:厦门大学出版社,1991.

[267] [德] 克拉默,兰格-贝尔塔洛. 欧洲硅藻鉴定系统 [M]. 刘威,朱远生,黄迎艳,译. 广州:中山大学出版社,2012.

[268] 赖小平,何庆良,林汉光,等. 东莞溺死案多发河段硅藻种群分布及其法医学意义 [J]. 中国法医学杂志,2012(1):25-28.

[269] 李家英,齐雨藻. 中国淡水藻类志 [M]. 北京:科学出版社,2007.

[270] 李立平,孙婷怡,刘鸿霞,等. 北京中心城区水域硅藻的分布 [J]. 法医学杂志,2012(4):265-268.

[271] 李立平. 北京中心城区硅藻分布的调查研究及破机罐消化法在溺死鉴定中的应用 [D]. 武汉:华中科技大学,2012.

[272] 李鹏,徐曲毅,陈玲,等. 检测藻类16SrDNA特异性片段在溺死诊断中的应用 [J]. 南方医科大学学报,2015,35(8):1215-1218.

[273] 李鹏. PCR技术检测藻类16SrDNA特异性片段在溺死诊断中的应用 [D]. 广州:南方医科大学,2016.

[274] 李棨,马开军,张晓东,等. 水中尸体肺组织硅藻检验与死因分析 [J]. 法医学杂志,2011,27(5):324-326,333.

[275] 李向阳,赵建,刘超,等. 溺死及死后入水兔肺组织中硅藻分布 [J]. 法医学杂志,2014,30(2):81-87.

[276] 李小廷,黄代新,林宇新,等. 检测浮游生物叶绿素相关基因诊断溺死的实验研究 [J]. 中国法医学杂志,2008(3):151-153.

[277] 李延阁,胡传英. 法医用硅藻检查破机罐的研制 [J]. 实验室研究与探索,1998(6):96-97.

[278] 李延阁,汪筱娟. 应用破机罐法检验硅藻的初步实验研究 [J]. 刑事技术,1999(3):22.

[279] 李益健. 英国泰晤士河藻类种属的组成与水质评价 [J]. 水生生物学报,1990(4):298-303.

[280] 李永振. 广东沿岸海域发生赤潮的硅藻种类 [J]. 台湾海峡,2001(2):274-278.

[281] 李桢,瞿勇强,赵永和,等. 实验性溺死兔气管及肺组织扫描电镜形态学观察

[J]. 昆明医学院学报, 1997 (1): 12-14.

[282] 林小健. 常规硅藻检验法的改良 [J]. 中国法医学杂志, 2011, 26 (4): 325-326.

[283] 林奕腾. 硅藻检验在法医学上的运用一例 [J]. 广东公安科技, 2005 (4): 74-75.

[284] 刘福其, 于晓军, 赖小平, 等. 叶绿素 A 检验对溺死诊断的实验研究 [J]. 江西医学院学报, 2005 (5): 46-49.

[285] 刘京, 胡章立, 雷安平. 藻类快速鉴定研究进展 [J]. 生物技术通讯, 2005, 16 (6): 700-702.

[286] 刘师成. 硅藻细胞壁亚显微结构研究 II. 针杆藻属、圆蕊藻属、斜斑藻属、槌棒藻属、脆杆藻属和拟十字藻属 [J]. 海洋学报: 中文版, 1994 (2): 95-100.

[287] 刘文凯, 范亚文. 黑龙江省硅藻标本采集及种类分布的初步研究 [J]. 哈尔滨师范大学自然科学学报, 2005 (3): 84-89.

[288] 刘雨萌. 水中尸体的法医学鉴定: 法医临床学专业理论与实践 [C] 中国法医学会. 全国第十八届法医临床学学术研讨会, 珠海: 2015.

[289] 刘兆, 丁锰, 徐少辉. 硅藻检验中应注意的新问题 [J]. 中国人民公安大学学报: 自然科学版, 2009 (3): 25-26.

[290] 刘智勇, 童奇, 张宁生, 等. 浮游生物检测在溺死法医学鉴定中的应用 [C]. 全国第九次法医学术交流会, 北京, 2013.

[291] 罗质人, 许心舒, 王欣, 等. 溺死的法医学检验现状及进展 [J]. 刑事技术, 2007 (5): 35-37.

[292] 罗质人, 许心舒, 王欣, 等. 扫描电镜/能谱观察溺死和死后入水的法医学应用研究 [J]. 中国法医学杂志, 2007 (5): 302-304.

[293] 吕从一. 法医物证的提取、处理和保存 河南警察学院学报 [J]. 2011, 20 (2): 123-124

[294] 马健荣, 刘明, 徐信, 等. 硅藻研究与应用展望 [J]. 山东农业科学, 2010 (8): 52-56.

[295] 马开军, 李荣, 张晓东, 等. 上海地区水域中硅藻的基本分布调查 [J]. 中国司法鉴定, 2012 (3): 82-83.

[296] 马书玲, 李凡, 秦豪杰, 等. 40 例可疑溺死案件脏器中硅藻检测的法医学分析 [J]. 河南科技大学学报: 医学版, 2004, 22 (2): 116-117.

[297] 马书玲, 李凡, 秦豪杰, 等. 酶法检测 59 例尸体脏器硅藻的结果分析 [J]. 河南科技大学学报: 医学版, 2006 (1): 60-61.

[298] 马书玲, 李方明, 高孟杰, 等. 深井水中尸体脏器硅藻检验 [J]. 河南科技大学学报: 医学版, 2012 (4): 300-301.

[299] 麦柏盛, 徐曲毅, 刘超, 等. PCR 毛细管电泳法检测嗜水气单胞菌 gyrB 和 16SrRNA 基因: 溺死诊断方法 [J]. 南方医科大学学报, 2016, 36 (11): 1550-1554.

[300] 孟林,吴克荣,张英明,等. 硅藻检验对水中尸体死因判断的动物试验研究 [J]. 交通医学, 2006 (3): 346-348.

[301] 闵华明,马家海. 上海市滩涂冬季底栖硅藻种类组成和生态分布 [J]. 海洋渔业, 2007 (2): 109-114.

[302] 谢仁福,杨进友. 溺死家兔内脏花粉检验的研究 [J]. 中国法医学杂志, 1994 (1): 18-20.

[303] 潘国男,吕凌. 溺死法医学检验鉴定方法评估与展望 [J]. 中国司法鉴定, 2009 (4): 67-70.

[304] 屈剑平,王恩寿. 鉴定溺死的实验研究——荧光分光光度计检测肺组织浮游生物叶绿素(a) [J]. 中国法医学杂志, 1990 (1): 20-23.

[305] 瞿勇强,牟嘉萍,李桢,等. 大鼠溺死后气管纤毛变化的扫描电镜观察 [J]. 法医学杂志, 1997 (3): 140-144.

[306] 任贺,张旭,刘国伟,等. 北京周边水域冬季常见硅藻的初步调查 [J]. 刑事技术, 2012 (3): 16-19.

[307] 任彦荣,李志强. 磺化聚醚砜的研究及其应用进展 [J]. 化学推进剂与高分子材料, 2005, 3 (2): 23-27.

[308] 容俊芳,陈伯銮. 溺死和接近溺死 [J]. 中国全科医学, 2000 (6): 490-491.

[309] 沙沙. 硅藻的秘密之旅 [J]. 东方剑, 2009 (5): 51-55.

[310] [日] 深松建史,广瀬广,池田克代. 证明溺死的硅藻简易计算法 [J]. 刑事技术, 1983 (3): 91.

[311] 盛立会,徐丽莹,李楷. 关于干性溺死一例的法医病理学探讨 [J]. 吉林公安高等专科学校学报, 2008 (3): 128.

[312] 施明哲. 扫描电镜和能谱仪的原理与实用分析技术 [M]. 北京: 电子工业出版社, 2015.

[313] 苏会芳,刘超,胡孙林,等. 微束X射线荧光光谱分析在法医学鉴定中的应用进展 [J]. 法医学杂志, 2013, 29 (1): 43-48.

[314] 苏会芳,刘超,胡孙林,等. 微波消解-扫描电镜联用法在溺死诊断中的应用 [J]. 中国法医学杂志, 2012, 27 (2): 97-101.

[315] 苏会芳. 混合酸消解检验硅藻方法建立及法医学应用 [D]. 广州: 中山大学, 2012.

[316] 苏建国,张玥,许英,等. 淡水浮游硅藻对氮磷的最适需求量 [J]. 西北农林科技大学学报:自然科学版, 2002 (1): 99-102.

[317] 苏荣国,梁生康,胡序朋,等. 荧光光谱结合主成分分析对硅藻和甲藻的识别测定 [J]. 海洋科学进展, 2007, 25 (2): 238-246.

[318] 孙维琦,于晓军,李坦. 微波消解法检验硅藻的实验研究 [J]. 法医学杂志, 2002, 18 (3): 175-176.

[319] 谭光寅. 对左心血检验浮游生物方法的改进 [J]. 中国法医学杂志, 1986 (2): 105-106.

[320] 田露,臧士博,邱志军. 上海市浦东新区川杨河水域硅藻分布及其法医学应用 [J]. 法医学杂志, 2014 (2): 114-116.

[321] 万立华, 代国新, 张忠, 等. SEM/EDAX检测内脏异物元素成分诊断溺死 [J]. 中国法医学杂志, 1998 (3): 129-133.

[322] 汪家文, 于晓军, 王晓雁. 溺死法医学鉴定的研究新进展 [J]. 法医学杂志, 2008, 24 (4): 276-279.

[323] 王恩银, 孟祥志. 4种硅藻检验方法的比较研究 [J]. 中国法医学杂志, 2005, 20 (5): 274-277.

[324] 王会品, 陈勇, 赵建, 等. 勒福特王水消解法检验动物器官硅藻的法医学应用研究 [J]. 中国法医学杂志, 2016 (5): 470-472.

[325] 王俭. 微量物证分析 [M]. 北京: 警官教育出版社, 1999.

[326] 王建文, 周雪良, 周明, 等. 藻类在溺死动物体内分布的示踪研究 [J]. 南京医学院学报, 1991 (4): 312-314.

[327] 王杰, 王恩寿, 王磊, 等. 检测肺锶含量鉴定溺死的进一步研究 [J]. 中国法医学杂志, 1997 (3): 138-140.

[328] 王杰, 王恩寿. 测定肺锶含量鉴定溺死的研究 [J]. 中国法医学杂志, 1991 (1): 14-16.

[329] 王杰, 王恩寿. 测定血锶含量鉴定溺死的法医学意义 [J]. 中国法医学杂志, 1990 (3): 140-143.

[330] 王景翰, 刘淑霞, 杨鸣. 法庭科学与化学 [M]. 北京: 群众出版社, 中国人民公安大学出版社, 2010.

[331] 王磊, 黄映康, 王思寿. 硅藻检验（定量和定性）的实验研究 [C]. 第二次全国代表大会暨第四次全国法医学术交流会, 无锡: 1991.

[332] 王磊, 王恩寿, 黄映康. 硅藻定量检验和种属鉴定的实验研究 [J]. 中国法医学杂志, 1992 (4): 217-220.

[333] 王磊, 王杰, 黄映康. 贵阳市区不同水域硅藻检验在鉴定溺死中的应用 [J]. 贵阳医学院学报, 2001 (6): 529-530.

[334] 王磊, 王杰, 黄映康. 生前硅藻空气源性吸入肺最大值在溺死鉴定中的应用 [J]. 贵阳医学院学报, 2005 (4): 324-325.

[335] 王磊, 王杰, 王恩寿, 等. 非溺死尸体肺脏硅藻最大值在溺死鉴定中的应用初探 [J]. 中国法医学杂志, 1998 (3): 134-136.

[336] 王倩, 王铎, 娄红瑞, 等. 新型聚醚砜超滤膜的制备与表征 [J]. 膜科学与技术, 2008, 28 (6): 9-13.

[337] 王倩. 黔、桂珠江水系底栖硅藻群落分布特征及其与环境变量间的相关性研究 [D]. 贵州: 贵州师范大学植物学, 2009.

[338] 王玉仲, 刘超, 胡孙林, 等. 重庆江湖水域硅藻分布及其在推断溺死地点中的价值 [C]. 第九次全国法医学术交流会, 北京: 2013.

[339] 王玉仲, 赵建, 李鹏, 等. 三种硅藻检验方法效果比较 [J]. 南方医科大学学

报，2015，35（3）：427-431.

[340] 王玉仲. 滤膜富集-光镜检验硅藻技术的建立及其法医学应用［D］. 广州：南方医科大学，2015.

[341] 魏祯祥. 实质脏器检验硅藻最佳取材部位的实验研究［J］. 中国法医学杂志，1994（1）：36.

[342] 吴德清，徐小虎，于晓军. 硅藻的检验现状［J］. 中国法医学杂志，2004（S1）：19-21.

[343] 伍新尧，郭景元，肖建中. 鉴别溺死的一个新方法--检测水中尸体肺里含叶绿素的浮游生物［J］. 中国法医学杂志，1986（1）：50-55.

[344] 谢仁福，杨进友，雷显谋. 溺死家兔内脏花粉检验的研究［J］. 中国法医学杂志，1994（1）：18-21.

[345] 谢永红. 浮游生物 PCR 检测在溺死鉴定中的研究进展［J］. 嘉兴学院学报，2010，22（6）：14-16.

[346] 徐捷. 抛尸入水尸体脏器硅藻检验研究［D］. 郑州：郑州大学，2014.

[347] 徐三明，侯绪东，付建伟. 高温灰化消解法检验硅藻的研究［J］. 河南公安高等专科学校学报，2005（1）：79-80.

[348] 徐先华. 硅藻检验与尸体沉浮的关系［J］. 刑事技术，1979（1）：15-16.

[349] 许心舒，王飞跃，胡孙林，等. 扫描电镜检测肺脏异物颗粒鉴定溺死一例［J］. 广东公安科技，2007（2）：81.

[350] 杨清书. 珠江三角洲的水位变化趋势及其本征模型［J］. 海洋科学，1998（1）：47-51.

[351] 杨世蓉，吉磊. 古湖沼学中的化石硅藻--80 年代以来研究进展［J］. 湖泊科学，1994（2）：177-185.

[352] 杨颖峰，程冲，王政，等. 改良硝酸破机法检验尸体组织中的硅藻［J］. 法医学杂志，2009，25（1）：40-41.

[353] 叶光华，喻林升，张益鹄. 碎浆法检验硅藻的应用［J］. 法医学杂志，2007，23（5）：355-357.

[354] 叶建伟. 变性高效液相色谱分析的技术特征及其应用［J］. 肾脏病与透析肾移植杂志，2003，12（2）：197-200.

[355] 叶元熙. 生物物证技术［M］. 北京：法律出版社，2003.

[356] 尹宝琳. 干型溺死 3 例［J］. 刑事技术，1988（3）：45.

[357] 尹长玉. 不同溺死类型大鼠肺组织中应激相关基因的表达水平研究［D］. 太原：山西医科大学，2015.

[358] 于萍，张前前，王修林，等. 温度和光照对两株赤潮硅藻生长的影响［J］. 海洋环境科学，2006，25（1）：38-40.

[359] 余政梁，刘超，胡孙林，等. PCR-DHPLC 法检测硅藻 SSU 基因在溺死鉴定中的应用［J］. 中国法医学杂志，2013（6）：457-460.

[360] 余政梁，刘超，胡孙林，等. PCR-DHPLC 法检测硅藻 SSU 基因在溺死鉴定中的

应用［J］．中国法医学杂志，2013，28（6）：457-460．

[361] 余政梁．PCR 法检测硅藻 SSU 基因在溺死鉴定中的应用［D］．广州：南方医科大学，2014．

[362] 战福众．生前溺死与死后抛尸入水的鉴别［J］．法苑．北京市政法管理干部学院学报，1994（1）：34-36．

[363] 张辉，王波，王群凯．水中尸体脱落细胞 DNA 检验 1 例［J］．法医学杂志，2012，28（3）：233-233．

[364] 张吉．溺死大鼠肺表面活性物质相关蛋白 A 和水通道蛋白 5 表达的初步研究［D］．武汉：华中科技大学，2012．

[365] 张开乔．2000-2009 年间水中尸体鉴定的回顾性研究及 SP-A 在溺死肺中的表达［D］．武汉：华中科技大学，2010．

[366] 张书田，卞戈，黄和鸣，等．福州晋安河水域浮游微藻种群 18SrDNA 分析［J］．中国法医学杂志，2012（3）：197-200．

[367] 张新威．中国刑事科学技术大全毒物和毒品检验［M］．北京：中国人民公安大学出版社，2003．

[368] 张燕翔，杨帆，雷元卫，等．碎浆法联合硝酸破机法检验硅藻［J］．中国法医学杂志，2011（1）：64-90．

[369] 张益鹄，王宗明．溺死方式与肺内溺液分布的关系［J］．刑事技术，1978（2）：1-4．

[370] 张英明，陈玉明，阚卫军．水中高度腐败的电击死的尸体法医鉴定［C］//全国第六次法医学术交流会论文摘要集，2000：127-128

[371] 张英培．分子分类的若干问题［J］．动物学研究，1994，15（1）：1-10．

[372] 张又川，赵建，刘超，等．浮游生物 PCR 检测及其在溺死诊断中的研究进展［J］．中国法医学杂志，2012，27（3）：209-212．

[373] 张忠．环境扫描电子显微镜在检验水中尸体中的应用［J］．电子显微学报，2001（4）：531-532．

[374] 赵贵森，黄代新，杨庆恩．溺死诊断中的浮游生物检测法［J］．中国法医学杂志，2005，20（2）：89-91．

[375] 赵建，胡孙林，刘超，等．两种硅藻检验方法的比较［J］．中国法医学杂志，2015，30（1）：62-65．

[376] 赵建，胡孙林，刘超，等．硅藻检验方法综述［J］．刑事技术，2012（2），44-47．

[377] 赵建，刘超，胡孙林，等．溺死地点推断的研究进展［J］．法医学杂志，2018，34（1）：55-59．

[378] 赵建，刘超，胡孙林，等．水中尸体硅藻检验污染 1 例［J］．法医学杂志，2017，33（5）：554-555．

[379] 赵建，刘超，胡孙林，等．真空抽滤技术在法医学硅藻检验中的应用［C］．第九次全国法医学术交流会，北京：2013．

[380] 赵梅兰，王英元，高彩荣，等. 家兔溺水的实验研究［C］. 第四次全国法医学术交流会，无锡：1991.

[381] 赵小波，刘峰，单体锋，等. DNA 条码技术在大型海藻系统学中的研究现状［J］. 海洋科学，2012，36（12）：90－94.

[382] 赵子琴. 法医病理学［M］. 4 版. 北京：人民卫生出版社，2010：323－327.

[383] 甄毓，于志刚，蔡青松，等. 运用双特异分子探针技术对胶州湾三种硅藻的检测［J］. 海洋与湖沼，2010，41（1）：24－32.

[384] 甄毓，于志刚，米铁柱. 分子生物学在微藻分类研究中的应用［J］. 中国海洋大学学报：自然科学版，2006，36（6）：875－878.

[385] 郑重. 浮游生物学概论［M］. 北京：科学技术出版社，1964.

[386] 中国刑事警察学院. 毒物分析［M］. 北京：群众出版社，1995.

[387] 中华人民共和国公安部. GA/T 813－2008 人体组织器官中硅藻硝酸破机法检验［S］. 北京：中国标准出版社，2009.

[388] 周学之. 中国刑事科学技术大全理化物证检验学［M］. 北京：中国人民公安大学出版社，2002.

[389] 周玉倩，陈阳. 硅藻检测在溺死鉴定中的研究进展［J］. 中国医药指南，2013（12）：449－450.

[390] 周玉倩. 硅藻 18S rRNA 鉴别实验家兔水中尸体死因的研究［D］. 芜湖：皖南医学院，2013.

[391] 周玉倩. 硅藻 18S rRNA 鉴别实验家兔水中尸体死因的研究［J］. 中国卫生标准管理，2015（12）：23－25.

[392] 周长喜. 海水淹溺肺损伤肺水通道蛋白 1、5 的表达及意义的实验研究［D］. 重庆：第三军医大学，2008.

[393] 朱德全，李向阳，石河，等. 溺死猪肺及心室血硅藻分布观察［J］. 热带医学杂志，2015，15（2）：137－140，封4.

[394] 朱德全. 溺死猪脏器组织内硅藻分布及其与溺液的一致性研究［D］. 广州：中山大学，2014.

[395] 朱小曼. 谈尸体上的"遍体鳞伤"和"面目全非"－－法医学专题讲座（三）［J］. 新医学，1980（9）：486－488.

[396] 祝家镇. 法医学知识讲座（三）－－机械性损伤及机械性窒息的法医学问题［J］. 中级医刊，1980（9）：35－37.

[397] 祝家镇. 如何区别溺水死与抛尸入水－－法医学专题讲座（七）［J］. 新医学，1981（1）：42－43.